1976年 夏
東北の昔ばなし

◆ 聖和学園短大生のレポートから

【著】
聖和学園短期大学国文科学生

【案内人】
久野俊彦
錦　仁

笠間書院

1976年夏　東北の昔ばなし

聖和学園短大生のレポートから

◉

もくじ

凡例

一、本書は、聖和学園短期大学国文科学生（当時、仙台市若林区木ノ下に校舎があった）が一九七六年（昭和五一年）の夏休みの課題（「国文学演習Ⅱ」通年）として、担当教員（錦 仁）に提出した「昔話採集レポート」をもとに出版するものです。

一、三十九年前のレポートを大切に保管してきました。東日本大震災のあと、このような昔話集を刊行することには大きな意義があると思います。

一、学生たちのほとんどが東北六県の出身者です。よって本書は、一九七六年当時、東北地方のどこで、どんな昔話が語られていたかを示す横断地図になっています。

一、語り手は明治生まれの七十歳代以上の方が多く、自分の子どもや孫たち（学生）に直に語ったものがほとんどです。これまで刊行された記録集などに載っていない、今となってはまことに貴重な語りの実態を示す昔話が収録されています。

一、昔話の多くが岩手県・宮城県・福島県のもので、なかでも東日本大震災で甚大な被害を受けた地域の昔話が多いことに気づかされます。これらの地域では昔話もまた数多く喪われたかもしれぬことを思えば、本書は後世に遺すべき貴重な文化財です。出版の意義をここに見いだしたいと思います。

一、昔話を採集するにあたり、前もって学生に、松谷みよ子『民話の世界』（講談社現代新書、昭和五十二年二月〔第四刷〕）の「民話採訪のしおり」（一二～一五ページ）を書き抜いて渡し、昔話を採集するための注意点を示しました。以下、略記します。

　昔話を「なんと呼んでいるか」「いつ語られるか」「語る場所はどこか」「語り始める言葉はどのようにいうか」「語り納める言葉はどのようにいうか」「語り手は語りの切れ目にどのような合の手を入れるか」「聴き手はどのような相槌を打つか」「語っていけない日はいつか」「語る日はいつか」「昼に語るとなんというか（禁じ

る言葉）」「題目をなんと呼んでいるか」「最初に語る昔話はきまっていたか」「最後に語る昔話はきまっていたか」「一家のうちで誰が最も昔話を語るか」「語り手は誰から昔話を聞いたか」「語りの名人（女語り、男語り）と呼ばれている語り手は村内にいたか」「昔話と伝説とはどのように区別しているか」。

これらについてわかったことを、採集した昔話のあとに書き記してもらいました。

一、右の注意点のほかに、カセット・テープレコーダーで録音し、語られたとおりに原稿用紙に書き記すよう指示しました。よって、方言のまま記された昔話がたくさんあります。

一、なかには、右の注意点と課題に十分に応えきれなかったレポートがあります。よって、レポートのすべてを見渡し、語り手と聞き手の関係が明記されている昔話を優先して掲載しました。

すなわち、祖母や祖父が孫に（学生）、父や母が娘（学生）に語ったことがわかる昔話、あるいは、学生が訪ねて行って語ってもらった昔話を載せるようにしました。誰から語ってもらったかを明記していない昔話は、たしかに学生に語ったと判断できそうなものを選んで載せました。

残念ながら、私たち（案内人の久野・錦）の調査能力を超えて、地元の雑誌などから転写したことを発見できず紛れ込んでしまった昔話があるかもしれません。お気づきの方がありましたら、笠間書院までご連絡いただきたいと思います。

一、昔話を県別・地域ごとに分類して掲載しました。

一、一つひとつの昔話に、話型と語り手を記しました。話型は、基本的に『日本昔話通観28　昔話タイプ・インデックス』（稲田浩二・小沢俊夫、同朋舎出版、一九八八年）のそれを引用しました。語り手については、聞き手との関係がわかるように、父・母・祖父・祖母・曾祖父・曾祖母を記し、学生のレポートに記されていない場合は、女性・男性を用いました。

一、巻末に、「題名による昔話索引」「話型による昔話索引」「昔話をもっと知りたい人のために　関連話型一覧表」を載せました。「一覧表」は全国の昔話を集めた『日本昔話大成』（関敬吾、角川書店、一九七八～八〇年）および『日本昔話通観』を参照しています。詳しくは一覧表の凡例をご覧下さい。
一、語り手・聞き手ごとの昔話のあとに〈語る・聞く〉の見出しを付けて、学生のレポートに記されている調査内容（先に述べた「注意点」）から適宜ピック・アップし、さらに解説を加えました。
一、わかりにくい方言などは（　）を付けて意味を書き記しました。不足している言葉は〔　〕を付けて書き入れました。また、ひらがなを漢字に書き換えて、わかりやすくしたところがあります。昔話の題名は、その多くをわかりやすく書き改めました。
一、擬音語・擬態語は、基本的に片仮名を用いましたが、場面・状況に応じて平仮名にしたところがあります。
一、語り手・聞き手のお名前は個人情報であるため省略し、住所等も昔話の伝承地がわかる程度に記しました。
なお、記載の承諾が得られた方に限りお名前を「あとがき」などに記した場合があります。

平成二十七年（二〇一五）四月

本書を読む人のために――解説をかねて

今の若い人には、昔話は絵本で読むもの、アニメで見るものでしょうか。公民館などで行われる昔話の実演を思い浮かべる人もいるでしょう。しかし昔は、家のなかのいろり端や寝床で子どもたちに語って聞かせるものでした。父や母、祖父や祖母が語り、子どもたちが聞く。これをくりかえしながら古くから伝えられてきたものなのです。

今では家のなかで語ることはほとんどなくなりました。本書には、聖和学園短期大学の学生たちが夏休みに、実際に父や母、祖父や祖母などから語ってもらった昔話を収めました。当時、どの地域で、どんな昔話が、どのような言葉で語られていたのか、この本を読めばよくわかります。私たち案内人（久野・錦）は、学生たちがテープレコーダーに録音して書き起こした「昔話採集レポート」をひとつひとつ検証し、読みやすくするため漢字をあてたり、ひらがなとカタカナを書き分けたり、いろいろ工夫をして本書に載せました。声に出して読むと、昔話の「語り」の現場がよみがえってくるような気持ちになることでしょう。

昔話を語ってくれた人たちは、小さい頃、父や母、祖父や祖母から聞いた話を覚えていたのです。それを幼い子や孫に語り、そして、大きくなった彼女たち（学生）に思い出して語ってくれたというわけです。こういうものは口承文芸とよばれますが、大きく分けると昔話、伝説、世間話の三つになります。昔話は民話ともいいます。

昔話は、語り出しの言葉が大体、決まっていました。岩手県の昔話をあげると、「とんぼ長者」（本書収録番号1。以下同）は「むがし、むがし、あるどごろに」で始まり、「んだと」「んだとさ」などを入れて語られ、「どっとはれ」で終わっています。地域特有の語り方があったのです。

宮城県の昔話をみると、「えんつこ、もんつこ、さげだ」(29)、「どうびん」(57)で終わるものがあります。「どうびん」は山形県の昔話にもよくみられます。新潟県には「むかしがひとつ、あったそうだ」で始まり、「それで、いきはひっさけた」(148)で終わるものがあります。「ひっさけた」は栄えてめでたい話となりました、という意味です。地域によって語り方が違っていました。語り始めと語り納めが変わります。

題名や内容は少し違うけれども、各地にほぼ同じストーリーの昔話が分布しています。これを話型とよびます。各話の題名の左に話型を示し、巻末に索引を載せたので参考にしてください。同じ話が東北地方をはじめ各地にあることがわかるでしょう。

伝説は、特定の地名・人物・寺・神社・川・沼・木・石などの事物にまつわるいわれや由来を語ったものです。真偽のほどはわかりませんが、実際に過去にあった出来事と考えられてきた話です。主にものごとの起源を語る「言い伝え」です。

本書には山・沼・川の起こり、神仏の由来、歴史上の人物の活躍などを語った伝説がたくさんあります。大昔、山と山が争った「岩手山と姫神山」（岩手県・2）、千年前、山から火が噴いて温泉が湧いた「鳴子温泉の由来1」（宮城県・45）は、山の神を尊ぶ神話といえそうです。「白ぎつねの神社」（同・69）、「ぬれ仏さま」（同・86）は神仏の由来を語る伝説。「姉取沼の由来」（宮城県・38）、「化女沼のへび婿」（同・41）は沼の由来を語る伝説。「南面の桜」（岩手県・8）、「宮千代の墓―宮城野1」（宮城県・108）は人物の逸話・出来事を語っています。

伝説には、昔話のような語りの形式はありません。長いのも短いのもあります。「笛吹き峠」（岩手県・11）、「蛇体石の由来」（宮城県・25）などはそうとう長い話で、地名や事物の由来を物語っていますが、語り方や口調は昔話に近いものがあります。「北村の桃太郎」（宮城県・89）は昔話が伝説になった例です。桃太郎は石巻市北村で活躍し、神社にまつられて桃太郎神社ができたというのです。

世間話は、うわさ話や事件、失敗談などが身近にあった話として語られるものです。地名や人名が出てくるのが特徴で、珍しい話、変わった話、こわい話が好まれて取りあげられます。「品井沼のきつね」（宮城県・104）、「ごちそうは馬のくそ」（同・107）は、きつねにまつわる話で、ある人の体験談として語られています。昔話と世間話の境界ははっきりしない場合がありますが、こうしたきつねの話は、昔話がいつしか、ある人の体験談（世間話）に変わったものでしょう。さまざまな語り方があったのですね。

宮城県の「門兵衛」の武勇を語る話（26・27・28）、山梨県の「吉蔵」の活躍を語る話（151・152・153）は、実際にいた人物の事績を語る世間話です。後者は、自分の家の先祖について語っていますが、英雄伝説ともいえます。また、「亡魂を見る老人」（宮城県・37）、「雪山のばけもの」（同・56）のような、こわい話、不思議な話もあります。

このように口承文芸は昔話、世間話、伝説に分けられますが、ひとつひとつの話に目を向けると、じつに多様な語り方が伝えられ、定着していたことがわかります。

本書に収めた昔話の語り手は、明治十五年から昭和二十四年生まれまで六十一人（男性三十人、女性三十三人）を数えます。語り手は、祖父・祖母などと続柄で示しましたが、一九七六年当時、曾祖父は八十歳代、祖父母が八十から六十歳代、父母は六十から四十歳代ぐらいでしょう。その語り方をみていくと、子や孫に対する愛情がこもっている話がたくさんあります。語り手は自分のことを「おばあつあんがね」（福島県・135の地域）、「おばあちゃんなだ、つうせぇがら（おばあちゃんなんか、小さかったから）」（同・137の地域）などと述べて、小さい頃の話を交え切々と語ってくれたそうです。

ほかにも、語り手と聞き手のあたたかい関係がわかるものがたくさんあります。「あとがき」に述べられていますが、孫娘が眉を剃り落としてしまったとき、おばあさんが語ってくれた「眉の役目」（宮城県・75）などもそのひとつです。この話はあまり採集されていないので貴重なものといえます。

子どもを寝かせるときに語る昔話もありました。「雨漏(あまも)りぽつり—古屋(ふるや)のもり」（宮城県・76）は、おばあさんが孫を寝かせつけるとき語った昔話です。「大蛇(だいじゃ)がズルズル」（岩手県・9）は、だだをこねる子どもを寝かせつけるとき母親が語った話と思われます。「泣くづと、おっかねぇもの出るぞ」と言うと、話のなかでは大蛇がズルズルと出てきてドックドックと水を飲んだ。すると聞いている子どもはドックドックと母親の乳を飲みたくなる。そのとき「そうら、ふところさへぇれ（入れ）」といって寝かせつけるのです。昔話のなかの子どもと、自分の子どもが一緒になるという、巧みな語りです。

話の終わりに「うそじゃないよ」（宮城県「化女沼のへび婿」41）、「ほんとうだが、うそだがな（ほんとうなのか、うそなのか、さて）」（同「ほととぎすになった弟」54）などと言うのは、不思議な話だったからです。「わがったぁ（わかったかな）」（同「おさんぎつねの玉」106）と問いかけたり、「おもしがったべ（おもしろかっただろう）」（同「鉦たたきと屁ったれ」81）と言ったりするのは、話のおもしろさを子どもにきちんと届けたいからでしょう。話のおもしろさを子どもと共有したいという思いなのでしょうね。

昔話は「むがし」「むがしこ」「むかしかだり」などとよばれていました。もちろん地域によって異なりますから、そこに注意して読むのも楽しいと思います。昔話はもっぱら夜に語られ、昼は語ってはいけなかったようです。大人たちは昼は働いているので語ってあげられません。それもひとつの理由ですが、昔話の主人公たちが活動するのは夜、と考えられていたらしく、それで昼は語らなかったようです。

語り手は、話を語り進めながら時々、「したればな（そうするとね）」「ほしてや（そうしてね）」「それがらや（それからね）」などと言いました。これを合の手（間の手・相の手とも）といいます。子どもも時々「うんうん」とうなづいたり、「どごでっしゃ？（どこで）、いづっしゃ？（いつ）」「それがら、なじょしたべ？（どうしたの）」などと相づちをうちました。もっとくわしく語ってちょうだい、話の先を早く語ってちょうだい、とせがんだりしたのです。そういう声が聞こえなくなると、子どもはすっかり寝入っているというわけです。

　昔話は、地域の人々のふだん使っている方言で語られます。それは語り手と聞き手の心を結び付けます。方言によって表現力が豊かになり、地域に生きる人々の心、自然と人間の関係がより真実味をもって響いてきます。その一例、「笠地蔵」（宮城県・57）から、雪の降るようすをあげてみましょう。

　黒く曇った空から雪が「トサトサ」と降ってきた。次に「モツモツ」と降ってきて、地蔵さまの頭をすっぽりと覆った。雪を払ってあげると地蔵さまの肩に雪が「フワフワ」と降りかかった。その晩は雪が「シンシン」と降った、とあります。

「トサトサ」は、降り出した雪の音を感じさせます。「モツモツ」で、雪がどんどん積もっていきます。「フワフワ」は綿のように軽い雪を思わせ、「シンシン」は冬の夜の更けていく雰囲気を感じさせます。雪の降り方が刻々と変化していきます。雪の降るようすをこれほど巧みに語り分けた昔話はないでしょう。すぐれた語り手というべきです。

　本書に収めた一五三話から、その昔、どんな昔話が、どのように語られていたのか、よくわかります。どの地域で、どんな人が、だれに語っていたのか、これもよくわかります。今をさかのぼる四十年ほど前まで、こういう昔話が各地で語られていたのです。大人たちは子どもに語って楽しみ、子どもたちは聞いて楽しみ、そして大きくなったわけです。

今は、夜のいろり端や寝床で自分の家の子どもに昔話を語り聞かせることはほとんどどんなくなりました。そのかわり公民館などを会場に、多くの人に語り聞かせることが増えてきました。語り手は舞台の上で語るのです。

時代の流れに抗することはできませんが、ほんとうの昔話を思い起こす工夫と努力をしてみたいものです。そのためにも本書を声に出して読んで、昔話の本来の姿を思い浮かべながら味わっていただきたいと思います。

（久野俊彦）

岩手県

1　とんぼ長者

昔話　だんぶり長者
語り手〇母　岩手県盛岡市向中野　昭和七年生　四十四歳

むがし、むがし、あるどごろに、まずしい百姓夫婦がいだったんだと。いっつもなかよく畑で、かせいでいて、ひとやすみしているうちに、ねむってしまったんだとさ。この男の名前は、太郎っていうんだって。すると向うの岩から、いっぴきのとんぼが飛んできて、太郎の口にとまったと。そして、尾を口の中にさしいれると、ツーと、飛びたって、まだ（また）、岩のほうにもどって行って、まだ（また）くる。こんなことを四、五回くりかえしているうちに、これを、そばにやすんでいた妻が気づいて、とんぼを、かるく手をふって、おいかえしたら、どごともなく飛んで行ったと。

太郎も目をさまし、舌なめずりして、首をかしげて、

「畑のむこうの山のかげに、とってもいい酒っこあって、そいつを飲んだ夢見だ。あーあ、うめがっ

た（うまかった）」

と言ったんだって。妻は、それを聞いで、

「よーし、あのとんぼのあとを、つけてみるべ」

と立ちあがって、ふたりは岩のあいだにはいって行ったと。

　そしたら、やっぱり酒の泉があって、指をひたしてなめった（なめてみた）太郎は、

「こいづだ」

と、目の色をかえで（変えて）、さっそく家に帰って、水がめを持ってきて、くんで行き、村の人だぢにも、わげで（分けて）あげるうぢに、こんどは、泉のあだりを自分のものにして、酒屋をはじめたんだって。そのことを、きぎつげで（聞きつけて）、酒を買いにくる人がふえ、十年たつころには、五百人も召し使いをつかう村一番の大金持ちになったんだとさ。

　ただ一つ不足なのは、子どもがないことで、ふたりで、そろって、清水観音さまに、大金をあげてお祈りをして帰ったっけ（帰ったところ）、十月には、かわいい女の子が生まれたど。これが、とっても美しい子に育ったんだと。

　そして、何不自由なく暮らしているうぢに、またまた、欲が出てきて、長者番づけのすみつけ（お墨付き＝文書）をもらっていながったごと（いなかったこと）に気づいて、いろいろと宝物を持だせで（持たせて）、都に召し使いを送ったんだって。そしたら、都がら使いの者がやってきて、「太郎が」

「まんづ（なんといっても）、一番の宝もなぁ（宝物はな）、子宝づもんで（というもので）がんしょ（ございましょう）」

と、こたえると、使いの者が、

「その宝を、わだせば（渡せば）、長者のすみつけ（お墨付き）をやろう」

と言ったので、太郎は、欲に目がくらんで、わが子（娘）を手渡してしまったんだと。

娘をうしなった夫婦は、やがて毎日がさびしぐなり、重い病気にかがって死んだんだって。娘が、はるばる都から来たどぎには、家もなぐなり、娘は、両親の冥福を祈るために、その土地に、如来像をきざみ、大きなお堂をつぐって、ふたりをまづった（祀った）とさ。

どっとはれ。

2　岩手山と姫神山

伝説
語り手〇母　岩手県盛岡市向中野　昭和七年生　四十四歳

むがしむがし、岩手山と姫神山は、夫婦だったんだって。だけど、姫神山が、きれいじゃないがら、岩手山は、とうとう、いやになったんだって。それで、

「おまえは、おれの目のとどがないどこに行ぎなさい」

って言って、姫神山を、おいだしたんだと。そうして、その送り役に、「おくりせん」という家来をつけでやったんだって。そうして、

「もし、おれの言いつけを、うまぐはたさないどぎ（うまく果たせないとき）は、おまえの首がないと思え」

と、きびしく命令したんだって。

そうして、姫神山は泣く泣く、「おくりせん」をつれて、出ていったんだけど、よく朝、岩手

山(さん)が、目(め)をさまして、東(ひがし)のほうを見(み)だっけ(見(み)たら)、目(め)の前(まえ)に、姫神山(ひめかみさん)がそびえ立(た)ってだがら、岩手山(いわてさん)は、火(ひ)をふいて、怒(おこ)ったんだって。岩手山(いわてさん)と姫神山(ひめかみさん)との間(あいだ)にある送仙(おくりせん)(岩手山(いわてさん)の東側(ひがしがわ)にある山(やま)の名(な))の頭(あたま)がかけているのは、岩手山(いわてさん)が、その首(くび)をうち落(お)としたからなんだって。その首(くび)を、自分(じぶん)のそばに、おいたのが、いま、盛岡(もりおか)から見(み)える岩手山(いわてさん)の右(みぎ)がわのこぶだって言(い)われてるんだって。赤(あか)い石(いし)の多(おお)い赤川(あかがわ)は、やっぱり、姫神山(ひめかみさん)が、お歯黒(はぐろ)を形見(かたみ)に流(なが)したあとだって伝(つた)えられているんだよ。

どっとはれ。

3　むじな堂

昔話　山寺の怪
語り手〇母　岩手県盛岡市向中野　昭和七年生　四十四歳

むがし、むがし、あるどごろに、お寺に、つぎつぎど住職が、いなぐ（いなく）なったんだって。だがら、住職のなりてがなぐ、荒れ寺になってしまったと。ある年に、旅の僧が近くの百姓家に泊まり、宿の主人から、このことを聞いた僧は、

「ふしぎなごどだ」

と言って、よく日、その寺へ出かけて行ったんだって。そうしたっけ（そうしたら）、それもそのはず、壁はやぶれ、かわらも落ち、中にはいると、床は一面の土ぼこり、ほどげ（仏）さまも、腕がかけたり鼻がもげたり、目もあてられない荒れかたに、

「おいたわしいことだ」

と、僧は本尊の前で、しばらくお経をとなえていたんだと。

　それから中をまわって行くうちに、思いがけない人間を見つけたんだって。それは、ひとりの老人がねでらったので（寝ていたので）、ちかよりかげた（近寄りかけた）僧は、思わず立ちどまって、よぐよぐ見だなら（見たところ）、ねむっているその顔は、すさまじい殺気を感じたからだったとさ。僧は腰をおろして、〔老人が〕目をさますのを待ったと。一日じゅう待っても目をあかなかった（開けなかったから）から、それで、

「あやしいやつ」

と思い、ひとまず宿に帰って、その日はやすんだったって。またつぎの日、寺に行ってみたら、やっぱり老人はねむっていて、あいかわらず、どごが（どこか）殺気が感じられたんだって。だけど、その日も目をあかない（開けない）から、また、もどって、また、つぎの日来て、その、そばにすわったら、むっくり起き上がったんだと。

　そして、目はにごってて、光をまし、うすきみわるく、僧のするどい目と、ま正面から火花をちらして、無言でたたかったんだって。そうしたら、その老人が急に、

「ゲゲゲ……」

とわらいだして、

「とうとう見やぶられだが（たか）。寺の坊主どもを殺したのは、このおれじゃ。お前のような若僧に見やぶられでは、わしの命も、これまでじゃ。最後の思い出に、お前に、すばらしいものを見せでやる」

と立ち上がると、ゆだんなぐ見でいる僧に、

「まぢがっても（間違っても）、念仏をとなえるなよ」

と言いおわると、僧の目の前に紫の雲が流れて、お釈迦さまの姿があらわれたので、思わず念仏をとなえで（唱えて）しまったんだと。そうしたっけ（そうしたら）、たぢまぢ、もとの古い荒れ寺になって、あのふしぎな老人は、いづのまにが（いつの間にか）いなぐなり、ゆだんなぐあだりを見まわしたっけ（見回したら）、一ぴきの、むじな（たぬきの別名）が死んでいだったんだと。

それで、このむじなを境内に埋めで（て）、お堂を建でて、むじな堂とも呼んで、今でも遠野にあるんだってさ。

どっとはれ。

〈語る・聞く〉

1・2・3は、語り手が小さいころ母から聞いた話。聞き手は娘（学生）である。この地域では、昔話を「むがしばなし」とよんでいる。夜、みんなが集まっているとき、また、子どもが寝る前、ふとんの中で語った。語りはじめは「むがし、むがし、あるどごろに」、語りおさめは「どっとはれ」。

3は、遠野市上郷町板沢、曹源寺の狢堂に伝わる話。佐々木喜善『聴耳草紙』（昭和八年〈一九三三〉）の第一三八話、柳田國男『遠野物語拾遺』（昭和十年）の第一八七話に同様の話が収録されている。

4　かっぱのおわび

昔話　河童の魚
語り手〇祖父母　岩手県盛岡市永井　明治三十七・三十九年生　七十二・七十歳

御安という豪家の若い者が、馬っこを川にひやす（冷やし）に行ったば（行ったところ）、馬の足さ（に）、かっぱがたもって（しがみついて）きたのを、若者が知らないできたどさ。若い者が、馬にかいば（飼い葉＝えさ）をやる（やり）に行ったどこら（ところ）、かっぱは馬たらい（盥、飼葉桶）のかげさ、かくれてらった（隠れていた）とさ。若い者がおこって、かっぱをおしぇで（おさえて）いじめたどこら（こらしめたところ）、

「これから百年、ぜったいわるいことしないから、ゆるしてくれ」

と言うので、ゆるしてやったれば、それから、子どもらが川さおよぎに行っても、かっぱは、足をひっぱらなくなったので、その川でおぼれる子どもがなく（いなく）なったどさ。

それで、どっとはらい。

† 類話4・12・117

5 大蛇の沼

昔話 蛇婿入り―針糸型
語り手○祖父母 岩手県盛岡市永井 明治三十七・三十九年生 七十二・七十歳

むかし、おっきな沼さ、大蛇が住んでらったど（住んでいたと）。娘三人あるじいさまと、ばあさまあって（おばあさんがいて）、まいとし娘ひとりずづ、沼の大蛇さ、やらねばならねがったど。あどひとりのこったのを、たすけたさに（助けたいあまりに）、沼さ針千本まいだどごら（ところ）、それがら大蛇がこなぐなって、娘ひとりだげ、たすかったとさ。

それで、どっとはらい。

† 類話5・25・125

6　小坊主と鬼ばば——三枚の札

昔話　三枚のお札
語り手○祖母　岩手県盛岡市永井　明治三十九年生　七十歳

むかしむかし、和尚さんと小坊主がいだったど。その小坊主が、旅に出るごどになって、和尚さんが、

「ねがいごとかなうお守り、三枚あずけてやるから、なにかあったときに、つかいなさい」

と持だせでやったど。

小坊主が旅に出で、山にのぼってるうちに、夜になって、くらぐなってしまったど。そしたどごら（そうしたところ）、一つあがり（明り）が見えだので、そのあがりたよって（頼って）、行ったど。

「ごめんください」

と言ったどごら、うちの中から、髪がまっ白でざんぐり下げだとしよりの、腰のまがったおばあさんが出できたど。

「こんばん、ひとばんだけ、とめていただけませんか」

と言ったら、

「どうぞ、どうぞ」

とすすめてくれたので、とめてもらうごどにしたどさ。

　小坊主は、旅の疲れで、ぐっすりねむってらったど。そしたら、夜中に、ガッサゴッソ、ガッサゴッソっていう音で、目がさめだど。そこで、障子にうつってるかげ見たどこら（見たところ）、鬼ばばのように、髪ふりみだして、包丁といでらったど（研いでいたと）。びっくりした小坊主は、

「さっ、たいへんだ。食べられてしまう」

ど思って、

「おばあさん、おばあさん、お便所に行ってきます」

と、ぶるぶるからだふるわせで、しゃべったどこら（ところ）、鬼ばばは、小坊主のからだに、縄をまいで（巻いて）、便所について行ったど。

　小坊主は、

「どうしたら鬼ばばの手がらにげれる（手から逃げられるのか）」

ど思って考えでだら（考えていると）、和尚さんからもらってきた、三枚の守り札を思いだしたど。

そこで小坊主は、

「わたしはこれから逃げるから、鬼ばばに声かけられたら、『まだです、まだです』とこたえてください」

とたのんで、自分のからだにむすんである縄をほどいで、戸にむすんで、にげだど。便所のそとで縄を持ってまっていだ鬼ばばが、

「こら、まだが（まだか）」

って聞いだら（聞いたところ）、お守りは、

「まだです、まだです」

とこたえだど。まぁだしばらぐしてがら、

「まだが」

って聞いだら、まだ（また）、

「まだです、まだです」

とこたえだど。なんかい聞いでも、

「まだです、まだです」

とこたえるがら、鬼ばばがおかしぐ（おかしいと）思って、戸をあげだ（開けた）どごら、小坊主がいながったので、鬼ばばはおごって（怒って）、小坊主をおいかげだど。小坊主はいっしょうけん

めいにげだども、鬼ばばの足がはやくて、すぐうしろまで来たど。

そこで、小坊主がまだ二枚のこっているうちの一枚をつかって、

「おっきな山できろ」

って、うしろにむかってなげだどごら、小坊主と鬼ばばのあいだに、おっきな山ができだど。その山を鬼ばばがこえるうち、小坊主はいっしょうけんめい和尚さんのいるお寺にむかってにげだど。でも、鬼ばばは、またすぐ小坊主のうしろまで来たど。

そこで、さいごにのこってる三枚めのお守りを、

「おっきな川でぎろ」

って、なげだどこら、流れがきゅうで、はばが広い川ができだど。鬼ばばは流されながらも川をおよぎ、またすぐ小坊主のうしろまで来たど。

ようやくの思いで小坊主はお寺ににげこみ、

「和尚さん、和尚さんたすけてください。鬼ばばにおわれています」

と言ったどごら（ところ）、

「ゆかの下にかくれてなさい（いなさい）、なにがあっても声を出しちゃいかんよ」

と和尚さんに言われだど。小坊主がゆかの下にかぐれでがら（隠れてから）、そこに鬼ばばが走って来て、

「いまこごに、小坊主がにげでこねがったが（来なかったか）、かぐさねで出せ」

と言ったら、

「そんな人は来ませんでしたよ。なんならお寺じゅうさがしてもいいですよ」

と、和尚さんに言われで、鬼ばばはお寺じゅうさがしたども、小坊主は見つからねがったど（見つからなかったと）。そこで鬼ばばはあぎらめで帰ってたど（帰って行ったと）。和尚さんは安心して、

「もう出てきてもいいよ」

って、しゃべったのに、ゆかの下からは、もの音一つ聞こえなかったど。そこでゆか板を上げて見だどごら、小坊主は犬になってらったど（なっていたとさ）。

　そこで、どっとはらい。

† 類話6・59・92・121・123・124・125・142

7　うば捨て山

昔話　姥捨て山—難題型
語り手○祖父母　岩手県盛岡市永井　明治三十七・三十九年生　七十二・七十歳

ずっとむかしは、六十〔歳〕になれば、山さ（に）はなさねばね（放す、置いてこなければならない）規定だったど。へでも（そうだけれども）、家のおずさん（おじいさん）六十になったども、はなすの（置いてくるの）かわいそうだど思って、はなさねでらど（置きに行かないでいたと）。寝どこのすまさ（隅に）、かぐしてらど（隠していたと）。ほやったば（そうしたところ）、殿さまがら、

「穴のあいだ（開いた）玉さ（に）、糸をとおすごど（こと）、それがら、あぐ（灰）で縄なうごど考えだやづさば（人には）、たくさんのごほうびをける（あげる）」

へって（と言って）、触れ（通達）きたど。

そこで、なんと（いろいろと）考えだども、考えうがばね（考えが浮かばない）ので、かぐしてら（隠している）ずさま（じいさま）がら聞いだど。ほやったば（そうしたところ）、ずさまの言うごどにゃ、

まがった穴さば（には）、出口さ（に）砂糖ぬって、あり（蟻）の足さ、糸をゆつけで（結びつけて）、あり入れだどこら（入れたところ）、ありは砂糖食いて（た）さに出はったど（出てきたと）。それで、糸はとおささったたどさ（通すことができたとさ）。あぐでなう（灰で綯う）縄ば、縄をなって、火さ（に）くべだど（燃やしたと）。ほやったば（そうしたところ）、あぐでなった縄の形になったどさ。

　そこで、そいづ二つ、殿さまに見せだど。そしたらば、よい考えだど、ほめられだど。そこで、そのむすこは、正直者だがら、

「ほんとうは六十になれば、山さすてねばね、ずさま（捨てねばならない、じいさま）あるども（あるのですが…）。寝どこさ、かぐしてらずさま（隠している、そのじいさま）がら、聞いだのでがんす（ございます）」

ど言ったば、殿さまも感心して、それから、としよりも大事にさせねばねど（させなければならないと）思って、山さはなさね（山に置いてこない）ようになったたどさ（なったんだとさ）。

　めでたし、めでたし。

† 類話7・21・93

8 南面の桜

伝説
語り手○祖父母　岩手県盛岡市永井　明治三十七・三十九年生　七十二・七十歳

むかし、志賀理和気神社（岩手県紫波郡紫波町桜町）のあたりさ、藤原頼之っていう若者があずけられでらったど（預けられていたと）。もど（元）は公家さんだったども、無実の罪きせられで、ここさ（ここに）流されでらったど。そのころ河村少将清秀っていう領主が、住んでらったど。

ある年の春に、この河村少将っていう人が、志賀理和気神社で花見するごどになったども、そのどぎ、頼之も特別によばれだど。花見がさかんになったどぎ、さかずき（盃、お酒を）すすめる女がいだったど。だれだど思ったっけ、河村少将の娘で、桃香っていう人だったど。んだなぁ、年は十七、八くらいで、顔も姿も、そごらへんでは見られないほどきれいだったど。この出会いが縁となって、二人のあいだには、ほのかな恋がめばえできたったど。そして、だんだんど、それが深くなってきたったど。

とごろが、その年の秋に、頼之の罪が無実だってごどがはっきりしたがらって、朝廷では、頼之に、都さ帰るようにしゃべったど。せっかく、二人なかよくなったのに、別れねばならねぐなったど。二人はだれさもだまって、志賀理和気神社で会って、

「永遠の愛のしるし」

って、しゃべって、桜の苗を植えで、まだ（また）会えるように、ちかったど。

頼之が都さ行ってがら、なん年もなん年もの年がすぎだど。桃香はそれでもあぎらめないで、くる日もくる日も、南の空見ながら、頼之のごど思って待ってらったど（いたと）。その年も、桜の花が咲ぐころになったど。思いあまった桃香は、ある日、志賀理和気神社の前にあらわれるど、桜の前に立って、なにが（何か）一心に祈りつづけていだど。とごろが、とごろが、ふしぎなことに、祈りがおわって、目ひらいで見だどごら（見たところ）、咲きみだれでらった（咲き乱れていた）桜の花が、いっせいに南へむがって（向かって）、ゆれうごいでらったど（揺れ動いていたと）。これを見で（見て）、桃香は、とっさに歌をうたったど（詠んだと）。

このことを風のたよりに聞いだ頼之は、桃香の純情な心にうごかされで、ひゃっぽう（百方）手段をつくしたあげく、ようやぐ、帝のゆるしをもらって、桃香をむかえにやって来たど。そして、都にのぼった二人は、めでたくめおと（夫婦）になったとさ。

これで、めでたし、めでたし。

〈語る・聞く〉

4・5・6・7・8は、聞き手の祖父母が語ってくれた話。二人とも小さいころ祖父母から聞いて覚えたという。この地域では、昔話を「むがしこかだる（昔こ、語る）」という。夕飯のあと茶の間で語った。「むがし、あったづもな（むかし、あったということだ）」で語りはじめ、「どっとはらい」でおさめる。語り手は、話の切れ目で「したれば（そうしたところ）」と合いの手を入れ、聞き手は「それがら、それがら（それから、どうなったの）」と返す。昼間は「昔話を語るとねずみが笑う」といって語らなかった。

岩手県紫波郡紫波町桜町の志賀利和気神社は、赤石神社ともいう。参道の桜並木の中で、ひときわ大きな桜の木を「南面の桜」とよんでいる。縁結びの木である。桃香の詠んだ歌は「南面の桜の花は咲きにけり都の人にかくと告げばや」であるという。

9　大蛇がズルズル

昔話　果てなし話―出てくる蛇
語り手○祖父　岩手県北上市更木　明治三十二年生　七十七歳

むかし、ごんぼほるわらしこ（だだをこねる子ども）、あったずもや（あったとさ）。あるとき、あっぱ（母親）とふたりで、おどこ（お堂）さ、おがみさ行ったずも。したれば、〔子どもは〕そのとおり、ごんぼほり（ぐずり）ながら、おがんでらずも（拝んでいたとさ）。したれば、あっぱ（母親が）、あたりぐるぐると見ながら、

「こりゃぁ、このわらし（これ、この子どもよ）、泣くづと（泣くと）、おっかねぇもの出るぞ」

そりゃぁ、そのおおきな杉の木のあなこから、大きな大蛇ではって（出てきて）、大きな頭、ごけさま（権現さま＝獅子頭）のよな（ような）つら（顔）で、くちあけて、した（舌）だして、ズルズルと出たずもやぁ。あぁ、まだ（また）もズルズル、まだもズルズル、まだもズルズル、おみ坂くだってもズルズル、土橋こ、わたってもズルズル、あのけぇど（あの街道）さ（に）出はっても、まだ

もズルズル、あそこまがっても、まだもズルズル……。

そのへびは、水こ、ドックドックとのんで、べつのおどこ（お堂）の大きなほらあなさ（に）、へぇて（入って）しまったとや。そだから、このわらしも、あっぱ（母親）のつつ（乳）、ドックドックとのんで、

「そうら、このふところさへぇれ（母親のふところに入れ）、へぇれ」

と言って、寝せつけたもんだとさ。

どんとはらい。

10　さるの嫁

昔話　猿婿入り―里帰り型
語り手○祖父　岩手県北上市更木　明治三十二年生　七十七歳

　むかし、むかし、あったとや。山おくの一軒家に、じいさまとばあさまの間に、ひとり娘がいました。この山に住んでおる一ぴきのさるが、どうしてもこの娘と結婚したくて、じいさまばあさまの反対をおしきってもと、いろいろないやがらせをして、しょうがありませんでした。

　かしこい娘は、おじいさんやおばあさんをかわいそうに思って、とうとう結婚しましたが、毎日、娘は考えておりました。

　いよいよ里帰りとなり、山こえ谷こえ、深い小川のほとりにさしかかりました。そのとき、一本の大きな木に柿がいっぱい赤くうまそうに、ざくざくなっておりましたので、およめさんは、ここだとばかり、

「これこれあなた、おねがい。この柿の実、食べたいから、ひとつ取ってくれませんかねぇ」

と、たのみました。よろこんで、さるは、

「それでは」

と、柿の木にのぼり、実を取りはじめ、ひとつ取って、

「これかい」

「もう少し上の赤いの」

「はい、これかい」

「もう少し上のやわらかいの」

「これかい」

「もうひと枝うえの、赤い大きなやわらかい、手のとどかないようなところになっている柿の実へ、ずぅんと、ひととびして取った実を、食いたい」

と、およめさんは言いました。さるは、かわいいおよめさんのことなれば、こっちの枝からそっちの枝へ、ずぅんと、とびましたが、とどかぬうちに、下へまっさかさまに落ちて、死んでしまったとさ。


どんとはらい。


〈語る・聞く〉

9は、語り手（聞き手の祖父）が六歳のころ、寝るとき母親がふとんの中で語ってくれた話。

10は、語り手が自分で考えて語ってみたというが、この話も小さいころ聞き覚えた話ではなかろうか。

† 類話5・10・15・25・49・70・143・149

11 笛吹(ふえふき)峠(とうげ)

伝説
語り手○女性　岩手県遠野市綾織町　明治四十四年生　六十五歳

　むかし、あったずもな。
　遠野(とおの)から釜石(かまいし)さ越(こ)えるどこに、笛吹峠(ふえふきとうげ)づ(という)峠(とうげ)あるが、そこに青笹(あおざさ)のずうっと奥(おく)、山(やま)の中(なか)にあるが、その笛吹峠、山の中に、むかし、一軒(いっけん)の百姓家(ひゃくしょうや)あったずもな。そごに馬(うま)っこ一(いっ)ぴきあずがってらずもな（育てていたとな）。そこの家に、とっても、めごっけい（かわいい）、男わらすっこ（男の子）あったずもな。そのわらすっこ、まず（なんとも）、かせぐわらすっこ（働く子）で、馬のごどがら、まや（馬屋）のごどがら、草刈るにも、そこら、しめする（片づける）にも、一人して、かせいでだ（働いていた）ずもな。近所となり、あだりほどりの（あちこちの）人だち、みんな、

「なんたら（なんとまぁ）、かせぐわらすっこだべ（働く子だな）」

ど、みんなにほめられたずもな。それでもその働くわらす（男の子）、家の人たちさは（からは）、いっこ（まったく）ほめられねがったずもな。そして、いっつも、おもしろぐねぇ、さびしい顔っこばり（ばかり）してたずもな。それは、なにしてがっていえば（どうしてかというと）、ままご（継子）だったど。そだっがら（そうだから）、いっこ（まったく）家の人たちがら、ほめられねぇで、いっつもさびしい思いばり（ばかり）してたずもな。

　そだども、そのわらすっこ、たった一つだけ、楽しみあったずもな。笛っこ吹くのが、なによりも楽しみで、山さ行ぐにも笛っこもって行ぐ。草刈りに行ぐにも、笛っこもって行ぐ。いっときのしまっこ（一時の暇）みっければ（見つけると）、笛っこ吹いで楽しんでいたずもな。一人でその笛っこ吹くどきのつらっこ（顔つき）ったら、そのわらす、なんともいえない、めげっこいつらっこ（かわいい顔）だずもな。そして、それごそみんなに、ほかの人たちが、

「めげっこい、なんたら（なんという）、いいわらすっこだべ（良い子だな）」

まんず、みんながらほめられるずもな。そうすれば、それぐらい、ままこ（継母は）、そのわらす

（男の子を）、えらすぐなくて（おもしろくなく思って）、めごっけ顔すればすたで、えらすぐない（気に食わない）。ほめられれば、ほめられだで、えらすぐねぇ。なんたにがしてがだずどもな（どんなことでもそうだということだ）。

そして、いつだったが、ある年の秋、草っこさも、色っこつき、木の葉にも、色っこつきはじめできたあたりだったずが（色付き始めたころであったというが）、そのわらすさ、

「こりゃこりゃ、このわらす」

って、せった（言った）ずもな。

「いまに雪などふってくれれば、馬さ、はらいっぱい草もかせらせれなぐ（食わせられなく）なるが、今のうちに山さつれでって、馬さ、はらいっぱい、草かせでこ（食わせてこい）」

って、せった（言った）ずもな。そのわらすっこ、いっつも、へんとう（返答、口ごたえ）かえすことなくて、

「はい」

って、馬屋から、馬ひきだしたずも。そして、山さ、あがってだずもな（上がって行ったとな）。そうしてば、そのかが（母親＝継母）、あがってぐ（男の子が上がって行く）うしろすがたば見て、

「ようし、ころす時は今だ」

と思ったずもな。すぐ家の中さはいって、マッチもって、そのわらすっこと馬のあとぼって（後を追って）、山さのぼったずもな。そしてそのむすこ、山さ行って、草っこ赤くなるあたり（紅葉す

るところ）だから、

「どごが（どこか）、うまそうなどご、いっぱいかせべ（食わせよう）」

ど思って、あっちあるき、こっちあるきして、ようやく、うまそうなどころさがして、馬っこさ草かせで（食わせて）、そして、笛っこ吹きはじめだずもな。


そしてば、そのかが（継母）、山さ、はしぇ（走り）あがって、笛っこめあてに、四方から火つけたずもな、山さ。そして、そのわらすっこ、その火みつけて、

「あや、火事だ。まず、だれがたすけて来るんだが（だれか助けに来るのだろうか）、笛っこたよりに来てくれるんだべ（来てくれるだろう）」

ど思って、いぎなり（つよく）吹いたずもな。なんぼいぎなり吹いても、だれもたすけさ来ねがったずもな。そうして、そのまんま笛っこ吹きながら、その火にまかれて、めらめらと燃えてくる、その火にまかれて、焼け死んだど。そのわらすっこ、その笛吹きながら。


それから、というもの、その山さ、いっつも風っこさのって、あるどきは高く、あるどきは低く、あるどきはさびしく、その笛っこの音、聞けるんだど（聞こえてくるのだと）。春、山さわらびとりに来ていった人も、聞いてきた。秋、きのことりに来た人も、聞いできたっていうように、みんなその笛っこの音、聞いて来るんだ。それで、その山を、笛吹峠とつけたんだとさ。

どんとはれ。

12 かっぱ淵

昔話 河童の魚
語り手〇女性 岩手県遠野市綾織町 明治四十四年生 六十五歳

むかし、あったずもな。

土渕（遠野市土淵町）の新家づえ（新家という家）だずが、むかし、その家の裏に大きなふぢ（淵）のある川あったずもな。ある夏のうんとぬけぇ（とても暑い）一日だったづが、まやさへってる（馬屋に入っている）馬、足ほてる（熱くなる）から、馬っしゃし（馬冷やし）に、川さ、わけもの（若者が）つれて行ったずもな。そしてそのわけもの（若者）、馬の背中こすったり、水っこかけだりしてらずもな。いっときおか（ちょっと川岸）にあがっているうちに、その馬、ふっけどこさ（深い所に）、ズルズル引っぱってがれだずもな（引っぱって行かれたということだ）。馬たまげて、おか（川岸）さ、ガシャガシャはしぇあがった（走り上がった）ずもな。そうして、家のまやさ（馬屋に）はしぇごまった（走り込んだ）ずもな。家さ（に）、ひるけさ（昼食に）来た人は、

「なにしたべ（どうしたものか）。まんず（なんと）この馬、まやさはしぇごまったずもな（馬屋に走り込んでしまったよ）。なんじょなどこだべ（どんな所だろう）」

と思って、みんな出はって見たずもな。そうしてば、その馬、前足、前がき（前足掻き）して、まるんで（まったく）きかなく（動かなく）なったずもな。

「さてふしぎだ。なにしたべ」

ど思ってんば（思っていると）、馬のふね（飼葉桶）、ふせらさってた（伏せられてあった）ずもな、それが、がっぱりふせらさってたずもな。

「あや、まんずなして（いったい、どうして）、あのふね捨てらさってだべ（捨てられていたのだろう）」

ど思って、見てんば（見たところ）、そのふねの下から、わらすっこの手っこみてなの（手のようなものが）見えたずもな。

「あやっ、手っこみてなの見えるが」

ど思って、よくよく見てば、水かきあったずもな。さぁみんなたまげて、そのふねひっくりがえして見たずもな。そうしてば、人でば（人で言えば）七つか八つくらいの女わらすみてな（女の子みたいな）、かっぱいたずもな。手っこと手っこ（手と手を）、すりあわせで、

「たすけてけろ（助けてくれ）」

って、せった（言った）ずもな。さぁそうしているうちに、みんな大さわぎして、となりあたりの人たちみんな来て、

「なにこのかっぱ、ろくでねぇ（悪い）、かっぱだがら、ころしてしめぇ」

って、みんなせった（言った）ずもな。だども、そごのだんな（主人）、

「なんじょなどごがら（どんな所から）、ごんなどごろに（こんな所に）来た」

って、かっぱさ聞いたずもな。そうしてば、そのかっぱ、

「おりゃ（おれは）、ほんとのこどは（本当のことを言うと）、馬のごど（馬の奴を）、ふぢ（淵）さしっぱって（淵に引っぱり入れて）、食うべと思ってしっぱたども、馬の力のほうが強くて負けて、おれのほうしっぱられて来てしまった」

って言ったずもな。

「今がら、えらいわるいごどせねがら（ひどい悪いことしないから）、たすけてけろ」

って、手あわせたずもな。そごのだんな、そのかっぱ見れば、皿っこにも水なくて、顔色も青くなって、すっかりがおって（ぐったりして）らずもな。

「さてさて、むぞやな（かわいそうな）ごどだ」

と思って、

「そだらば、たすけてやっから、今がら、えらい（ひどい）いたずらしては、なんねぞ」

そして、そのふぢ（淵）さ、かっぱをはなして（逃がして）やったんだど。そうして、そのふぢ（淵）の川さ、かっぱ、しばらくいたども、

「おれ、ここさいれば、村の人さ、やんた（いやな）思いさせるがら、それより、おれ（おれは）い

ねほうがいい」

と思って、それからずうっと、おくのふぢ（淵）のほうさ、行ってしまったんだど。それっきり、人さも馬さも、いたずらしたごど、なかったんだとさ。

どんとはれ。

† 類話4・12・117

13　おしらさま

昔話　蚕と娘
語り手〇女性　岩手県遠野市綾織町　明治四十四年生　六十五歳

むかし、あったずもな。

あるどこに、とど（父）ど、かが（母）ど、とってもうつくしい娘ど、あったずもな。そごの家に、また、なんともいえぬ、りっぱな馬っこあったずもな。その娘、としごろになったば、ますますうつくしくなったたずが、いっつもまや（いつも馬屋）の木戸さ行って、こうして、おっかかって（寄りかかって）、馬とはなししたり、わらったりばり（ばかり）してたずもな。とど（父親）、それ見て、

「あのわらす（娘）、なにして、あんなごとしている」

ど思ったずもな。そうして、ある時、その娘がら聞いだずもな。

「こりゃこりゃ、なんじょなどこで（なんという所で）、馬どはなしたり、わらったりしてる」

ってば、その娘、

「そだって（そう言ったって）、おら（私は）、馬と夫婦になるもの」

って、せった（言った）ずもな。そしたば、とど（父親）、ごっしゃやいで（おこって）、

「人ばがに、わかれた（馬鹿らしくて、あきれた）。人間とちくしょうと、夫婦になるっていうばかなごど、あるもんでねぇ」

って、

「おめもおめだが、馬も馬だ」

づんば（と言うと）、まやさ（馬屋に）、はしぇごまった（走り込んだ）ずもな。そうして、馬、ひっぱり出したずもな。そして、うらに大きな畑あって、そこに桑の木、あったずもな。桑の木さ、その馬ひっぱりあげたずもな。そして、また家の中さはいって、きせるなだ（煙管鉈）だの、かま

鎌(かま)もって、そして、そのはせで(走って)馬の皮はがされたずもな。そして、その娘(むすめ)、それ見(み)て、「とど(父さん)、やめてけれで(やめてくださいってば)。むぞやな(かわいそうだ)。とど、やめてけれ」って、おいおい泣(な)いだずもな。だけど、なんにも、聞(き)けながった(聞こえなかった)ずもな、ごっしゃやげでるがら(おこっているから)。そして、半分(はんぶん)ばり(ばかり)はいだら、その馬死(し)んでしまったずもな。もう少(すこ)しで、はや(すばやく)いっとき(ちょっとの間に)、その馬の皮、パァーッととんできて、その娘(むすめ)、スポッとつつんで、天(てん)さあがってしまったずもな。さぁ、かが(母親(ははおや))はかがで泣(な)く。とど(父親(ちちおや))も、

「さぁ、すくった(たいへんな)ごとした」

と思(おも)ったずもな。

「馬(うま)ばめにあわす(馬をひどいめにあわせよう)と思(おも)ったが、まさか娘(むすめ)もこうなるとは思(おも)わなかった」ど思(おも)って、とどとかがと(父親(ちちおや)と母親(ははおや)と二人(ふたり)で)毎日(まいにち)、毎日(まいにち)、三日(みっか)も四日(よっか)も泣(な)き明(あ)かしたども。

そしてある晩(ばん)に、その娘(むすめ)、とどとかがど(父親(ちちおや)と母親(ははおや)の)、夢(ゆめ)まくらにたって、夢見(ゆめみ)せた(夢(ゆめ)にあらわれた)ずもな。

「とどもかがも、ようぐ聞(き)いてけろ(ください)。おれ(私(わたし))の親不孝(おやふこう)ゆるしてけろ」って、へった(言(い)った)ずもな。そして、

「おれ(私(わたし))、わるい星(ほし)のもとに生(う)まれたために、親孝行(おやこうこう)もせねで(しないで)、今(いま)、天(てん)さ来(き)てしまったがら、なんちょにがして(なんとか逃(に)がして)、ゆるしてけろ」

って、せった（言った）ずもな。そうして、その娘（むすめ）

「そのかわり、来年（らいねん）の三月十四日（さんがつじゅうよっか）の朝（あさ）、庭（にわ）のうし（臼）の中見（なかみ）てけろ」

って、せった（言った）ずもな。

「そせば（そうすれば）、そのうす（臼）の中（なか）に、馬（うま）のかっしゃ（頭）みてな、虫（むし）っこいるがら、その虫（むし）の中に、馬つるして（馬を吊して）殺した桑の木（くわのき）がら、桑の葉（くわのは）っぱとってきて、かせでけろ（食わせてください）」

って、

「そせば、それ（そうすれば、それは）、とどっこ（蚕（かいこ））っていう虫（むし）で、三十日（さんじゅうにち）もあずがれば（育てれば）、大（おお）きくなってめっこ（繭（まゆ））になるがら、めっこ（繭（まゆ））になれば、糸（いと）とって糸（いと）のとりかたも教（おし）えたずもな。

「そして糸（いと）とったら、はた織（お）って」

はたの織（お）りかたも、教（おし）えたずもな。

「そうして、とどどかが（父さんと母さん（とぉさんとかぁさん））、くらしたででけろ（暮らしを立ててください）」

っていう夢見（ゆめみ）たずもな。次（つぎ）の朝（あさ）、起（お）きて、かが（母親（ははおや））が、

「ゆんべ（昨夜（ゆうべ））、まんず（なんと）、こんな夢見（ゆめみ）たや」

って言（い）えば、とども、

「おれも見（み）だや」

って、そしてふたりして三月十四日待ったずもな。

そうして、待って待って、三月十四日来たずもな。朝ま（朝方）早く起きて、なにとりおき（なにより先に）、その庭のうし（臼）の中見たば、ほんとうに、馬のかっしゃっこ（頭っこ）みてな、ぺっこな（小さな）虫っこ、クジャクジャどいっぱい、いだずもな。それさ、馬つるして殺した桑の木から、桑の葉っぱとってきて、かせだ（食わせた）ずもな。そうしてふたりで三十日、あずがって（育てて）、かせだ（食わせた）ら、おっきぐなったずもな。そうして、それが、めっこ（繭）になったずもな。それから糸とって、はた織って、その絹織物を売って、とどかが、くらしたでだ（立てた）んだど。

そこで、とどかがが、桑の木で娘のつらっこど（顔と）、馬のかっしゃ（頭）を作ってまつったのが、おしらさまなんだど。

おしらさまというのは、病気の神さまで目の神さま、女の病気の神さま、そこの家にいいことあれば、あったで、わるいごどあれば、あったで、お知らせするんで、お知らせの神さまでもあるんだとさ。

どんとはれ。

〈語る・聞く〉

11・12・13は、岩手県遠野市の鈴木サツさんが、訪ねて行った学生に語ってくれた話。その後、鈴木さんは遠野市を代表する語り手として知られるようになった。この地域では昔話を「むがすがたり（昔語り）」とよんだ。語りはじめは「むかしあったずもな」、語りおさめは「どんとはれ」。語りの切れ目に「…だったずもの」、あいづちは「うんうん」と頭を下げる。こたつ、いろりでも語った。子どもの寝つきがわるいとき、また、お正月やお盆などの親類が集まるときに、おじいさん・おばあさんが語ったものだという。

14 ねことねずみ

昔話　鼠と鶯の歌かわし
語り手○女性　岩手県大船渡市三陸町　明治二十六年生　八十三歳

ねこのお坊（ぼう）さんが、

「がーんもん、がーんもんもんもん」

とお経（きょう）をあげていだっちゃ（いたとさ）。そしたっけね、そごさ（そこに）、ねずみが、ちょんちょん、

ちょんちょんと、おまいりに行ったど。ねこの坊さんが、

「ねずみどんよ、あがってお茶でも飲みなれ」

と言ったど。ねずみどんは、

「いにしえの思い（爪で引っ掻かれて殺されそうになったこと）が身にしみて、あがられません（いただけません）、お坊さん」

と言ったどさ。そんどき、ねこの坊さんは、

「なにかに（あれこれ）、かく（掻く、ひっ掻く）べきための、つめならば、つめをかいたて（欠く、隠したところで）、なにと言うらん」

と、歌っこうたったど。


〈語る・聞く〉

歌の意味がわからないのが惜しまれる。このエピソードの中では、「私は猫だから爪を持っているが、坊さんになったからもう殺生はしない。爪を隠しておいて、近づいたら捕まえて食おうなんて思っていない。安心しておくれ」という意味か。一方、ねずみは、昔の出来事に懲りて、猫に近づかなかったということか。

もともと、ねことねずみが歌で問答した話らしい。

15　さるの嫁

昔話　猿婿入り―里帰り型
語り手○女性　岩手県大船渡市三陸町　明治二十六年生　八十三歳

じいさまが、木っこ切っていだっちゃ（いたとさ）。そしたっけ、そごさ、さるがいっぱい来てな、

「木っこ切ってすけっから（助けるので）、娘っこひとり、けんなれや（くださいよ）」

とじいさまに言ったど。じいさまは、さるにすけられて、晩方、木っこいっぺぇしょって（木をたくさん背負って）家さ帰ったど。

三人の娘がいたんで、一番上の娘に、

「あんだ（おまえ）、さるさ嫁ごに行げや。木っこ切ってもらったお礼に、娘をひとりける（くれる）約束をしてだから」

と言ったど。娘っこは、

「だーれ、さるのおがだ（御方、奥さん）にゆく人あんべぇさぁ（いるでしょうか）」

と言ったど。ほんでぇ(それで)、

「おめがいってけろや」

と、二番めの娘さ言ったど。二番めの娘も、

「だーれ、さるのおがだになる人のあんべぇさぁ」

と言ったど。

「しがだねぇがら(しかたないから)、じいさま、おれ(私)がさるのおがだにいくべぇさ」

と三番目の娘が言ったんで、三番めの娘ば、さるにけるはんにしたど(あげる話をしたとさ)。

嫁ごさいぐ(嫁に行く)日、さるがいっぺぇ(たくさん、群になって)、むがえさ来たもんだっちゃ。

その娘っこが、さるのおがだになって、里がえりするとき、そのとちゅうに、藤の花が、岩の上にさいていだっちゃ。娘っこが、

「あの藤の花、おらのじいさまに、取ってかえったらば、なんぼ、よろこぶべぇなぁ。あれ取ってったらばなぁ」

と、さるさ言ったど。そしたっけ、さるは、

「ほんでぇ、おれぁ(それなら、おれが)、あの花取りさ(取りに)、あがるがら」

と言って、岩の上をのぼって、

「これが(これかな)」

って言うと、娘は、

「まぁっと（もっと）、しんぺこ（上の方）」

「これが（これかな）」

って言うと、

「まぁっと、しんぺこ」

「これが」

って言うと、

「まぁっと、しんぺこ」

そうして、藤の木のうらっこさ（木末に、先端に）行ったれば、藤の枝が、ぽっくりおれて、トブッ、トブーン、と川さおった（落ちた）ど。そしたっけ、娘っこぁ、

「あぁ、いがった（よかった）、あぁ、いがった」

と手をたたいてよろこんだど。それを遠くに聞いて、さるは、

「おれのどごば（おれのことを）、なげいて（嫌いになって）いるんだべぇ」

と思って、

「さるさかり、しぬるいのちはおしくない、きみのなげきは、いとおしいとや」（私は自分が死ぬのは何でもないが、あなたが私を嫌いになって嘆くことがつらくて、いとおしい。）

と歌いながら死いんでいったど。

† 類話10・15・49・70・143（5・25・149も参照）

16 きつねのしっぺがえし——かちかち山

昔話 かちかち山
語り手○女性 岩手県大船渡市三陸町 明治二十六年生 八十三歳

じいさまが、きつねを山からおさえて（捕まえて）きて、庭さ（家のなかの土間に）つるしておいたどさ。ばあさまがつきもの（米を臼に入れ杵で搗いて粉にする作業）をしていだっけ（いたところ）、きつねが、

「ばあさまな、ばあさまな、おれもついてけっ（搗いてあげる）から、かぎ（つるしてある鉤）からはずしてけんなれや（くださいよ）」

と言ったど。ばあさまは、

「やんてすう（いやですよ）、じいさまにおごられっから（怒られるから）」

と言ったど。ばあさまが、またつきものさ（に）、せいだしてやってだっけ、きつねが、

「じいさまが、けって（帰って）くるころに、おれば（をば）、またかぎさ（鉤に）つるしておけばいいべっちゃ（いいでしょう）」

と言ったっちゃ（言ったので）、そこで、ばあさまは、きつねをかぎからおろして、ふたりでつきもの（米搗き）をしたど。そのうちに、ザファリ、ザファリと、きつねが、ばあさまのほうさつぐ（ほうに杵を向けて搗く）ので、そごいらさ、まげっから（搗いた米が撒かれてしまう、散らばるので）、ばあさまは、

「もってぇねぇ（もったいない）」

と言って、ひろいはじめたど、そこで、きつねは、うし（臼）をひっくりかえして、ばあさまを殺してしまったど。

　ばんかだ（晩方）になって、じいさまがけってくる（帰ってくる）ころに、きつねは、ばあさまの着物を着て、もぢげ（餅粥）を煮たり、ばあさまを、おぢげぇ（おつけ、お汁）にして煮たりして待っていたっちゃ（いたのさ）。ほんで、じいさまがけえってきてがら、それを食ったど。

「いまのおぢげぇ（いま食べたお汁は）、ばばあくせぇなぁ（ばあさんの匂いがするなぁ）」

とじいさまが言ったんで、きつねは、

「いまのおぢげぇ、ばばあくせぇもんですちょう（ものですよ）」

と言ったど。それがら、こんどは寝るときになって、またじいさまが、

「なんとこのばばあ、きつねみでぇに、もさもさづいな（毛がもさもさしているな）」

と言ったっけ（言ったところ）、きつねは、

「きつねの皮ばしいて（を敷いて）いるからだべぇ」

と言ったど。夜なかになって、むっくり起きてがら、きつねが、

「ばばあじるも食ったし、もちげぇ（餅粥）も食ったし、骨っこが残ってるがら、ぬが屋（もみがら小屋）見ろ、ぬが屋見ろ。ゴゲーン、ゴゲーン（きつねの鳴き声）」

と、山に逃げて行ったど。


　じいさまが、ばあさま死んで泣いていだっけ（泣いていると）、うさぎが来て、そのよし（わけ）を聞いて、

「じいさま泣くな、きつねば、おれが殺してやっから」

と言ったど。あっどぎ（あるとき）、きつねをさそって、きつねは土ぶねを、うさぎは松ぶねを作って〔それを漕いで〕、おき（沖）へ行く競争をしたど。おきさ行ってがら、おてげぇに（お互に）、

「松ぶねも、キッカッコー、土ぶねも、キッカッコー」

とたたきあったっけ、きつねの土ぶねは、こわれて、トブドブーンと、きつねは海に落ちて死んだど。うさぎは、このことをじいさまに話したれば、じいさまは、

「きつね死んだが（死んだか）、ようし、ようし」

と言って、なみだ流してよろこんだどさ。

† 類話16・77

〈語る・聞く〉

14・15・16は、語り手（聞き手の祖母か）が小さいころ、住職の妻であった母が語ってくれた話。その母は昔話をたくさん知っていたという。

17 身がわりの犬

昔話　猿神退治―犬援助型
語り手○祖母　岩手県一関市　明治三十三年生　七十六歳

小さい山なが（中）の村があったんだとさ。そうして、その村では、まいとし〔おばけに〕娘ひとりずつあげるごど（捧げることに）なったんだどさ。して、村の娘ひとりずつあげで、〔娘がいなくなったので」あど（後は）は、えらい村の侍さまの子ども、あげるごどなって、いだわしくて（かわいそうで）、あげらいねがったんだとさ。あげだぐねっか（捧げたくないから）、村の人たちさ（に）、

「なじょかして（どうにかして）、娘たすけでけねが（くれないか）」

って、ねがったれば、村の人たち、

「ほんでや（それなら）、どごさが（どこにか）行って、娘のかわりにたずねで（探して）くっから」

ど言ったんだどさ。

　あるどごろに、かいどう犬という犬がいだがら、それがいがんべぇ（よいだろう）と、おしえらいで（教えられて）、つれできて、その娘のかわりに箱さ入れで（入れて）、おばけ（お化け）が出はってくっとご（出て来るところ）の、壇の上さおいだれば（置いたところ）、そのおばけが、しゃねで（知らないで）来て、ふた取ったれば、かいどう犬という犬にかみづかれで（噛み付かれて）、そしてそのおばけが、死んでしまったんだどさ。そしたっきゃ（そうしたところ）、村の人たちがよろごんだんだどさ。そして、殿さまに金いっぴゃもろう（お金をいっぱいもらうし）、村が、くらやみなんのがなんね（暗闇になるはずなのにならない）、あかるい村になったんだどさ。

（※「かいどう」は「怪童」という意味か。）

18 天のあおり傘

昔話　天人女房
語り手○祖母　岩手県一関市　明治三十三年生　七十六歳

むかし、ある天気のいいどぎ、空がら山んなが（山の中）のいげながさ（池の中に）、うづくしい娘が、あおりがさ（煽り傘、帝王の側に仕える者が帝王の頭上に翳す大きな傘のことか）どゆうかさ（という傘）で、おりできたんだどさ。したっきゃ（そうしたら）、そのうぢに、山のながさいる山おどご（男）に、かさをとられでしまって、帰るよ（方法）なくて、そごのおどご（男）と夫婦になっていで、帰りかねだんだどや（帰りにくくなったんだとさ）。そして、そごで暮らしてだりゃ（暮らしていたら）、そのうぢに、子どもがでぎだんだってさ。

その子どもが、四つ五つになって、かだるようなったっきゃ（言葉を話すようになったところ）、おどっざまいねうぢに（お父さんがいないうちに）、

「かあちゃん、かあちゃん、おらい（わが家）のながもぢ（長持）に、とってもうづくしい（美しい）

ものあっけで（あるんだけど）、かあちゃん」

って、言ったんだどさ。そしたっきゃ（そうしたら）、かあちゃんが、

「なんでも、おみゃ（おまえ）のほしいもの買ってけっから（やるから）、かあちゃんさおしえろや」

って、子どもさ言ったっきゃ、ほんで、

「おれ、出してきて見せっからな。とうちゃんに『だまってろよ』って、言われでっから、おれ、あげられねもや（開けられないもの）」

って言ったれば、かあちゃんが、あげで見だんだど。そしたれば、天がらおって（落ちて）きたあおりがさだったんだどさ。そしてそのかさ（傘）を出して、〔かあちゃんが〕書ぎ置ぎしてったんだどさ（書き置きして行ってしまったということだ）。

「かあちゃんが天で生まれで、天がら来たのだから、おれの国さくっこったらば（来ることあるなら）、あぐだ千だん（芥千反）、くさだ千だん（草駄千反）、〔合わせて〕二千だん（反）つんだ上さ、けぇ（萱）の実ひとづ植えでがら、そのつるっこが、おがったらば（つるが生えたら）、かあちゃんが、つるのばん（つるが伸びる）の待って、はやぐのばる（伸びる）方法して、待ってから、そんどぎゃ（その時は）、のぼってこばや（のぼって来いよ）」

って言ったれば、おやず（おやじ、父親）がその手紙見で、

「そうして（そうなるように）植えでやっから、かあちゃんの国さ行けばやな（行けばよい）」

って植えで、そしたら、おがる（生える、育つ）、おがる、おがって、あらがだ天さつぎ（おおかた天

に着き）そうなったどぎ、むすこどご（子どもを）、のぼらせでやったれば、いまっとってゆうどごで（もう少しという所で）、それが折れでおって（落ちて）きて、むすこが死んでしまったったどさ。

19 星は姉、月は妹

昔話 おぎん・こぎん
語り手〇祖母 岩手県一関市 明治三十三年生 七十六歳

あるどごろで、かあちゃんが死んで、違うかあちゃんもらったんだどさ。先のかあちゃんに、ひとり娘があって、後のかあちゃんがらも、まだ（また）女の子がでぎで、娘二人になっていだったぁつ（いたという）。そしたっきゃ（そうしたら）、後のかあちゃんが、先のかあちゃんの娘のおにぎりさ、毒いれただっつ（入れたということだ）。そしたれば、妹が、

「ねえちゃん、ねえちゃん、このおにぎり食うと、ねえちゃん死んでしまうよ」

って言ったっきゃ、

「ほだて（そう言ったって）、このおにぎりかねっきゃ（食わないと）、かあちゃんに、なじょにされっか（どんなことされるか）、わがんねがら（わからないから）、どうせ死ぬのだか（だから）、このおにぎり食って死んだほいい」

って言ったんだっつ。そしたっきゃ、妹が、

「ねえちゃんが、こいづ食うごったら（これを食うなら）、おれも食うす（わたしも食べます）。「どうせ死ぬなら」二人で、どごさが（どこかに）逃げんべ」

っていうごどなって、二人で工夫して、お空さ飛んでったんだって。そしたら、

「ねえちゃんがお星（星に）なれ。おれがお月（月に）なっから」

って言って、お星さまとお月さま（に）なって、空にいだんだって。

　そしたら、かあちゃんが、うぢ（家）にひとりいでで、

「どごさが（どこへ）、娘だぢ行ったんだが（行ったのか）、いね（いない）」

って言ったっきゃ、世間の人だぢがら、

「お星さまとお月さま（に）なって、天さのぼってっているよ」

っておしえられだんだって。

　そしたら、かあちゃんが、

「お星、お月があるならば（側にいるならば）、なんで（どうして）この鉦ただぐべや（たたくでしょうか）」

って、ピーンカラ、ピーンカラッと、ざど（目の見えない座頭に）なって〔鉦をたたいて〕、つえ（杖）っこついで、そごいらじゅう巡って、歩いだんだどや。そうしたっきゃ、

「おれ（わたしが）お星だ」

「おれお月だ」

って、空がらおって（落ちて）きて、目の見えねがさまさ（母さまに）すがって、それでもうはぁ（もはや）、〔もとの親子に戻れるわけではないから〕おわかれだったたっつ。

†類話19・80・137

〈語る・聞く〉

17・18・19は、語り手（聞き手の祖母）が祖母や家に泊まりに来たおばなどから聞いた話。この地域では、昔話を「むかしかだり」という。夜、寝る前、茶の間やふとんの中で語った。「昔あるどごろに」ではじまり、「えっつこ、もっつこ、さげだ、ひげもっこちょ」と語りおさめる。語り手は、話の切れ目に「そしたっきゃ（それからね）」を入れて語った。聞き手は、格別、返しの言葉をいわないで聞いた。

20　ほととぎすになった兄

昔話　ほととぎすと兄弟
語り手〇女性　岩手県　昭和十一年生　四十歳

あるところに、近所でもたいへんうらやむくらい仲のよい兄弟がおりました。兄の方は目が悪く、全盲の状態の人でした。

ある日、おかあさんが、お使いに出かけて行きました。そのときに弟に、

「戸棚の中のおやつを、おにいちゃんのぶんと、二つにわけておいていくから、おにいちゃんが帰ってきたら、あげなさいね」

と言いおいて行きました。戸棚の中には、おかしが、二つの皿にわけておいてありました。るす番をしているうちに、弟は、自分のお皿のおかしを食べてしまいました。そのうち、おにいちゃんが帰ってきたので、弟はおにいちゃんのぶんのおやつを出してあげました。お兄ちゃんは、そのおやつを、ぜんぶ食べおわると、こんどは、弟のぶんがほしくなりました。それで弟にきくと、

弟は、

「ぜんぶ食べてしまった」

と言うので、おにいちゃんは、

「ひょっとしたら、弟が、おにいちゃんのぶんを少し食べたのでは」

とうたがいだして、弟にそのことを言うと、弟は泣きながら、

「そんなことはない」

と言ったのですが、おにいちゃんは納得しません。そこで弟は、

「そんなにうたがうのなら、ぼくのおなかの中を見ればいいでしょう」

と言うと、おにいちゃんは、台所から包丁を持ってきて、弟のおなかを包丁でひきさいてみました。


するとどうでしょう。おにいちゃんは、目が見えるようになりました。そして弟のおなかの中には、なにもないのを見ました。そしておにいちゃんは、弟のおなかを包丁で切ったことに気がついて、気がくるってしまって、

「ぽっとさけた。ぽっとさけた」

と言いながら、家を出て行きました。


そして、あとで聞いた話ですが、そのお兄さんは、「ぽっとさけた。ぽっとさけた」と言いながら、鳥になったとのことです。それからというもの「ポットサケタ、ポットサケタ」と鳴いて

飛んでいる鳥を、ホトトギスというようになったとのことです。

† 類話20・54

21 うば捨て山

昔話　姥捨て山―難題型
語り手○女性　岩手県　昭和十一年生　四十歳

あるところに、たいへん親孝行な男の人がいたんだって。おかあさんはもう七十〔歳〕をすぎていたんだけど、男の人は、親ひとり子ひとりなもんで、いろいろとおかあさんのめんどうをみていたんだって。

ある時に、その国のお殿さまがなくなって、新しい若い殿さまになったんだと。この若い殿さまは、老人がとってもきらいだったんだって。それで、その国の六十歳以上の人は、みんな、一日分の飯を持たせて捨ててくるように、おふれを出したんだって。男の人も、おふれが出たんで、しかたなくおかあさんに、一日ぶんの飯を持たせて、おかあさんをおぶって、うばすて山に行ったんだって。

　そして、ふたまたになった木の下に、おかあさんをすわらせて帰ってきたんだけど、心配で心配で、その夜はよくねむれなくて、つぎの日の朝はやく、がまんできなくて、おかあさんをつれて帰ってきたんだって。それで役人に見つからないように、おくの部屋のたたみを上げて板をはずして、ゆか下に大きな穴をほって部屋を作り、そこにおかあさんをかくしてたんだって。そして、毎日ご飯を持っていってやったりしていたんだって。

　あるときその国に、となりの国がせめてきたんだって。こまったのは若い殿さまなんだよね。兵隊さんだって少ないもので、すぐに降参したんだけれど、となりの国の殿さまは、若い殿さまの国を、

「よこせ」

って言ってきたんだよ。

「それはこまる。それだけはだめだ」

って言ったら、となりの国の殿さまは、たいへん知恵あそびがすきなので、

「それでは、わたしが出す問題をといたら、ゆるしてやろう」

と言って、むずかしい問題を持ってきたんだって。

一つめは、

「水晶玉の中に、まがりくねった穴があいていて、かたほうから、もうかたほうまで、糸よりも細いひもを、とおしてごらん」

という問題だったんだって。殿さまたちは、いっしょうけんめい考えましたが、だれも、とくことができなかったんだって。それで、こまった殿さまは、国じゅうに、おふれをだしたんだって。

「難問をといたものには、ほうびをやる」

って言ったんだって。そのおふれを読んだ男は、

「この問題ならば、おかあさんがとけるのでは」

と思って、おかあさんに話すと、おかあさんは、

「なんのことはない」

と言って、その方法を、むすこに話して聞かせたんだって。

「その水晶の玉の穴のかたほうに蜂蜜をつけて、もうかたほうの穴から、足に長い髪の毛をむすびつけた蟻をいれてやると、蟻は足に髪の毛をむすんだまま、そのまがりくねった穴をとおりぬけて、もういっぽうの穴から出てくるから、そしたら、蟻の足から髪の毛を取ってやれば、糸より細いひもで、そのまがりくねった穴を、とおすことができるよ」

って、男の人はおしえられたとおりに、殿さまの前で、ひもを水晶玉にとおして見せたんだって。

若い殿さまは、その水晶玉を、となりの国の殿さまに見せたら、こんどは、

「わらの縄を、灰にしないで、黒い炭のまま、ちゃんと縄めが見えるように、のこしてみるように」

と言われたんだって。また若い殿さまは、家臣たちに相談して、いろいろやってみたんだけど、わからなくて、男の人に、

「おまえののぞみを、なんでも聞いてやる。そのかわり、できなかったら、おまえを死刑にする」

って言ったんだって。男の人は、家に帰って、

「こまったことになったよ」

って、おかあさんにそのことを話すと、おかあさんは、またその縄の作りかたをおしえてくれました。

「わらの縄をよっく塩でもんで、それを、山からたくさんたきぎをひろってきて、鉄の板の上に縄をおき、その上にたきぎをおいて、火をつけて、ぜんぶ燃えおわったら、たきぎの灰を、ふーっとふいて取りのぞけばできる」

って。男の人はさっそくお城で殿さまの前でやって見せたんだって。それを若い殿さまは、となりの国の殿さまのところに持って行くと、となりの国の殿さまは若い殿さまに、

「おまえの国には、たいそうかしこい者がおるようだから、おまえの国をせめるのはやめよう」

と言ったんだそうだ。それで若い殿さま、帰って来ると、さっそく男の人に、

「おまえののぞみを聞いてやろう」

って言ったんで、男の人は、

「では殿さま、うばすて山に老人たちを、おきざりにするのはやめてください。なぜなら、いままでのふたつの問題は、七十すぎたわたしの母が、みんな教えてくれたものです」

その話を聞いて、殿さまは、老人たちの知恵のふかさを見なおし、お触れをとりけしたんですって。それからというもの、この男の人とおかあさんは天下はれて、なかむつまじくくらしたということです、とさ。これが、うばすて山の話なんだと。おしまい。

† 類話7・21・93

〈語る・聞く〉

20・21は同じ語り手によるもの。20は小学生のころ母親から聞いたという。21は、もしかしたら本やラジオ・テレビで覚えた昔話であったかもしれない。聞き手は、現地に行き、聞いたときの調査ノートをもとに再現して書いたので、標準語になっている。

宮城県

22　みょうがの力

昔話　みょうが宿
語り手○父　宮城県登米市　大正七年生　五十八歳

むがす、あっとごさ（あるところに）、欲たがりな（欲深）酒屋（居酒屋）があったんだど。そご（そこ）のおやじが、まだ（これまた）欲たがりで、みょうがはものわすれの薬だっつの、聞いだもんだがら、

「こんど、あそごの金持ぢの隠居が来たらば、みょうがばかせで（を食わせて）、さいふ（財布）ば、まぎあげでやっぺ」

ど思ってだんだど。そしたらばつぎの日、その隠居が来たんだど。

「こいづぁいい」

ど思って、みょうがば、つけもの（漬物）にして、酒どいっしょに出したんだど。そすておやじが、

「わすれろ、わすれろ」

ど思ってだらば、隠居はさいふでねくて（さいふではなくて）、酒のかんじょう（勘定＝支払い）わせ

で（忘れて）行ったんだどっさ。

† 類話22・55

23 よっこいしょ

昔話 物の名忘れ―団子婿型
語り手○父 宮城県登米市 大正七年生 五十八歳

むがすあっとごに、ばがもご（ばかむこ）がいでなぁ（いてな）、よめごの実家さ行って、はじめでだんごをごっつぉう（ごちそう）になったんだど。とってもうめがったんで（うまかったので）、

「こいづは、なんつうものっさっ」

って聞いだらば、

「そいづは、だんごっつうもんだ、娘がこせがだ（作り方）わがってっから、ゆ（言）ってこせでもらわいん（作ってもらいなよ）」

って、おしえられだんだど。ばがもご（ばかむこ）は、わすれっとなんだがらって、

「だんご、だんご」

って言いながら、かいって（帰って）来たんだどさ。そいづが（そのむこが）、うず（家）の近ぐまで来たらば、ちちゃこいほりっこ（小さい堀）があったんだど。そいづ（それを）、まったぐべって（またごうとして）、

「よっこいしょ」

って、かけ声かけだもんだがら、だんごばわせで（忘れて）、「よっこいしょ」になったんだど。

　うづさ（家に）ついで、よめごさ、

「よっこいしょっつもの、とってもうめがったがら、つぐってけろ（作ってくれ）」

って、ゆ（言）ったんだげっとも、よめごぁ、

「しゃね（知らない）」

っつす（っていうし）、ばがもご（ばかむこ）、ごしぇいで（おこって）、はし（箸）なげだらば、よめごのひてこびさ（ひたいに）、あだったんだど。よめごがいでがって（痛がって）、

「だんごみでなこぶでぎだ」

って言ったら、ばがもごが、

「んだ、そのだんごだ」
って言(い)ったんだどさ。

† 類話23・34・82

24 歯(は)なしの話(はなし)

昔話　はなし話―歯なし
語り手〇父　宮城県登米市　大正七年生　五十八歳

むがし、あっとごに、おじいさんとおばあさんがいだんだど。そのおじいさんとおばあさんがわらうど、くぢんなが(口(くち)の中(なか))、一本(いっぽん)も歯(は)、ねがったんだど。そいづも、はなし(歯(は)無(な)し・話(はなし))なんだどっさ。

〈語る・聞く〉

22・23・24は、聞き手の父が小さいころ祖父母から聞いた話。その父も小さいころ父から聞いたという。ふたたび父から語ってもらって、書き記して読んでみると、単なる笑い話ではすまされないものが含まれていることに気づいたという。

この地域では、昔話を「むがしかだり」といった。子どもを寝かしつけるとき寝床で語った。語りはじめは「むがす、あっとごに」、語りおさめは「そして、まんまんとおわったのっすさ」。語り手は途中、「そうすてねぇ（それからねぇ）」と合いの手を入れ、語り手は「ふーん、それから」とあいづちを入れて聞いたという。

25 蛇体石の由来

昔話　蛇婿入り―針糸型
語り手○男性　宮城県気仙沼市　明治四十一年生　六十八歳

　むかし、細尾（気仙沼市細尾）の沢に、たつという美しい娘が住んでいた。春の日にな、近くの二つ森山っていうところに、山菜ば（を）とりに行ったんだと。その日は、うんと天気がいがったんで、山のあっちこっちで、うんと山菜を取り、かごにつめて、

「うっつぁ（家に）帰るべ」

と思ってたんだと。そごさ、一人の若い男が来て、

「これこれ、おまえはこの村のものか」

と聞かれたんだと。

「はい、このしも（下）のものです」

とおなごが言うと、

「お前はこがね（黄金）というものをいらないか」

と聞がれで、このおなごは、自分のな、うちのびんぼうが身にしみでっから、このおたつは、顔を赤らめるばかりで、なにもいえなかったんだと。そうすっと、こんどそのわかい男は、

「自分はこの沢のもので、うちには両親もいて、山から山へとこがね（黄金）をさがし歩いていて、両親も退屈しているので、自分のうちに来て、布を織ってほしい」

とたのまれたんだんだと。で、布を織ることを知っていたおたつが、うなずいたら、

「そんなら、私の家で二、三日はたらいてくれ。こがね（黄金）をたくさんやるので」

と聞かされてな、その男のうっつぁ（家へ）つれられていったんだと。その男の家はたいそう広いりっぱな家で、女中などもいたんだとさ。男の方の両親も、おたつを見てな、うんとよろこんで、自分の子のようにだいじにしたんだと。


　それからなん日かたって、おたつの部屋さ来た若い男は、

「女房になってほしい」

とくどいたんで（心をうちあけたので）、おたつは
「うっつぁ（家に）もどって、両親さ話して、ゆるしばえで（許しを得て）、まだ（また）来ます」

と言ったんだと。すっと若い男は、そいでは、

「おまえのうちはどこか」

と聞かれたんで、おなごは、

「南沢です」

とおしえてから、うっつぁ（家に）帰ったんだが、おたつがうちに帰ると、そうすっとこんどは、男のほうから、毎日おたつの家にかよって来るようになってな。いっつも毎日のように、山に行っては、こがね（黄金）ば持ってきたんだと。そしてこう言ったんだと、

「このこがね（黄金）は、おまえがわたしの女房になるまで、岩穴にしまっておくので、女房になったら、しまっておいたところをおしえる」

とな。

　そのうちおたつはな、身ごもったんで、このことを両親さ話すと、

「男がこがね（黄金）をかくしたとご（ところ）まで、この針さ糸ばとおして、糸車ば引がせるようにしろ。んで、その糸をたどって、こがね（黄金）をみつけ出せばいい」

とおしえたんだと。

　そんとは知らぬ男はな、いっつものように、おたつのうっつぁ（家に）やって来たんで、おたつは、着物さ針ばぬいこんでやったんだと。糸ば引いて行った男のあとば、おたつが糸ばたぐってつけで行くと、その男は岩穴にはいって行ぐど思っていたのに、岩穴さもはいんねで、そのまんま二つ森の山のほうさ、行ってしまったんだと。

　んで、岩穴のそばまでついで来たおたつは、つかれて、腰をおどすど（おろすと）、きゅうに産気づいでしまって、子を生みおどしてしまったが、その数はいく百いく千とも知れぬ、うんと小

さな卵だったんだと。んで、その卵の上は、うろこでなぁー、下は蛇の腹さ似ていたんで、うんとびっくりしたおたつは、家にもけぇらんねで（帰れないので）、ただうらめしげに、二つ森をながめながら死んでいったんだと。

それがらというもの、細尾の沢からはな、蛇のうろこに似だ（た）もようのある石がでで（出て）くるようになったんで、これが蛇体石（気仙沼市上八瀬に産する古生代のハチノスサンゴの化石、蛇のうろこ模様の石）だというんだ。

† 類話5・25・125

26 門兵衛のばけもの退治

世間話
語り手○男性 宮城県気仙沼市 明治四十一年生 六十八歳

むかしな、新月の名木沢（気仙沼市名木沢）っていう所に、門兵衛ってゆってな、たいした鉄砲の名人がいたんだとさ。みそさざい（ミソサザイ科の小鳥）の目玉さえ撃ちぬぐほどの名人でな、いったんえものをみつけたもんなら、絶対にな、撃ちそんじるようなことがなくてな。

むかし、八瀬（気仙沼市上八瀬・下八瀬）にね、小豆沢という沢があって、そのな、谷にかげだ橋の下で、まいばんのように、明かりをともしてぬいもの（縫物）する、ばげもの（化物）らしい老婆がいて、時たま、「ザクッ、ザクッ」と、あずきをあらうような音がすんだど。だから小豆沢とよぶようになったんだが……

だれいうとなく、そのばばぁが、ばげものにちがいないといううわさが流れ、これを聞いた門兵衛は、退治してやろうと、自分の鉄砲を持って、その沢のところに行ってみた。行ってみたら、話のとおり明りをつけて、ぬいものをしていた、ばんつぁま（婆さん）がいたので、その腹（胸のこと）をねらって撃ったが、さっぱり手ごたえがなかったんだと。つぎの晩もまだ行ってみたらば、まだ同じように、ばんつぁまが明りつけてぬいものしてんだと。んで、こんどは撃たないで、そのまんま帰ってきて、その村の最年長者に、そのむね（内容）を語って言うと、

「そいつは、ばげものだホラ、明りをめがけで撃ってみろ」

とおしえられて、よろこんだ門兵衛は、三日目の晩だな、こんどはおしえられたとおりに、明りをめがけて撃ったんだと。そしたら、たしかに手ごたえがあって、うんとすごいさけび声とともに、ばったりたおれる音がして、朝行ってみだらば、三尺（約一メートル）あまりもある青い色のおおがま（大蝦蟇）で、その口はな、箕（穀類をあおって塵などを分け除く農具。竹などを編んで作る）って知ってるべ、あいづ（あれを）、こっ（このように）合わせたぐらいおっきがったんだど（大きかったんだと）。

27 門兵衛の腕前

世間話
語り手〇男性　宮城県気仙沼市　明治四十一年生　六十八歳

　この門兵衛っていうのはさ、うっつぁ（家に）いるときでも、けものにたいする注意をおこたらないで、横座（一家の主人が座る囲炉裏の席）さ（に）すわっても、たばご（煙草）のんでても、外さ（に）はしょっちゅう注意をはらってな、向がいがわにや（向かい側にね）、鹿などとおっと（通ると）、すぐうしろさ立ででである鉄砲ば取るのがはえが（早いか）、撃ちぬくつうほどな、万に一つも撃ちそんじることがねがった（なかった）んだど。

　んで、この名人門兵衛の名前は、村じゅうさ広まり、ずっと広まって、殿さまの耳にまではいって、その御前で、そのうでまえば見せるごどになってな、殿さまの御前だがらっていうんで、麻の裃を着て、的を撃つことになったんだと。んだけど、三回とも失敗すて、んで、門兵衛はおそるおそる殿さまに、

「いっつも着ている自分の服で、やらせてください」

と言って、いつものしごと着にまたひき（股引）という、うんときたないかっこうで、とくいのこしだめ（腰撓め。鉄砲を腰にあてがって、その姿勢から大体の見当で撃つこと）で、こんどは、みごど（みごとに）三回とも的を撃ちぬいたんだと。

28　門兵衛の大蛇退治

世間話
語り手〇男性　宮城県気仙沼市　明治四十一年生　六十八歳

んでな、まだこの門兵衛の話があんだよ。このころな、名木沢のおくまったところに、君が鼻山（六五三メートル）の山頂の南の方に「すずわら」といわれている断崖があるが、ここさは（ここには）、ばけものが出るというので、村人はだれ一人どして、近よんねがったんだど。んでな、村にはむかしから、青いがま（蝦蟇）の皮で作ったオキ（猟師が鳥獣を呼び寄せるために使う笛）をならすと、ばげものが出でくるといういわれがあったんだと。んで、門兵衛は、このばけものば撃ってみだいと考えて、ある日のこと、この「すずわら」に行って、オキをふいてみた。

すっと（するど）こんどは、ふかい山の中からおっきなへびが出てきて、うんとすごぐかまくびばもたげて、門兵衛をひとのみにすっぺと、追ってきたんで、

「得た」

とばかりに門兵衛が撃ったら、みごと目に命中したんだと。

この大蛇は、うんとすごい音ばたてで大木から落っこったが、これと同時に、雷とものすごい豪雨がおこり、一寸さきも見えないまっ暗やみとなったんで、さぁたまげだ門兵衛は、命からがら、上八瀬にかげおりて（駆け下りて）、友だちの家にかくれたんだど。そいつぁ、門兵衛をおって来た大蛇は、この門兵衛がかくれた家の前で、あふれた川の水をせきとめでな、この家を押し流すどこ（押し流そうと）したんだど。んで、

「このままでは、友だちの家が流されてしまう」

ど思った門兵衛は、あぶねのも（危ないことも）そっちのげでハ、家からとび出して、鉄砲をかまえたんだと。そしたら、そん時、水のいきおいば、ささえきれなくなった大蛇は、そのまんま押し流されて、海に流れて行ってしまったんだとさ。

んで、門兵衛は、その後すぐ死んだんだげんと、その大蛇のたたりでもあんだが（あるのか）しゃ

ねげんと（知らないけれど）さ、その子孫はなー、みな眼ばわずらったんだどや。かわいそうになー。

〈語る・聞く〉

25・26・27・28は、語り手（聞き手の祖父か）が小さいころ祖母から聞いた話。その祖母は、親戚の家に行ったとき、そこのおじいさんなどから聞いたという。語り手が何かを見て語ってくれたか、あるいは聞き手が何かから転写したものかもしれない。

岩手県一関市室根町折壁と宮城県気仙沼市前木との境に、門兵衛の墓がある。

29 片目が違う

昔話　片目違い

語り手○祖父　宮城県栗原市花山　明治二十八年生　八十一歳

むがす、むがす、とざわ（山奥の地名）という所さ、おずんつぁんと、おばんつぁんがいたそうだ。

ふたりはやまおぐ（山奥）で、炭焼ぎをしてくらすていたんだど。

そして、ある日、お米がなくなったんだと。それで、おずんつぁん、里へ米を買いさおりで（買いに下りて）行ったど。すると、そのようすを見ていだたぬきが、おずんつぁんさばげで（おじいさんに化けて）、片目になって、おばんつぁんのところさ、帰っていたど。おずんつぁんを見て、おばんつぁんは、

「ありゃ、おずつぁんは、たしか右目が見えねのに、このおずんつぁんは、左目が見えねちゃ。おがすいな。それにおずんつぁんは、一泊して帰ってくるって言って、里さおりでいったのに」

とおばんつぁんは、

「ははん、こりゃたぬきだな」

って、わがったんだど（分かったということだ）。そんでも、おばんつぁんは、おずんつぁんと、ふつうにすごしているようにして、ばんめしをつぐって（作って）食ったんだど。そしてねるときになって、おばんつぁんは、たぬきさ、こう言ったんだど。

「さあ、おじいさんや、いつものように米俵さ、はいってねっぺす（寝ましょう）」

って。そしたら、たぬきは、ほんとうに米俵さはいって、ねむったんだど。そこを見はからって、おばんつぁんは、縄でぐるぐると米俵をしばったんだどさ。そして、棒でバガバガたたいだどさ。

そしてつぎの朝、まだ太陽が出ねうづ（出ないうち）に、おばんつぁんは、たぬきを見たどさ。するとたぬきは、まだ、おずんつぁんにばけたまんまなんだど。んでも、すこしして太陽が出て、

たぬきに光(ひかり)があたると、たぬきは、たぬきになったどさ。
あー、えんつこ、もんつこ、さげだ。

† 類話29・48

30 「お」抜(ぬ)きの嫁(よめ)

昔話「お」の字の禁
語り手○母 宮城県栗原市一迫 昭和八年年生 四十三歳

むがす、むがす、あっとごにや（あるところにね）、娘(むすめ)があったどや。この娘(むすめ)、あるどごさ、よめに行(い)くというので、これの母(はは)は、こう娘(むすめ)さおすえだ（教(おし)えた）どや。
「よめに行(い)ったら、うぐいすのようなきれいな声(こえ)で話(はなし)をすることと、話(はなし)のはじめには、かならず『お』

をつけんだど」

っておしえて、よめに出したんだど。

そすて、結婚式の日がきたど。よめは、婚礼の場で、きゅうに便所へ行ぎでぐ（行きたく）なったんだど。そこで、おしえられたように、

「なごどぉがさま（仲人母さま）、しょうべん出る。しょうべん出る」

って、言ったんだど。ところが、よめのかあちゃんは、「うぐいすのような声で言うんだ」とおしえたのに、嫁は、うぐいすのなきまねで言ったどさ。

そして、つぎの朝になったど。そすて、朝ごはんのどぎ、ながす（流し、台所）で、すりこぎが風にゆられて、ガタガタどなって（鳴って）いたんだど。それを見て、よめは

「おながす（お「流し」）で、おすりこぎが、お風にゆられて、おガッタリ、おガッタリ」

って、言ったんだど。すると、おしゅうとめさんは、よめさ、

「なにさも、かにさも、『お』をつけなくてもいい」

って、おしえたんだど。

そして、またつぎの朝になったど。そすて、朝ごはんを食べでいるどきに、ふと、おとうさんのあごに、ごはんつぶがついているのを見つけたんだど。それで、

「どっつぁんの、どげさ、ままつぶ、つかった。あぁ、がすい、がすい」

って、言ったどさ。

えんつこ、もんつこ、さげだ。

（※　嫁はどの言葉にも「お」をつける必要はないと言われて、「おどっつぁん（おとうさん）のおどげ（おとがい、あご）に、ままつぶ（ご飯粒）、つかった（付いた）、あぁ、おがすい（おかしい）、おがすい」から、必要な「お」を抜いて言ってしまった。笑い話。）

†　類話30・133

31 半金沢の大蛇

伝説
語り手○祖父 宮城県栗原市一迫 明治二十八年生 八十一歳

昔、半金沢（栗原市一迫北沢）というところに堤があった。そしてこの堤には、大蛇が住みついていた。この大蛇を、道行く人が見ると、その人は必ず三日後に死ぬといわれていたそうだ。

　このことを聞いたあるおばあさんが、

「そんなことはうそだ」

と言ってそこをとおると、ほんとうに大蛇はあらわれたそうだ。そして、おばあさんに向かって、

「カァー」

と息をかけたそうだ。そして、その日からかぞえて三日後に、おばあさんはかえらぬ人となったとのことだ。大蛇がおばあさんにかけた息は、「あっき（悪気）」という。また、この大蛇のことは、旧姫松中学校（一迫北沢にあった中学校）の校歌に「大蛇おそろし半金沢、それ半金沢」というふ

うに歌われているそうだ。

32 ご天王さま

伝説
語り手○男性　宮城県栗原市一迫　大正十一年生　五十四歳

私の住む、宮城県栗原郡一迫町王沢（栗原市）に、ご天王さまと呼ばれている神社があります。この御天王様は、別名八雲神社といわれていますが、明治以前は牛頭天王社といわれていたそうだ。しかしこんにちでは、この近所の人々は「ごでのうさま」と呼んでいます。祭神は素戔嗚尊といわれている。

ある時、この素戔嗚尊が賊と戦って、各所で戦いをしたが、賊軍の勢力に敗れて、追われ追われて、東北地方の地に逃げこんだ。尊の兵は四散して、尊はひとり道に迷いながら逃亡した。そうして逃げまわっているうちに、空腹にそのうえ疲労が重なり、死を待つばかりの状態で逃亡を続けているとき、ある農家の畑にきゅうりを見つけ、尊はそれをもぎとって食べ、空腹をしのぎ、疲労を回復させ、生気を取りもどした。元気になると、尊はまた兵を集めて賊軍に向かい、賊軍を追いはらったといわれている。尊は、そのため、きゅうりを尊の恩人と思うようになった。

そんなわけで、六月十五日の祭礼には、集落の人々は、きゅうりの初もぎをかならず奉納するような習慣が、今なお続いている。

33　お産のしきたり

伝説
語り手〇男性　宮城県栗原市一迫　大正十一年生　五十四歳

旧姫松村（栗原市）に、屋内でお産ができない家がある。この旧家は、これまで、何度か、このしきたりをあらためようとして、屋内でお産をこころみましたが、いつも、難産となったそうです。それで、土間のかたすみに産室をもうけると安産となるそうです。そしてそれからは、お産のたびに土間のかたすみに産室を常設したそうです。それからは不思議と、この家では難産がなくなっていったとのことです。この家には、分家が二軒ありますが、お産については本家と同様だそうです。

　このことの起こりをたずねてみますと、第二十五代武烈天皇のころにさかのぼります。天皇の重臣大連久我某が、奥州栗駒の山麓に配され、この地に居をかまえた。しかし、天皇を追想すること厚く、御影（お姿の絵像）を安置して毎朝夕、御前に奉仕しました。

　子孫が長く現在に伝わっているが、尊い御影を安置した屋内を、お産で穢してはいけないということから、このように室内でお産をすると難産になるのだろうと考えられた。そして、室内ではお産のできない家ができ、ここから王沢の地名が生じたと考えられるそうです。武烈天皇の霊は王山林に、山神宮として祭られている。私たちは、今ではここを山神社と呼んでいる。

〈語る・聞く〉

29・30・31・32・33は、一人の学生（聞き手）が集めた話。29・31は、聞き手の祖父が語ってくれた。30は、母が語ってくれた。32・33は、「御天王様」の神社のすぐ近くに住む人が語ってくれた伝説。あるいは、本などに書いてあるのを見ながら語ってくれたものか。あるいは、知っている話を書いてくれたものか。昔話と伝説では、語るときの調子が違うところが興味深い。

34 どっこいしょ

昔話 物の名忘れ―団子婿型
語り手○男性 宮城県栗原市 昭和二十四年生 二十七歳

あるどこさ、うんと仲のいい夫婦がいだのっしゃ（いたのですよ）。ほしたら、あるどぎ、だんなのほうがっしゃ（だんなのほうがね）、村の寄合（話合い）さよばれだんだど。いろんなごど話ハ（をね）しているうぢに、晩げのめし（晩飯）の時間になったんだど。そごのうぢ（家）で、うんとうまいおはぎば、ごっつぉ（ごちそう）になったんだど。ほしたっけ（そうしたら）、このだんなが、

「うめぇ、うめぇ」

って、なんぼもおがわりしたんだど。んで、

「こいづば、嫁(よめ)さんに作(つく)ってぇもらうべ」

ど、思(おも)ったんだど。ほして、そごのうぢ(家)の嫁(よめ)さんに、なめぇどつぐりがだば(料理(りょうり)の名前(なまえ)と作(つく)

り方(かた)を)、おせぇで(教(おし)えて)もらったんだど。

ほんでうんといぃで、うぢ(家)さけぇった(帰(かえ)った)んだど。けぇるとちゅう、ずっと、わ
すれねぇように、くぢ(口)さ出(だ)して、

「おはぎ、おはぎ」

って言(い)ってだんだどっしゃ。そのとぢゅうに、小川(おがわ)があってっしゃ、だんなが、そごば飛(と)びごす
どぎ(そこを飛(と)び越(こ)す時(とき))に、

「どっこいしょ」

って、飛(と)びごしたんだど。そんどぎに、こげであだまさ(ころんで頭(あたま)に)こぶっここせだ(こぶを
つくった)んだど。ほしたっけ(そうしたら)、ほの(その)だんな、

「どっこいしょ、どっこいしょ」

って言(い)って、うぢ(家)さ、ついだんだど。

ほんで嫁(よめ)さんに、

「どっこいしょつぐってけれ(作(つく)ってくれ)」

って言(い)ったんだど。んだげど、ほの嫁(よめ)さん、なんだがわがんながった(分(わ)からなかった)んだど。

そんどぎに、だんなのこぶっこば見(み)で、

「なんだべぇー、おはぎみでな、こぶっこば、こせで（こしらえて）」

ってゆ（言い）ったっけ、だんなが、

「んだんだ。そのおはぎだでば（なんだよ）」

ど言ったんだどっしゃ。ほしてこのだんな、嫁さんにおはぎばつぐってもらって、

「うめぇ、うめぇ」

ど言ってたべだんだど。

　こんでおしまい。

† 類話23・34・82

〈語る・聞く〉

34は、若い語り手だが、現地を訪ねた学生に小さいころ祖母から聞いた話を語ってくれた。

35 食わない嫁

昔話　食わず女房―蛇女房型
語り手○母　宮城県登米市豊里町　大正十四年生　五十一歳

むかしむかし、あるところに、ひじょうに欲たがり（欲深な）の男がいた。嫁をもらおうと思ったけれども、その嫁に、めし（飯）をかせる（食わせる）のが、おしくておしくて、なんとかめしかせ（食わせ）なくてもすむような、口のない女をさがしたところが、見つかったので、その女を嫁にもらったんだと。

ところがふしぎなことに、男がかせぎ（稼ぎ、働き）に出かけて家に帰ってみると、めしがごっそりとなくなっていて、それがなん日もつづいたので、

「口のない女を、嫁にもらったんだが、それにしては、こんなにごっそりと、めしがなぐなんのは（無くなるのは）、なずなわげなんだべ（どうしたわけだろう）」

と、あやしく思い、とうとうある日、かせぎに行くふりをして出かけて、あとからこっそりもどっ

てきて、かげっこさ（物陰に）かくれて、じっとようすを見ていたんだと。

　すると、男がかせぎに出かけたのを見とどけたその嫁は、やおら頭の毛をかきわけたところが、なんとその頭の中から、おっきな口が出てきて、その中にめしを、ガバガバとつめこんでいた。それを見て、びっくりぎょうてんした男が、思わずさけび声をあげたところが、それに気づいた嫁は、

「見たなぁ」

とばかりに、男めがけて、おそいかかろうとしたんだと。

「これはえらいことだ。口のない女どころか、頭の中に口のある、おそろすいばけものを嫁にしてしまったものだ」

と、ただただおそろしくて、にげまわったけれども、そのばけものも、どこまでもあとを追って来るんだど。

　さぁーその男もいっさんに（一散に、大急ぎで）、逃げだ、逃げだ。そのうちに、いつしか、しょうぶ（菖蒲）やよもぎ（蓬）の、おいしげっているところに出たので、その中に逃げこんでかくれると、とうとうばけものは見つけだせずに、どごかへ行ってしまったんだと。しょうぶやよもぎで、難をのがれたその男は、

「やれやれ、たすかった。が、これはきっと自分だけめしをくおうという、欲たがりなりょうけん（了見）のために、ばちがあたったのにちがいない」

と、わが身を反省し、それ以来、厄除けとして、しょうぶとよもぎを、屋根の上にあげたりしたのが、今日の節供にいたったのだというお話。

えんつこ、もんつこさげた。

† 類話35・63・71・73・79・102・132

36 泥水の風呂

昔話　風呂は野壺
語り手〇母　宮城県登米市豊里町　大正十四年生　五十一歳

次の話は、母が母の祖父から聞いたという、きつねにばかされた体験談です。

かれこれ今（一九七六年）から四十年くらい前（一九三〇年代）の話だそうで、祖父は魚の行商を

していました。しかし、その日は家に帰ってくるなり、

「きょうはひどいめにあってしまった」

というので、見ると、身がどろだらけになっているので、事情を聞いたところ、次のような話をしたということです。

その日、いつもほどの売れゆきがなくて、

「今日はもう、しゃねがらえさけっぺ（しかたがないから家に帰ろう）」

と思い、得意先にたちよってお酒をいっぱいごちそうになったあと、あまった魚のつんである荷車を引いて、とぼとぼと村はずれの道を歩いていました。ちょうど現在の登米郡豊里町十五貫村（登米市豊里町）のあたりだそうで、当時はきつねが出ることで有名だったということです。ふっと、気がついてみると、なにやらいままで来たこともないような、急に明るくてにぎやかなところに出ており、

「おがすいなぁ（おかしいなぁ）」

と思いながら、歩いても歩いても、同じ場所にいるので、

「これぁ、よっぱらったんであんめが（あるまいか）」

と思ってしばらくして見ると、自分はいつのまにか、とても気持ちのよいお湯の中に入っていたのだそうです。すっかりいい気分でいるうちに、いつしか正気にかえり、あたりを見まわしてみると、そこはまっくらやみの田んぼの中で、おじいさん（祖父）は、腰までどろ水につかっており、

びっくりしてそこから、いそいではい出して、荷車のところにもどってみたところ、つんであった魚はぜんぶ、きれいさっぱりとなくなっていたそうです。

37 亡魂を見る老人

世間話
語り手〇母　宮城県登米市豊里町　大正十四年生　五十一歳

やはり豊里町で、むかし、この村にいた、ある特殊な能力を持っていたと思われるおじいさんの話です。今（一九七六年）から四、五十年くらい前（一九二〇年代）のことで、油屋という屋号の家のおじいさんで、村の中でだれかが亡くなると、その前に必ずおじいさんは、その亡くなる人の魂を見るとのことで、見たあくる日になると、

「夕べ、だれだれさんが、おらいさ（私の家に）来たがら、あの人は近いうちに死ぬよ」

と言うのだそうです。聞いた人は、

「あらぁ、またおじいさんのどこさ（ところに）行ったのすか。おっかなぐないのすか」

と言うと、

「おっかなぐはながす（こわくはありません）。んだげっとも（そうだけれども）、なすて（どうして）おれのどこさ来んだが、まずこまったもんだ」

と、いつもそう言っていたそうです。そのおじいさんのことを、村の人たちは「地獄の土の性」とよんで、うわさしていたそうです。

〈語る・聞く〉

35・36・37は、聞き手の学生が母から話を聞いて、それを再現して書いた。36は、昔話が体験談になっているところが興味深い。

この地域では、昔話を「むがしかだり」といった。おもに農閑期の冬、茶の間のこたつで毎晩のように語った。どの家もおばあさんが語り手の中心だった。「むがし、むがし、あるところに」ではじまり、「えんつこ、もんつこ、さげだ」で語りおさめた。昔話をしてはいけない日、する日はとくに決まってはいなかった。

38 姉取沼(あねとりぬま)の由来(ゆらい)

伝説
語り手○祖母　宮城県登米市迫町　明治三十年生　七十九歳

今の北方(きたかた)(宮城県登米市迫町(みやぎけんとめしはさまちょう))の山(やま)の内(うち)に、台(だい)(北方台(きたかただい))っつどごあったどしゃ(台というところがあったとさ)。そごに、金(かね)もづ(持(も)ち)も金もづ、あづぐら(あそこら)じゅうの金(かね)が、みんなあづまって(集(あつ)まっていた)大金(たいきん)もづのえ(持ちの家(いえ))あったんだど。そのえ(家(いえ))さ、とってもめごく(かわいく)て、心(こころ)もづ(気立(きだ)て)のいい娘(むすめ)っこ二人(ふたり)いたんだど。

ある日(ひ)、その二人(ふたり)がえ(家(いえ))の中(なか)そうじしてたんだど。えのめさ(家の前(まえ)に)ある沼(ぬま)っこさ、たんす(箪笥(たんす))こだの、ながもぢ(長持(ながもち))っこだの、はご(運(ひ))びだして、舟(ふね)っこさのって、洗(あら)いはじめだんだど。その日はとってもいぐ(よく)晴(は)れでで、風(かぜ)っこもねぐって(なくて)、沼(ぬま)っこもうぐしく(美(うつく)しく)、波(なみ)っこもただねがった(立(た)たなかった)んだど。娘(むすめ)っこは、若(わか)がったから、はなすこ(話(はなし)こ)しながら洗(あら)ってだど。

そすてるうづぬ（そうしているうちに）、なんだか西のほうがら、黒い雲が、むくむくって、出てきだど思ったっけ、おそろしね（恐ろしそうな）風がふいで、ピカピカって、おりえ（お雷＝雷）さま鳴ってきたんだど。ほんだがら、娘っこだづどごのせだ（娘たちのことを乗せた）舟っこは、こっぱ（木っ葉）のようにゆれで、二人して、

「あねっつぁんや（ねえさんや）」

「妹っこや（いもうとや）」

って、かだってるうづぬ（話しているうちに）、なぬ（何）なんだが、わがんねぐなったんだど。

そしたっけ、すこしたって見だっけ、おりえ（お雷＝雷）さまも風っこもなぐなって、もどのようにいいお天気になったど。妹っこが、そっこり（そっと）おぎで（起きて）見だっけ、あねっつぁん、いねぐなったんだと（いなくなったんだって）。びっくりして、

「あねっつぁん」

ってさけびながら、そごらいしきみ（その辺を一生縣命）たねだげっと（探したけれど）、さっぱり返事こねがったんだど（返事がなかったんだって）。そして、きたねぇ声（かなきり声）をたでだった（立てた）ので、あだりの人だづ（人たち）も、

「なにしたんだべ」

って出はってきたんだど。そして、みんなでたねだ（探した）げっとも、とうとう見づげねで（見つけられなくて）しまったんだど。

そんで、ひげはやした北方の年寄りだづ（年寄たち）に聞いだれば、

「ほんでホレ、沼の主がつれで（連れて）ってしまったんだハヤ（しまったんだろうね）」

そうかだられだど（語られたということだ）。

妹っこは、それがらもいしきみ（一生懸命）さがしたんだど。まいにちまいにち、沼のねっこさ（ほとりに）しゃがんで、ちゃっこい（小さい）声で呼ばってハ泣ぎ泣ぎしてだど。そして、おまんまもかねぐ（ご飯も食わなく）なってしまったど。あんなにめんこがった（かわいかった）娘っこも、すっかりがおり（やつれ）はてでハ、やせこげでしまったど。えのひたづ（家の人たち）も心配して、

「ほら、おまんまけ（ご飯食べろ）。心配こすんなや（心配するな）」

ってかだった（語った）げっとも、とうとうみんなの見でねがったどぎ（見ていなかったとき）、その沼さ、

「あねっつぁん」

って呼びながらへって（入って）しまったんだど。

そして、ねっつぁんと妹っこは、それがらその沼の主になったんだど。そしてその沼が、姉取沼（登米市迫町北方の長沼・伊豆沼）っていわれるようになったんだどさ。

39 姉取沼の挽き臼

昔話 塩ひき臼
語り手○祖母 宮城県登米市迫町 明治三十年生 七十九歳

むがす、姉取沼のむげさ（向かいに）、大田河（登米市迫町北方）っどご（というところが）があったど。その大田河っどごさ、弥吉っつぁんっつ人がいだんだど。その弥吉っつぁんっつ人は、まじめでいしきみ（一生懸命）かせぐ百姓だったど。いづだがの年に、山の内の人だづ（たち）に、

「お伊勢さんさ行がねが（行かないか）」

って、さそわれだったど。弥吉っつぁんは、神さまんどご、いしきみ（一生懸命）おがむ人だったっがら、行ぎでがった（行きたかった）ど。したげっと（そうだけれど）、貧乏たがり（ひどい貧乏）だったがら、なんぼさそわれだっても、行がれねがったんだど。行がれねごと（行けないこと）が、くしゃすくて（くやしくて）、くしゃすくて、すかだねがった（しかたなかった）んだど。

「じぇぬ（銭）こあったらなぁ」

ど、思ってだったど。

そいなごど（そのようなこと）あってがら、朝まに（朝早くに）草っこ刈ってだったど。したっけ、沼のほうがら、

「弥吉やぁ、弥吉やぁ」

よぶ声っこしたんだど。弥吉が、

「なぬっしゃ（なんですか）」

ってかだり（語り）ながら、あだり（あたりを）なんかいも見だげっと、だれもいねがったど。

「おがすいなぁ（おかしいなぁ）」

ど思ってだっけ、沼の中から観音さまのお姿した神さま出できたど。弥吉がびっくりして手合わせで、おがんだんだど。したっけ、その神さま、

「弥吉や、おめ（おまえは）、このごろ心配ごどあんのが（あるのか）。本当のごどあんのが。本当のごど、かだ（語）ってみろ」

って、かだられだんだど。そんで弥吉は、

「おら、じぇぬ（銭）こねくて、お伊勢さんさ、みんなど（皆と一緒に）行がれねんだぉ」

って、かだったど。そしたっけ、神さま、

「そが（そうか）、そいづはきのどぐだっちゃなぁ。いがす（わかりました）、わだす（私）が、そののぞみかなえでけっ（かなえてあげる）から。そのかわり、おれのたのみきいでけろ（くれ）」

って言われだんだど。そして手紙っこ出して、弥吉さ、

「この手紙、上のほうの妹沼で、主になってる妹さ、とどげでけろ（届けてくれ）」

って言われだんだど。弥吉は、

「いがす、いがす。そいなごど（そんなこと）、簡単だがら、おれ行って、とどげでくっ（くる）から」

ってかだったど。神さまよろごんで、

「ほんで、このお金けっ（くれる）から、このじぇぬ（銭）こで、お伊勢さんさ行ってござんいん（らっしゃい）。手紙もって行くど、妹っこもじぇぬこけっけっと（銭をくれるけれど）、そいづはもらわねで、そのつぎに出す宝物もらうんでがす（もらうのですよ）」

と、かだったど思ったっけ、神さま消えでしまったんだど。弥吉は、

「夢だったのが（夢だったのか）」

ど思ったげっと、手の中さ手紙っこ持ってだったがら、神さまのかだ（語）ったようにしたんだど。そしたっけ、〔妹沼の主から〕小さい箱さ入ったひき（挽き）臼もらったんだど。そしてお伊勢さんさも行ってきたんだど。

　弥吉は、沼の神さまからじぇぬ（銭）こもらったのはえ（家）のひたづさ（人たちに）もかだって聞かせだげっと、ひき臼もらったのは、だまってだったど。ほだって（なぜなら）その臼は、じぇぬこ（銭）出でくるひき臼だったど。だれさもかだんねで（だれにも語らないで）、ながもづ（長持）の中さかぐしてで（隠しておいて）、夜中にこっそりおぎで（起きて）、少すずづじぇぬこ出したんだど。

そのひぎ臼がらは、なんぼでも出できたんだど。だんだんと弥吉は金持ちになって、りっぱな百姓になったんだど。

ほんだっげと（そうだけれど）、ひき臼がらじぇぬ（銭）こ出でくるごどは、だれさもかだんねがったがら、おがだ（御方、妻）が、

「おがすね（おかしいね）」

ど思って、弥吉さ聞いだんだど。ほだげっと（そうだけど）、なぬ（何）もおしえでけねがった（教えてくれなかった）んだど。しかだねくて弥吉のいねどぎ（いないとき）に、ながもづ（長持）あげて見だんだど。そして、ひき臼んどごめっけだ（見つけた）んだど。

おがだが（妻が）まわしてみだっけでハ、じぇぬっこ（銭）出できたど。おがだはよろごんで、すこすずづ（少しずつ）ゆっくりまわせばいいのぬ（に）、いしきみ（一生懸命）まわしたんだど。そしたっけ、あんまりまわしたもんだがら、その臼、ひとりでまわって、外さとんでってしまったんだど。そして、それがらさっぱり見つかんねぐ（見つからなく）なってしまったんだどさ。

40　太陽をよび戻した長者

昔話　長者の日招き
語り手○祖母　宮城県登米市迫町　明治三十年生　七十九歳

むかす、北方村の早稲田（登米市迫町北方）っつどこさ、二軒のおっきな百姓あったんだど。二軒の百姓のえ（家）では、長沼の土手きづいで（築いて）、半分ずづわれ（自分）のえ（家）の田ぬ（に）して、ものみ（収穫）取ってだんだど。両方ともうんと金持づだったんだど。そっつのえ（そっちの家）さは、娘っこひとりいだんだど。その娘っこ、なんともかんとも、かだられねぇくしぇ（語ることができないくらい）、めんこいともめんこい（とてもかわいい）娘っこだったど。その娘っこんどご、おどっつぁんもおがっつぁんも、まなぐ（目）の中さ入れでも、いでぐねくしぇ（痛くないくらい）、めごがって（かわいがって）たんだど。

早稲田のある家は、田うえのどぎになっつだ（なったというと）、すっかりお精進して、ごはんもなぬ（何）もすっか（みな）お精進料理だったど。ほんだげっど（そうだけど）、その娘っこ、まなぐさ（目に）いれでもいでぐねぇくりぇ、めんこがられでだので（かわいがられていたので）、お精進のどぎも、だすいれでかしぇ（魚や鶏肉などの出し汁を入れて食べさせ）られでだんだど。

　そのえ（家）の田んぼは大きがっだがら、百人ぐれ（ぐらい）人たのんでだっただど。あどすこしで田植えおわるなっつころぬ（終わるなぁというころに）なったっけ、おでんど（お天道）さん、長沼のむこうさ、しずんですまうどごだっただど。ほんで、わがんね（だめだ）ってんで、うんとじぇぬ（たくさん銭）のあるえ（家）だったがら、金（きん）の扇子だして、そごのおずんつぁん（おじいさん）、おでんど（お天道）さんどご、よびげし（呼び返し）たんだっしゃ。

「もすこす、待ってけろ（くれ）」

って（扇子を）あおいだんだど。そしたっけでば（そうしたところ）、おでんど（天道）さん、まだ（また）すーっと、もどってきたんだっただどしゃ。そして、まず田植えはおわったんだど。

　すけっさ（手伝いに）来てだ（来ていた）人だぢもかえって、

「あぁいがった（ああ、よかった）、いがった」

って思ってだっただど。そしたっけ、その娘っこ、ぶっけえりぶっけえり（たおれたおれ）して、大はらやみ（腹病み、腹痛）したんだど。

「神さまのただり（祟り）なんだ。ほら、仏さまおがめ（拝みなさい）。お諏訪さまおがめ」

って、その夜は、はらやみもおさまったんだど。んだげっと、つぎの日になったっけ、まだ（また）はらやみしたんだど。そして、二日二晩、はらやみして、とうどう死んでしまったんだど。死んだどぎ、十六だったどしゃ（だったということだ）。親だづ（たち）、泣ぎ泣ぎ葬式したんだど。葬式おわって、すぐ坂の上のおはが（墓）さ行ぐどこしたっけでば（行こうとしたところ）、きゅうに大風ふいできたんだど。そしたっけ、おりえ（雷）さままで鳴って、目もあげでられねがったんだど（目もあけていられなかったんだって）。棺の中さいれでだんだげっと（入れてあったのだが）、持ってられねぐなって（棺を持っていられなくなって）、そごさおいだんだど（そこに置いたということだ）。まだ（また）天気いぐなって（よくなって）、棺のどごさ（ところに）行ったっけ、棺の上のほうあいでだった（開いていた）んだど。

「なんだべや。おりえ（雷）さま、なにしたんだべやぁ」

ど思って、中をのぞいで見だっけ、首がねぐ（なく）なってだんだど。したげっと、しがだね（しかたない）から、そのままうめだんだど。お坊さん二人も三人もよばって、供養したど。そして、そごさお地蔵さま立てだんだど。そのお地蔵さまの首、なんぼ立てでも、いづのまにか、羽黒山のほうさ飛んでいってしまうんだど。なんかい立でなおしてもだめなんだど。いつのまにか、ねぐ（無く）なってんだど。ほんだがら、今でもその家には、首のない地蔵さん一つだげあんのっしゃ。

〈語る・聞く〉

38・39・40は、語り手が小さいころ曾祖母や祖母から聞いた話。夜、ふとんの中で「むがすこ」を語ってくれたという。それを今、孫娘（聞き手の学生）に語ったわけだ。

41 化女沼のへび婿

昔話　蛇婿入り―針糸型（省略）
語り手〇女性　宮城県大崎市古川　大正五年生　六十歳

ここから、んだなあ一里半もはなれてっかな、北の方に化女沼（大崎市古川にある化女沼）という沼があって、そこは今も行楽地として、その沼に舟だの浮かべて遊んでんの。

むがしむがし、お金持ちの長者様さまがいたのさ。そのために長者原（大崎市古川）っていうの。そこにひとり娘がいたんだなぁ。きれいで、きれいで、むかし鏡なんてないから、その化女沼に行って、水鏡でお化粧したり、髪をゆ（結）ったりしたの。そこで毎日毎日、その沼のほとりで、化粧して髪をとかしていたわけ。そしたら、その化女沼の主ね、へびだったの。

そのへびは、ひとり娘を見そめてしまって、あるとき、きれいなおさむらいさんに化けて、そしてその長者の家に、都から来たふりをして、たずねて行ったの。

「都から来た」

と言って長者の家に住みこんだの。住みこんだって（住みこんだといっても）、ただ旅の人だからとめてもらったの。その、毎日毎日、とまっていたんだなぁ。そのうちにその娘は、赤ちゃんを持つことになっちゃったの。そしたらちょうどに、沼の主のへびが都に帰ることになって、帰るといっても、いなくなってしまったの。そしたらその赤ちゃんは、へびだったんだって。そしてその長者原には今でもへびがいっぱいいるの。うそじゃないよ。

† 類話5・25・41・50・149

42 緒絶川のきつね

世間話
語り手〇女性　宮城県大崎市古川　大正五年生　六十歳

むがし、緒絶川（大崎市古川）は、巾がひろくふかくて、川原もあったの。そこにいっぱいきつねがいたんだなぁ。昼間なんか、子どものあそんでいるところに、きつねがいるんだって。そんで、人の名前は忘れたけど子どもがきつねに石をぶっけ（ぶっつけ）たんだって。

石をぶっけてあそんでいるんだけど、あるとき、コツンと、一ぴきのきつねにあたったんだって、そしたらね、そのきつね、死んでしまったんだって。そしたら、その子どもが、夜になって見えなくなってしまったの。見えなくなって、夜おそくなってホラ、みんなむらの人たちがあつまって、捜索したんだねぇ。あれは、たとえば次郎だったら、

「次郎やぁい、次郎やぁい」

とみんなで、さがしたんだって。ほんとうの話だよ。そしたれば、なんとなくその、

「次郎やぁい」

と言うと、口がひたっと、とめられるような感じをうけたんだって。どこをたずねても、いないんだなぁ。

　で、みんな一晩たずね歩いて、あかるくなったら、緒絶川の川原に、〔いなくなった子どもが〕口いっぱい、土がつまって死んでいたんだって。本当の話なんだよ。

43　酒呑童子

昔話　酒呑童子
語り手○女性　宮城県大崎市古川　大正五年生　六十歳

　むかし、丹波の国（京都府中部と兵庫県東北部）に酒呑童子という大男が住んでいたんだって。あのへんに、ロシアの難破船だったのね、船が難破したの。そしてそのおおい（大江）山の近くにあがったのね。そしてその山に、家来たちといっしょに、シュテンドッチという人が山に入ったの。そして娘たちをさらって、若い娘の血を飲んだといって、村人たちはお上（朝廷）にうったえて、そして征伐したのが、その当時名をとどろかした頼光ということ。

しかしほんとうは、赤い血というのは、むかし、日本になかったブドウ酒で、娘がさらわれたというのも、さらわれたのは、さらわれたのだけれど、娘たちも楽しくて、さらわれたというよりも、みずからロシア人と夫婦になって、おおい（大江）山に楽しく暮らしたの。有名なんだよ。

わたしたちは、「酒呑童子」と書いたけど、ほんとうは、シュテンドッチというロシア人のことで、いつのまにか酒呑童子といわれるようになったんだね。けっして悪い人ではなかったんだと。

† 類話43・101

〈語る・聞く〉

41・42・43の語り手は、聞き手（学生）の伯母か。

44　せきれいになった夫

昔話　夫鳥／親捜し鳥／子捜し鳥
語り手○男性　宮城県大崎市鳴子温泉　明治四十年生　六十九歳

むがす、むがす、んとなぁ、百姓してる（している）山太っつう（山太という）、わけぇもん（若者）が、弁天淵（大崎市鳴子温泉を流れる江合川の淵）のどごさ、あれ、なんつったっけべ（なんといっただろうか）、あぁ、んだ、千代っつうがさま（女房）だ。その千代っつうがさまど、ふたりで住んでだっつ（住んでいたという）話だけっともや（話なのだけれどね）。千代は、えれぇしんしょ持ぢ（とても家計のやりくり上手）でなぁ、朝はやぐ（早く）お日さま出っと、すぐ起ぎでな、ままずめぇ（飯仕舞、食事のしたく）したり、畑仕事したりで、んっとかせぎもん（働き者）だったんだど。ほしてな（そしてね）、かせぎもんだけでねぐ（だけでなく）、こごいらへんで（このあたりで）、見だこどもねぇ（見たこともない）、いづばんのうづぐすいおなご（一番の美しい女の人）だったんだとや。んだがら、みんな、山太ばうらやますくて（山太のことが羨ましくて）、しゃねがった（しかたなかった）んだど。

弁天淵さな、おっきいかっぱ（河童）いだんだどや。そのかっぱな、千代ば好ぎになってすまってわ、

「なじょす（どうし）ても、自分のがが（嫁）にすっぺ（しよう）」

ど、なんだが悪いことばり考えでだんだと（考えていたということだ）。

ある時にや、いづだかわがんねげっとも（いつだったかわからないけれども）、おでんとさま（御天道様、太陽が）照ってっとき、千代が、川っぷちさ、米とぎさ来たんだどっしゃ（米磨ぎに来たんだって）。ほしたらば、さっきのかっぱがや、山太がいっつも着てる蓑さばげだんだと（化けたんだって）。ほしてな、そのかっぱは、ほんとに悪いがらや（悪い奴だからね）、

「千代ばびっくりさせっぺ」

ど思って、淵のうずさ（渦に）、まがれで（巻かれて）みせだんだどや。そいづばめっけだ（それを見つけた）千代は、どでして（おどろいて）すまってわ、鍋ばぶんなげで、着物のすそばはしょって、手ばのばして（手を伸ばして）、蓑ばつかむどごしたんだど（蓑をつかもうとしたんだって）。あのにくたらすいかっぱがな、千代の手ば、んっときづく（うんときつく）つかんでや、淵の底ふかくしずんですまったんだとや。

んでも、そんなごとしゃっね（知らない）山太は、田んぼがらうっつぁけえって（うちに帰って）、千代のばんげ（夕食）のしたぐすんのば、ずっと待ってだげっともや（待っていたけれどもね）、んだげっとも（そうだけれども）、はっぱ（さっぱり）けえってこねがら、

「なんだべ。なじょしたんだべ」

と思ってや、川さ見っさ行ってみだんだど。ほしたらば、米半分といだ鍋ど、たわす（束子）どげだ（下駄）、あっつこっつさ（あっちこっちに）、ぶんげで（ほうり出して）あったがらや（あったからね）、

「なじょすたんだべや（どうしたのだろう）」

ど思って、青ぐなってわ、まっくらなるまで、んっとさがしたんだど。んだげっと（だけど）、はっぱ（さっぱり）いねがら、

「こいづは、川流れでもなったんだべな。なじょすっぺ（どうしたらいいのだろう）」

って、泣ぎながら、うっつぁけぇって（うちへ帰って）行ったんだどや。

それからは、まいにち、がが（妻）の名前ば、

「千代、千代」

って、きちげぇみでぇに（気違いみたいに）山おくさ行って、んっとさがしたげっと、ながながめっかんねぇがら（なかなか見つからないから）、せぎれんこ（せきれい）さ、ばげですまった（化けてしまった）んだどわ。今でもや、いっつも弁天淵さ、せぎれんこ飛んで来てや、

「千代、千代」

って鳴いで、千代ば、さがすてるんだどっしゃ（さがしているということだ）。

こんでおわりだ。わがったすか（わかったかな）。

45 鳴子温泉の由来1

伝説
語り手○男性　宮城県大崎市鳴子温泉　明治四十年生　六十九歳

むがす、むがす、んだなぁ、今がらよっぽどめぇ（前）、しぇん（千）年以上もめぇのごどになっけんとも、山がら（山から）、火、んっと（激しく）噴いでだどき、あったんだどっさ（あったということだ）。んで（それで）、潟沼（大崎市鳴子温泉の南にある湖）っつうのが、できだんだど。あんだもわがりすぺ（あなたも潟沼のこと知っているでしょ）。

ほの（その）、おっかねぇ噴火、七日七晩もつづいでや、ごごいらへんの人たちは、みんな、とぐにわらすども（特に子どもたち）は、ほんとうにかわいそうでや（かわいそうなことにね）、おっかねくて、ぶるぶるふるえったど（ふるえていたって）。んだべなぁ、耳ふっつぁげるくれぇ（裂けるくらい）、えれぇ音したべぉん（えらい音がしただろうから）。ほして、んっとゆれでな、山すっかりねぐなってわ（山がすっかり無くなってしまってね）、あっついお湯できで（出て来て）、川になったんだどや。ほいづが、鳴子温泉だっつ、ゆ（言）われてんのや。

こごいらへんの人たちは、みんなさいしょはな、鳴動の湯なんて言ってだげともな、すばらぐたってがらは、鳴号の湯って言ったんだ。ほしてや、さいごなってやっとな、鳴子ってなったんだとや。ずいぶんいろんなふう（に）、よばれでだべ（よばれていたのでしょう）。

46 鳴子温泉の由来2

伝説
語り手○男性　宮城県大崎市鳴子温泉　明治四十年生　六十九歳

もうひとっつ、話あっけんともな（あるんだけどね）。よっくわがんねげっともや（よくはわからないけれどね）、んだなぁ（そうねぇ）、文治三年（一一八七）だったべがや（だっただろうか）、源頼朝っつう人だがらや（という人だったろうか、そういう人から）、義経がおっかげられて（追いかけられて）しまって、平泉さ行ぐとちゅうにや、あそこの亀割峠（山形県新庄市と最上町の境）でや、ががさま（女房）の静御前がや、にわがに（にわかに、急に）腹いでく（痛く）なったんだど。その時はな、そのががさま、腹でっけぐ（大きく）なってだんだど。いっしょに逃げできた弁慶も、義経もや、どでして（驚いて）すまってわや、なじょすていいが（どうしていいか）わがんねくってだけっとも（わからなくていたけれど）、しゃねがら（しかたないから）、なんつったけべ（どういうことだったかなぁ）、んだ、弁慶がや、産婆なってや（産婆になってね）、やっとのごどで、あかぴこ（赤子）生まれだのや。亀割峠で生まれだがら、亀若丸っつゆう（という）名前ば、つけだんだ。んっとめんこいあかぴこ（かわいい赤子）だったどや。んでもな、こまったごとにや、ごごは敵の領地だったべ。んだから、生まれだばり（ばかり）のあかぴこ（赤子）がら泣がれっと、めっかって（見つかって）つかまってすまうがらや、

「泣ぐな、泣ぐな」

ってだましてや、やっとのごどで、山ごえで来たんだどや。最上（山形県最上郡最上町）のほうがら、陣ケ森（大崎市鳴子温泉）とおって来たっつう話だ。

そしてがらや（それからね）、このあかぴこば（赤子を）、川原湯でや、産湯ばつかったらば、

「おぎゃぁ」

って、元気いぐないだ（元気よく泣いた）がら、「鳴子」っつう名前ばつけだんだとや。んだなぁ、今の姥の湯だそうだ。おいじん様（温泉神社）の石段あっぺ。あそごの滝の湯のうらさ、鳴子の

碑っつうもんが建でられでっぺ（建てられているだろう）。わがんねぇが（わからないかな）。いづが（いつか）気いつけで見でみらっしぇ（見てきなさい）。

こんなふうにな、鳴子っつう地名でもな、いろんな話があってびっくりしたべ。はじめて聞いだんでねが（聞いたのではないかい）。

47 潟沼と雄沼

伝説
語り手〇男性　宮城県大崎市鳴子温泉　明治四十年生　六十九歳

むがす、むがすな、仙台さや（にね）、お節姫っつうお姫さまいだのや（いたのね）。なんつったけべ（なんという名前だったかな）、百姓のや（のね）、んだ（そうだ）、今野弥右衛門っつう百姓むすこどや（息子とね）、すきすぎ（相愛の仲）になってすまったんだどや。んだがら（そういうわけで）、しゃねがら（しかたがないから）、どっかさ、かくれですまわねげねぇべ（隠れてしまわなければならないだろう）。ほしたどごろがや、なんでだが、しゃねげっともや（しらないけれどもね）、鳴子さ来たんだど。んでも、やっぱかくれでも、かくれでも、なじょしても（どうしても）、めっかって、つかまってしまったんだとや。

かわいそうにや、五月の節供だっけべが（だったとおもうが）、沼さや（沼にね）、馬でぎりぎりど（むりやり）、ひっぱって行がれでや、ふたりともべつべつの沼でや、打ち首なってすまったんだどや。うぅんとな（それでね）、お姫さまのくびた（首）はな、潟沼さころがってな、おどご（男）のほうのくぴたは、花渕山（九八五メートル）のてっぺさんさ、雄沼っつう沼あっぺ。あそごの底さふかぐしずまってだんだど（深く沈められていたんだって）。今もあっかもしゃねど（あるかもしれないけど）。

それがらはな、五月の節供なっとや、まいとし、ばんげ（夜に）なっとや、沼いっぺぇに（一面に）畳しがれだようになって見えでな、きみわるいぐれぇ、まっかなあんどん（行灯）ついでや（明かりが付いてね）、笛どが（とか）太鼓の音すんだど。その中さまじゃって（混じって）や、おなご（女子）がすすり泣ぐ声聞こえんだど。雄沼の方でもな、おなごすすり泣ぐ声すっと、ぼうっともや（靄）かがってすまうんだとや。んだなぁ、こいづはな、お姫さまどな、男のな、ふたりの魂が出できたっつうごどなんだどや。

おらだづ（わたしたちは）、こいづば（これを）見だり聞いだりすっと、死んですまうっつ言われでっからや、五月の節供は、だれも潟沼さは近づがねがったんだ（近づかなかった）。おっかねがらや（こわいからね）。あど（そのほか）、そのころなっとや、つゆ（梅雨）だべ。雨ばり（ばかり）ふって、沼がらいっぺぇ（うんと）もや（靄）出で、まがれで（巻かれて）死んですまうことあっからな。んだがら行がねほいい（行かないほうがいい）。

〈語る・聞く〉

44・45・46・47の語り手は聞き手（学生）の祖父と思われる。その話をテープに録音して忠実に書き記したもの。語り手はテープ・レコーダーを意識して語りにくそうだったが、一つひとつの話を思い出すように、ゆっくり語ってくれた。五、六歳のころ、留守番をしているおばあさんが、陽のあたる縁側で昔話をよく語ってくれたという。寝床で眠れないときは子守歌がわりに、雪の降る晩などは、いろりを囲んで語ってくれた。語り手は、おばあさんのひまを見つけては、「むがすっこ（昔話）、聞がせでけらいん（聞かせてください）」とせがんだものだという。しかし語り手は今では三つしか覚えていないということだった。

語りはじめは「むがす、むがすな」、語りおさめは「〜したんだとや」であった。話の切れ目が来ると、「んだなぁ」「ほしてや（それからね）」「なんつったけべ（なんといったかなぁ）」「んだがら（それでね）」「んとなぁ（それでな）」「ほしたらば（そうしたところ）」などと言った。どこの家でも昔話をよく語るのは、おばあさんであった。

48 片目(かため)が違(ちが)う

昔話　片目違い
語り手○母　宮城県大崎市鹿島台　大正十一年生　五十四歳

とんとむかし、山(やま)の中(なか)にね、なかなか頭(あたま)のいいきつねが住(す)んでいました。あんまり頭(あたま)がいいもんだから、自分(じぶん)ごと(自分(じぶん)のこと)を自慢(じまん)してました。仲間(なかま)うちだけで、ばかしあいしてもつまらないから、人間(にんげん)をばかにして、仲間(なかま)に自慢(じまん)してやろうと思(おも)いつきました。

その山(やま)のふもとに、豆腐屋(とうふや)さんがあって、むかしのことだから、豆腐(とうふ)と油(あぶら)あげをしょって(背(せ)負(お)って)、その山(やま)をこえて、となり村(むら)にまいにち行商(ぎょうしょう)に行(い)っていました。その人(ひと)の名前(なまえ)は、茂作(もさく)さんといいました。茂作(もさく)さんは、右目(みぎめ)がつぶれていました。きつねは、

「よぉし、あの人(ひと)をばかにしてやろう」

と思(おも)いました。そして、茂作(もさく)さんの来(く)るのを待(ま)ちかまえていたわけだ。きょうもあいかわらず、茂作(もさく)さんは、テクテク歩(ある)いて来(き)たんだって。その前(まえ)にきつねが、ヒョコヒョコ出(で)て、クルンと、

一回宙返りをしました。そしたらね、そのきつねは、そっくり茂作さんのすがたになりました。

きつねは、

「しめしめ、茂作さんの家に行ける」

と思って、山をくだって、茂作さんの家に行きました。

茂作さんの家では、おかみさんが茂作さんを出してやって、あとかたづけをしてました。

「ありゃまぁ、とうちゃん、帰ってきたのハ（もう帰って来たの）。はえごだ（早いことだ）、はえごだ」

と言って出てきました。そうしたら、きつねのばけた茂作さんが、

「きょうは、山をのぼっているうちに、腹がいでぐ（痛く）なって、とちゅうからもどってきたんだ」

「そいつぁ、ひどがったね。んだごったら（そういうことなら）、はやく寝らい（寝なさい）」

と言って、なんきんぶくろ（南京袋）を持ってきました。

「さぁさぁ、こいっちゃはいって（これに入って）、寝られっしゃい（寝なさい）」

きつねはびっくりしました。でも、

「人間の世界では、寝るときは、ふくろにはいって寝るもんだ」

と思って、それにはいって、寝ることにしました。

それから、なん時間かたって（経って）、茂作さんが帰ってきました。そして、おかみさんが出てって（出て来て）、

「とうちゃん、とうちゃん、さっきナレ（さっきね）、お前さまにそっくりにばけたきつねが来て、

『腹いでくて帰ってきた』と言うがら、袋に入れて寝せておいだよ」

「おや、ほうが（そうか）。山できつねにあったけ、あんちきしょうだな」

「なんぼ、そっくりにばけたつもりでも、お前さまは、右目が悪いのに、きつねの目は、左目がつぶれてだっけ」

「きつねは、りこうなようでも、ちきしょう（畜生＝動物）だな。右目と左目をまづがった（まちがった）な」

ふくろの中で話を聞いてたきつねは、びっくりしました。

「こりゃたいへんなことになった。なんとかして、ここをにげ出さねば」

と、そっとふくろから顔を出して、にげる用意をしました。二人の見てないうち、戸のすき間から出ようとしました。それを見つけた茂作さんとおかみさんは、

「ほら、きつねがにげる」

と言って、すりこぎを持っておいかけました。きつねは、たたかれてはたいへんだ、と死にものぐるいで逃げました。

そうして、近くにあったお寺ににげこみました。そして、なんとか、かくれる方法がないかと、あたりを、キョロキョロ見まわしました。本堂の正面に、阿弥陀さまがこっちを見てました。

「よし、あれになってやっぺ」

と言って、また、クルンと宙返りをして阿弥陀さまになり、ご本尊のそばに行ってすわりました。

そこへ、茂作さん夫婦がとびこんできて、ヒョイと正面を見たら、阿弥陀さまが二つならんでいるではありませんか。ふたりは、びっくりして、どっちが本物かたしかめようとしましたが、ご本尊さまなので、さわってみるわけにはいかず、こまってしまいました。

「よし、和尚さんにたのんでみっぺ」

ということになりました。和尚さんは、

「よしよし、わしが見てやる」

と言って本堂に来ました。和尚さんが見ても、どっちが本物かわかりませんでした。

「よしよし、うちのご本尊さまは、油あげがすぎ（好き）だから、いづでも（いつでも）油あげをあげると、よろこんでみな食べる。茂作さんや、家に行って油あげをもってきなさい」

と言われて、茂作さんは、おおいそぎで油あげを作って、ほやほやとゆげのたつ油あげを持って、ご本堂に来ました。それを和尚さんが、二つのさらに入れて、二つの阿弥陀さまにあげました。

においがプンプンあがって、おいしそうでした。

「これで、この油あげを食べれば、それが阿弥陀さまだ」

と言って、三人でものかげにかくれて見てました。きつねのばけた阿弥陀さまは、においがプンプンするし、おなかもへってるし、食べないと阿弥陀さまでないと思われるので、その油あげに手を出して食べはじめました。三人は、

「あいづが、きつねだぞぉ」

と、とびかかって、〔きつねは〕つかまえられてしまいました。きつねより人間のほうが、智恵がいちまい上だというお話、おしまい。

† 類話29・48

49 さるの嫁

昔話 猿婿入り―里帰り型
語り手○母 宮城県大崎市鹿島台 大正十一年生 五十四歳

ある村に、清平さんという人がいました。田んぼに水かけに行ったけれども、雨がふんない(降らない)もんだから、水がなくて、田んぼに水がかかりませんでした。それで田んぼが、われ(日照りで地面が割れ)そうになってしまい、ほとほとこまってしまいました。なんとかして、稲に水をかけてやりたくて、田んぼのあぜに、こし（腰）をかけて考えていました。そこへ、ガサガサと音がして、山のさるもさ（猿）が出てきました。こしをかけている清平さんを見て、

「清平さん、清平さん。水をかけてやっぺや（あげましょう）」

「なぁに、そなた（あなた）水などかげらんめ（かけられないだろう）」

「いや、だいじょうぶだ。かけてやる」

「水かけてみだら、おらい（わが家）の娘ひとり、よめにやっから、かけてみだらいいべ」

と言って清平さんは、家に帰ってきました。

　つぎの朝はやく、清平さんは田んぼに行ってみて、びっくりしてしまいました。田んぼには、水がいっぱいかかっているではありませんか。さるもさは、清平さんのすがたを見て、近づいてきました。

「どうだ、大したもんだべ。さぁ、娘ひとり、もらいに行ぐがな（行こうかな）」

　清平さんは、はたとこまってしまいました。水はかからない（かけられない）と思って約束したのに、約束を守らないわけにはいかなくなってしまいました。

　もう、こまりきった清平さんは、家に帰って、ふとんを頭からかぶって寝てしまいました。清平さんには、三人の娘がありました。ごはんを食べにも出てこないおとうを心配して、一番上の娘が起こしにきました。

「おとう、おとう、ごはんだよ」

すると清平さんは、ふとんから顔を出して、

「お前、おれのいうこと聞いでくれっか、聞いでくれだらごはん食べる」

「なに、おとう」

「お前、さるもさのところに、嫁に行ってくれっか」

それを聞いた長女は、おこってしまいました。

「いがす（いいです）、起きてごはんなんか食べねくたって」

そういってどんどん行ってしまいました。

こんどは、二番目の娘が来ました。そして、やっぱりおこって行ってしまいました。こんどは、三番目の娘が来ました。その話を聞くと、

「おとうがこまっていんだもの（いるのだもの）、嫁ごに行くよ。だから起きてごはんをたべてけらい（ください）」

と言うと、清平さんは元気よく起きて、ごはんを食べました。そして嫁入りじたくの準備をしに、町に買物に出かけました。やがて、嫁にやることになりました。さるもさと娘は、手をとりあって山へ行きました。

そして、きょうはいよいよ里帰りの日です。さるもさと娘は、おとうはもちがすきだから、もちをついて、おみやげにすることになりました。ふたりで一生懸命もちをついて、さるもさは、できあがったもちを重箱に入れようとしました。すると、嫁さんは、

「うちのおとうは、重箱に入れると、重箱くせぐなっから（漆の匂いで臭くなるから）たべねぇよ」

と言ったので、二人は臼のまま持って行くことになりました。臼をさるもさがしょって、山道をふたりで出かけてきました。


　すると、おいしそうなぶどうがなっていたので、嫁さんが言いました。

「あのぶどうをもってったら、おとう、おおよろこびすんべな（するでしょうね）」

と言うと、さるもさは、

「よぉし、おれがのぼってって取ってくる」

と言って、しょってる（背負っている）臼を下におろそうとすると、嫁さんは、

「あっ、うちのおとうは、〔臼が地面について〕土くさいのすきでねぇよ」


　さるもさはこまってしまいました。

「じゃ、どうすんべ（どうしようか）」

「しょってのぼらっしゃい（のぼりなさい）」

と嫁が言ったので、しかたなく、臼をしょったままのぼることにしました。下のほうの手のとどきやすいところのぶどうを取って、

「このへんがいいがな（いいかな）」

と嫁さんに聞くと、嫁さんは、

「もうすこし上のほうの、いいどこ（いいところ）、とってけらい（ください）」

　さるもさは、また、上のほうにのぼりました。

「このへんが、いいがな（いいかな）」

と聞くと、

「もう少し上のほうがいいよ」

と言ったので、さるもさは、臼をしょったまま、だんだん上のほうにのぼって行きました。

「あっ、そこがいいよ」

　さるもさは手をのばしました。上のほうの枝のほそいところで、臼の重みで枝が折れて、まっさかさまに落ちてきました。さるもさは、臼につぶされて、死んでしまいました。嫁さんは逃げて、おとうのいる家に帰ってきました。おわり。

†　類話10・15・49・70・143・149

50 竜の嫁

昔話　蛇婿入り—姥皮型
語り手○母　宮城県大崎市鹿島台　大正十一年生　五十四歳

とんとむかし、日でりのつづいた年でした。水かけのふべんな田んぼを持ったお百姓さんが、まいばん、まいばん、水ひきに行きましたが、どんなことをしても、田んぼに水をいれることができませんでした。

「これ以上はどうにもならない」

と、村の竜神さまに願をかけました。

「どうぞ、おらい（私の家）の田んぼに水をかけてください。水がかかったら、なんでもさしあげます」

そう言ってお願いをしました。

そして家に帰って来ると、空がだんだんくもってきて、やがて大つぶの雨がふってきました。

そして田んぼに水が、なみなみとかかりました。お百姓さんは、竜神さまにお礼まいりに行きました。

「どうも、おかげさまで、田んぼに水がかかりました。どんなお礼をさしあげたらいいんだすっぺ（いいのでしょうか）」

と言って、おうかがいをたてました。

　すると、竜があらわれて、

「お前の娘を、おれにくれ」

と言ったので、お百姓さんはびっくりしてしまいました。でも約束したからには、しかたがありません。泣く泣くお百姓さんは家に帰って、娘に、

「どうか、竜のところに、行ってけねが（くれないか）」

とたのみました。娘は考えていましたが、

「おとっつぁん、おとっつぁんが約束したからには、しかたがありません。でもひとつお願いがありす（あります）。ひょうたんを千個、針を千本用意してけねべが（くれないでしょうか）」

おとっつぁんは、一生懸命になって、ひょうたんを千個、針を千本あつめました。

　やがて、娘が竜のところに行く日がやってきました。千個のひょうたんを、竜が背中にしょって、娘がふところに針を千本をいれて、二人は出かけました。おとっつぁんとおっかさんは、泣き泣き手をふっておくり出しました。竜と娘は、どんどん道をいそいで、ある沼のほとりまでやっ

てきました。

「ここがおれのすみかだ。さぁ、水にはいろう」

竜は沼の中にはいりました。でも、ひょうたんをしょっているので、なかなか水にはいられません。ひょうたんが、みなうかぶのです。竜は、一生懸命ひょうたんをしずめにかかりました。娘は、そのすきに、持っていた針を、竜の背中に、一生懸命にさしました。千本さしおわるころには、さすがの竜も、力つきはてて、死んでしまいました。

さて娘は、自分の亭主を殺してしまったことになりました。それで、山をこえて、見知らぬ村へと、たずねて行きました。そしてある大きなお屋敷の前にたどりつきました。そして、そこのお屋敷にたのんで、めしたきばあさん（飯炊き女のこと、老齢とは限らない）として、はたらかせてもらうことになりました。そして毎日、へそび（すす）だらけになって、おおぜいのごはんをたくかまどの火をたいてました（いました）。そこがその娘の仕事場でした。

ところが、ここのお屋敷に、若さまがおりました。その若さまが、このごろごはんをめしあがらくなりました。おどろいただんなさまや、おくさまが、ほうぼうのお医者さまをよんだり、祈祷師をよんでおいのりしても、少しもよくなりません。だんだんやせ細ってしまうばかりです。すっかりこまってしまっただんなさまは、恋わずらいかもしれないから、とにかく、おおぜいの娘をあつめて、ごはんを一人一人に持たせて、若さまの部屋へやらせました（行かせました）。けれども、ちっとも、起きてごはんをめしあがってくれません。もう全部の女の人が持って行ったけれども、だれも気にあった人がいないようだと、ほとほとこまりはててしまいました。

　するとだれかが、

「まだひとりいるよ。かまどの前のめしたきばあさんが残ってっちゃ（残っているよ）」

「じゃ、とにかく持たせてやってみるべぇ（行かせてみよう）」

ということになって、ばあさんをよびにやらせました。あいかわらず黒い顔して、ばあさんがやって来ました。

「若さま、私のような者でも、ごはん食べっかなぁ。とにかく持ってみんべ（持って行ってみよう）」

そう言って、お膳を持って、若さまの部屋にはいりました。

「若さま、かまどの前のばばあです。ごはんあがらっしゃい」

と言うと、どうでしょう、若さまは、元気に起きて、ごはんを食べたではありませんか。

　さぁ、それからがたいへんです。すぐにばあさんを、ふろにいれて、髪をゆい、きれいな着物を着せてみるとどうでしょう。きれいな娘さんができあがりました。夜、かまどの火を落としてから、ふろにはいり、自分の部屋に引きこもって本を読んでいた娘を見て、若さまは、恋わずらいをしたのです。それからは、ここで娘さんは、しあわせにすごしたということです。おしまい。

† 類話50・149（→「さるの嫁」の類話も参照）

〈語る・聞く〉

48・49・50は、聞き手の母が語ってくれた話。小さいころ父から聞いたという。父は話がじょうずで、たくさん知っていた。冬の夜、いろりのそばで、きょうだいたちと一緒に父の話を聞いた。「とんとむかし」ではじまり、「おしまい、おわり」と語りおさめたという。

語り手は会話の部分だけ方言を混ぜて語ったので、地の文は標準語の表記になっている。

51 きつねの恩返し

昔話［狐の報恩］
語り手〇祖母　宮城県大崎市鹿島台　大正六年生　五十九歳

むかすむかす、山にずんつぁんとばんさまが、住んでたんだとっしゃ（住んでいたとさ）。ふだりども（二人とも）、うんとはたらきものなんだとっしゃ（なんだって）。あるとき、庭っこのどごさ（庭のあるところに）、めんこいやろっこ（かわいい男の子）が立ってたんだとっしゃ。あんまりめんこいので、ずんつぁんが、あそんでやったら、うんとよろこんだんだど。そうしたっけ、まいぬつ（毎日）、まいぬつ、そのやろっこが、あそびさ来るようになったんだどっしゃ。

それからなんぬつ（何日）かたって、ずんつぁんの村で、ひでりがつづいて、米がとれなくなったんだと。それで、ずんつぁんとばんさまは、食うものがねぐなって（なくなって）、うんとこまったんだどっしゃ。そうしたっけ、ある朝起きて見だら、米っこが土間さおいで（置いて）あったんだど。ずんつぁんは、びっくりしてすまったんだど。だけんども、うんとよろこんで、神さまさお礼したんだとっしゃ。ほうしたっけ（そうしたら）、つぎの朝も、まだ（また）つぎの朝も、米っこが土間のどこさ（ところに）おいてあったんだと。ずんつぁんも、きもちわるぐなって、朝はやぐ起ちて（起きて）待ってたけっけ（待っていたところ）、あのめんこいやろっこが、米ばもって来たんだとさ。ずんつぁんは、びっくらこいで、あとばおっかげで（追いかけて）行ったら、きつねのやろっこにかわったんだとさ。

ずんつぁんが、そのきつねのやろっこに、

「どうすて米ばくれたのすか（くれたのか）」

と聞いたら、そのきつねのやろっこは、

「わたす（私）とあそんでくれだからさ。わたすのかかあさまが、ぐえい（具合）が悪いがら、わたす、さびすかったんだ（淋しかったんだ）」

と言ったんだと。

それから、もっともっと、ずんつぁんときつねのやろっこ（男の子）は、ながよぐ（仲良く）なったんだとさ。

52 ふしぎな黄粉

昔話 竹切り爺／鳥飲み爺
語り手○祖母 宮城県大崎市鹿島台 大正六年生 五十九歳

むかし、あるところに、じいさまとばんさまが住んでいたんだとっしゃ。じいさまは、山さ畑ば作りに、まいにち、まいにちせっせとかよって、豆ば作ってたんだとっしゃ。あるとき、たいへんな不作になって、じいさまが、

「こまっだ（困った）、こまっだ」

と言っていだら、うさぎっこが来で（来て）、

「じいさま、すんぱいすんすな（心配しないでね）」

ど言って（言って）、去って行ったんだど。

つぎの朝、山さ行ぐと、畑さおおちなだいず（大きな大豆）が、ころがっていたんだと。ひとりではとても、持たれなぐて（持てなくて）、こまっていだら、うさぎが来て、その豆ば、はこんでくれたんだと。ところがどうやって、その豆ば食べていいが（いいか）、わがんねがったら（わからないでいたら）、うさぎが、

「きなこ（黄粉）にすて（して）食べるといい」

とおしえてくれたんだと。

　そうして、じいさまは、なん日もかがって（かかって）、きなこを作ったんだと。そのきなこを食べると、

「チリン、パリン、ゴヨロマツ」

とふしぎな音がしたんだと。

　その話が評判になって、殿さまの耳にもはいったんだと。じいさまが呼ばれて、殿さまにそのきなこを食べさしたら、また、

「チリン、パリン、ゴヨロマツ」

と音がして、殿さまは、うんとよろこんだんだとさ。

　そうして、じいさまは、殿さまからうんと、ほうびをもらって、金持ちになったんだとさ。

53 きつねの嫁

昔話 狐女房
語り手○祖母 宮城県大崎市鹿島台 大正六年生 五十九歳

むかし、はたらきものの若者が、山のおくに住んでたんだと。その若者のどこさ（ところに）、べっぴんの娘っこが、嫁に来たんだとっしゃ（来たんだとさ）。その嫁さんは、うんとはたらきもので、人とのつきあいもよくて、みんながら（みんなから）すかれたんだとさ。そうしてそこの家は、うんと金持ちになったらしいんだと。二人はとてもなかよくて、みんなも、うらやますい（うらやましい）と、うわさすて（して）たんだと。

ところがある日、その嫁さんが、いなぐなったんだとしゃ（いなくなったとさ）。若者はびっくりして、なち（泣き）ながら、その嫁さんばさがすたっけ（捜したところ）、山のおくふかいどこ（ところ）に、立ってたんだと。若者はよろこんで、嫁さんのどこ（ところ）に行って、

「家に帰ろう」

と言ったっけ、その嫁さんは、

「わたしは、じつはきつねなんです。どうしても家さ帰れない」

と泣いたそうなんだ。それで若者はこまってしまい、

「では、おれもきつねになる」

と言って、きつねになったんだと。そうして、嫁さんきつねと若者のきつねはなかよく、もっともっと山のおくさ行って、いつまでもいつまでもくらしたそうです。

† 類話53・65・115

〈語る・聞く〉

51・52・53は、語り手の祖母が鳥取県出身の人から聞いた話。語り手は小さいころ祖母から聞いて、とても不思議な話だったので、今もおぼろげながらおぼえているのだという。

54 ほととぎすになった弟

昔話 ほととぎすと兄弟
語り手〇祖父 宮城県遠田郡美里町（旧・小牛田町） 明治三十一年生 七十八歳

むがしむがし、あるところさ、親のいねぇ（いない）びんぼうな兄弟がいだ（いた）。あんに（兄）は、からだがうんと弱くて、ぜんぜんかせげながった（働けなかった）んだと。そのかわりさ（に）、おどうど（弟）がかせいでいだんだげっと（いたのだけれど）、ふたりで食っていぐのが、せいいっぱいだったんだど。んだげんど（そうだけれど）、おどうど（弟）は自分が食うものも食わねで、あんに（兄）に自分のぶんまで、うまいものば食わせでいだんだどさ。

あるし（日）、おどうど（弟）が山でとってきだ（採って来た）いも（山芋、野老）ば持ってきたんだ。おどうど（弟）は、

「にいさん、いも（芋）ばとってきた。にいさんは中のうめえところば食ってけろ」

すっとあんに（兄）は、

「おめえは、かせいできてこえべがら（疲れているだろうから）、おめがうめえところば食え」ったんだど（と言ったということだ）。すっと、おどうど（弟）が、

「わしはいいんだ。だがら兄さん、はやくいぐなってけろ（よくなってください）」ったんだど。したっけ（そうしたら）、あんに（兄）は、

「おめは、病気のわしにかくれで（隠れて）、まいにちしとり（毎日一人）で、うめえもんば食ってんだべ。このいも（芋）だって、おめはさきに、うめぇところば食ったんだべ」

ったんだど。おどうど（弟）はあんに（兄）の思いがげねぇことばに、びっくりしたんだと。して、かなすぐ（悲しく）なって、なさげねぐ（情けなく）なったんだと。して、なみだばこぼすながら（涙をこぼしながら）、

「おらは、にいさん〔に〕かくれで、うめえもんなんか食っちゃいねぇ。ほら（うそ）だと思うんだらば、はらばわって（腹を割って）中ば見せでもいいんだ」

すっとあんに（兄）は、

「んじゃぁ、おめがそれほど言うんだったらば、はらわ（腹を割）って見せでげろ」

おどうど（弟）は、そとさ（に）あったなた（鉈）ば持ってきて、自分のはら（腹）ばまっぷたづにわって、あんに（兄）に見せたんだと。あんに（兄）は見でびっくりしたんだど。いも（芋）のかすどごろが（どころか）、はらの中さは、なにしとつへぇってねぇがった（何一つ入っていなかった）んだと。あんに（兄）は、自分が悪がったどきづいだんだけんと、もうその時にはおそがったんだと。して、

弟ば手ばあわせで（弟に手をあわせて）、おがんだんだどさ。したっけば、死んだおどうど（弟）のたましい（魂）がぬげで（抜けて）、鳥になって、

「ポットサケタカ、ポットサケタカ。」

って鳴いで、とおぐの空さ飛んでったんだど。まぁ、その時の鳥が、今でいうほととぎすだべな。

そん時っから、ほととぎすの口の中が赤いんだどさ。ほんとうだが、うそだがな（ほんとうなのか、うそなのか、さて）。

†　類話20・54

55 みょうがの力

昔話　みょうが宿
語り手○祖父　宮城県遠田郡美里町（旧・小牛田町）明治三十一年生　七十八歳

むがしむがし、あるところさ、ひとりものの男が住んでいだ。その男は、まいにちまいにち、くる夜もくる夜も、自分の目の前さ霊が立づのを見たんだと。寝ていれば枕もどさ（もとに）立づし、めし食ってればお膳の前さ立づ。ふろさはいってれば流し湯さ立づ。便所さ行げば戸さ立づ。逃げでも逃げでも、その霊はついでくるんだど。ついに男は、気がおがすく（おかしく）なって、裏の畑まで逃げできたんだと。

すっとどうだべ（すると、どうだろう）、さっきまでついできてだ（来ていた）霊が、いづのまにか、ふっと消えでだ（消えていた）んだと。あだりば見でみだけっぱ（見てみたら）、そごさは（そこには）、みょうがが、いっぺぇ植えであったんだ。みょうが畑だったんだべな（だろうな）。男は正気にもどって、

「ははぁん。このばけものは、みょうが畑さ来るっつうど、おらの前さ立づの忘れるんだな。よぉす（ようし）、そんならば」

つって、みょうがば取って、家さ持って帰ったんだと。そしたっけ、あんのじょう（案の定）、その晩は立だながったんだと。まあ立づのを忘れだわげだべな（忘れたわけなんだろうな）。それがらっつうもの、男はいづも、みょうがばふところの中さいれで（入れて）、くらしはじめだんだと。

しばらぐしたっけば、まだ男の前さ霊が立づようになったんだど。男は、みょうがば持ってれば、霊が忘れで（て）立だないっつうことを、忘れでいだんだとさ。

† 類話22・55

56　雪山のばけもの

世間話
語り手○祖父　宮城県遠田郡美里町（旧・小牛田町）明治三十一年生　七十八歳

　むがしむがし、山のふもとの小さい村さ、うつくしい娘とじい（爺）が、二人で住んでたんだと。娘は京といって、村の若いもんのあこがれだったたんだと。

　あるさむい日、京は、

「山さ行ってくる」

つって、家ば出だっきり、夜になっても帰ってこねがったんだと。じいはじめ、村の若い衆らもさがしたんだけども、あだりはくらいべし（暗いし）、雪はふってくっぺしで（降っているし）、さがすのがむづがしぐなったんだと。して、

「あしたの朝、また、さがしにくっぺ（来よう）」

つって、めいめい自分の家さ帰ったんだと。じいも、

「もしかすっと、家さ帰ってっかもしんねぇ」

と思って、雪のふる中、家さもどってったんだと。だげっとも（だけれども）、京はもどってねがったんだと（もどっていなかったとさ）。じいは、

「もすかすっと、だれが悪い者にでも、さらわった（さらわれた）んでねぇがや」

と心配で心配で、ねむれねがったんだと。つぎの日も、またそのつぎの日も、大雪はやまねがったんだと（降り止まなかったとさ）。

三日めの朝、やっとに雪がやんで、村の若い衆とじいは、山さ（に）京ばさがしさ（に）行ったんだと。だけっと、京はいっこうに見つかんねがったんだと。じいは、

「あの娘はもう帰ってこんのだろうが（来ないのだろうか）。山のばげ（化け）ものにでも、食わってしまったのがや（しまったのだろうか）」

と思ったんだ。

そんでもなお、山のおくで、京ばさがすてだ（をさがしている）、ひとりの若いもんがいだんだ。男は、京が好ぎで、好ぎで、夜のふけん（更ける）のも忘れで（て）、さがすったんだと（捜していたんだと）。してるうぢに（そうしているうちに）、雪がふってきたんだと。

「これがらでは（こんなに夜が更けてからでは）、帰らんねし」

と思って、男は、

「どっか、泊まれっとごねぇがや（泊まれる所はないかな）」

と思ったんだと。すっと（すると）、林の中さ小屋があんのを見つげて（見付けて）、そん中でねだ（寝た）んだと。つかれでいだせいで（疲れていたせいで）、すぐにねむったんだと。男は、京と夫婦になる夢ば見だんだと。

　そんなとき、村では、

「男がいねぐなった（いなくなった）。いねぐなった」

ど、おおさわぎばすったんだと（大騒ぎをしていたとさ）。

「京はいねぐなるし、男もいねぐなった。山さ（に）は、ばげものがいるにちげぇねぇ（違いない）」

村人だぢは、口ぐちにそう言いあったんだと。

　あんのじょう、村人の予感はあたってたんだ。男は小屋の戸のあぐ音さ（開く音で）目ばさまして、そごさ（そこに）竜のような体のばげものがいだのに気づいだんだげんと（気づいたのだけれど）、そんときには、もうばげものさ（に）食わって（食われて）いだんだと。まぁ娘の夢ば見で死んだんだがら、いいどしねくてねぇべな（これで良しとしなければならないだろうな）。

　その男のほかさ（に）も、京ば好ぎな若い衆がいっぺいいで、山さ京ばさがしっさ（捜しに）行ぐんだげっと（行くのだけれど）、山で夜をむがえだら最後、二度ど帰ってこねぐ（来なく）なったんだと。村人はおそれで（恐れて）、山さのぼるものは、だんだんいねぐなったんだと。

　そんなとき、じいは村の衆ばあづめで（集めて）、

「わしどいっしょに、山さのぼって、若い衆らのかたきばうづべ（討とう）。にぐい（憎い）ばげも

のば（を）、やっつけっぺ（やっつけよう）」

って、頼んだんだ。じいの意見に最初はみんな賛成したんだげっと、いざ行ぐべどなっと（いざ行くべしとなると）、一人へり、二人へりして、最後にはじい一人になってしまったんだと。じいは腹たてで、

「おめらがその気ならいい。わしはひとりでも行ぐ。京のかたきだ、なにがなにでも、やっつけでくるぞ。まあ見とれ」

つって、山さのぼって行ったんだと。村人は、

「じいも、ばがもんだ。ばげものに勝てるわげねぇべや（勝てるわけがないだろうに）。ばげものは、山神さまのお怒りなんじゃ。ここずっと、米も不作じゃ。きっと山神さまは、おらば（おれたちを）、なまけものだと思ってんに違いねぇんだ。だがら不作だと思って、おごってんだ。そうにちげぇねぇ（違いない）、ちげぇねぇ。これ以上、山神さまに逆らってはなんねぇ。春が来たらば皆、一生懸命かせぐべ（働こう）。したら、山神さまだって、わがって（分かって）くれるにちげぇねぇ。もうこれ以上、村人ば死なせではなんねぇ」

そう言って皆、家さひっこんでったんだと。

一方、じいは、山で夜ばむがえだんだと（迎えたんだとさ）。じいは、

「さあ来てみろ。食えるもんなら、食ってみろ」

つって、毒の付いだ槍ば持って、ばげものさかがって（化け者にかかって）いったんだと。すっと、

なじょしたわげが（どうしたわけか）、ばげものは、じいの顔ば見だとだん、おどなしぐ（おとなしく）なってしまったんだと。じいはそのすきば（を）見で（て）、毒槍でばげものの目ばついたんだと。目のつぎは胸、つぎは背ど（背と）、めくらめっぽう、ついたんだと。すっと（すると）雪ははげしぐなり、風はふぎ（吹き）して、あらしになったんだと。じいが、ふっと見っと、そごさたおれでいだのは、ばげものでなくって、あのうつくしい京だったんだと。じいはびっくりして、京ばだぎかがえたんだけっと（京を抱きかかえたけれど）、もう死んでいたんだとさ。

「なして（どうして）こんなところさ、京がいんだい（いるのだい）。ばげものが京だとは。そうとは知らず、わしはこんな姿にしてしまった。死んだかあさんにもうしわけねぇ。さぞ村さ帰りたがったろう。京ひとり、ここさほっておぐ（放って置く）わげにはいがねぇ」

そう言って、じいは京ば殺した槍で、こんどは自分の胸ばさしたんだと。

それ以来、山がらばげものは消えで、村はしずが（静か）になった。村人たぢは、

「もしかすっと、じいがばげものば殺したのがもしんねぇ」

つって、くる日もくる日も、じいの帰りを待っていだが、じいは春になっても帰ってこねがったんだと。なして京がばげものになったが（なったか）、だれも知らねんだと。して、それば殺したじいが、あとおって死んだっつうごとも、だれも知らねがったんだと。二人の魂は雪の中でねむってるべな（眠っているだろうな）、今ごろ。

〈語る・聞く〉

54・55・56は、聞き手の祖父が語ってくれた。そのまた祖父から聞いた話だという。祖父はふだん標準語を話しているので、比較的方言の少ない表記になっている。

57 笠地蔵（かさじぞう）

昔話　笠地蔵—来訪型
語り手〇女性　宮城県大崎市松山　大正三年生　六十二歳

むがし、むがし、あるどころに、おずんつぁんとおばんつぁんがいだっけど。貧乏だから、おずんつぁんは、まいぬず（毎日）、まいぬず笠こさえで（こしらえて、作って）、そいづを（それを）まづさ（町に）持って行って、米だの味噌だの油だの、いろんなものど、とっかえ（とりかえて）でくらしていたんだど。

冬の寒い日にな、おばんつぁんが、

「おずんつぁん、米も味噌も、そろそろなぐなってきたげんども（なくなってきたけれども）、笠、なんぼでぎだべや（どれくらいできたかな）」

そしたればな（そう言ったらね）、おずんつぁんが、

「やっつ（八つ）、ここのづ（九つ）、でぎだから、んでは（それでは）、まづさ（町に）持って行ぐがな（行こうかな）」

と言って、ひざのほごり（埃）をただぎ（たたき）ながら、立ぢあがって、できあがった笠を、縄でからげで、

「どっこいしょ」

とかづいで（担いで）、うづ（家）を出だっけど。

そしたれば、西のほうの空が、うすずみでもながしたように、黒ぐ曇っていだと思ったたっけ、すぐにど（たちまち）、あだまの上さいぢめんに広がって、トサトサど、ゆぎ（雪）がふってきたっけど。そしたれば、こんどは、風もふいできて、せなかさ（に）しょった笠が、クラン、クランとゆれで（揺れて）、おもでく（重たく）なってきたんだど。

村はずれのほうまで行ったれば、ゆぎ（雪）が、モツモツと、ふってきて、みじばださ（道端に）ならんでだじぞ（地蔵）さまが、あだま（頭）がらすっぽりどゆぎ（雪）かぶって、まるで、すみだいこんみでに（凍み大根みたいに）、かでぐ（固く）なってだっけど。おずんつぁんは、

「あらら、じぞ（地蔵）さま、こんなぬ（に）ゆぎこ（雪）かぶって、なんぼつめたかべ（冷たいでしょう）、かわいそにな（可哀そうにね）」

って言いながら、笠おろして、ひとりひとりのじぞ（地蔵）さまのゆぎどご（雪を）、はらいおどしてやったげんとも、ゆぎ（雪）がまだ、フワフワど、じぞさまのあだまだのかださ（頭や肩に）、ふりかがってくっから、おずんつぁんは、もってきた笠を、ひとりひとりのあだまさ、かぶせでけだ（かぶせてあげた）んだど。んだげんとも、笠がこごのづ（九つ）しかないのに、じぞさまは十人いだから、ひとりのじぞ（地蔵）さまは、笠がかぶせられながったんだど。すかたねがら（しかたないから）、おずんつぁんは、自分のふんどす（褌）をはずして、のごった（残った）じぞ（地蔵）さまの頭さかぶせで、

「じぞ（地蔵）さまや、こいづでがまんしてけさいんよ（くださいよ）」

と言って、うづさ（家に）帰ってきたんだど。

　そしたればな、手ぶらで帰ってきたおずんつぁんを見たおばんつぁんが、びっくりして、

「なにしたのっしゃ（どうしたのよ）、おずんつぁん」

と言ったれば、おずんつぁんは、

「こういうわけで、じぞ（地蔵）さまが、あまりもぞこいがら（かわいそうだから）、笠をぜんぶかぶせできたのっしゃ」

と語ったど。そしたれば、おばんつぁんが、

「よがすた（よかった）、よがすた。んだらば、おがゆでもすすってがまんすっぺー」
ど言って、ばっこばりのごってだ（少しばかり残っていた）米で、おがゆこさえで（おかゆをこしらえて）食べだのだど。

それから、その晩は、あいかわらずのゆぎ（雪）ふりで、シンシンと、つもったけど。よなが（夜中）に、おばんつぁんがふっと目さましたれば、とうぐ（遠く）のほうがら、

「ドンガスカ、ドンガスカ」

というおど（音）が聞こえできたっけど。聞ぎ耳たでだれば（立てたところ）、そのおどは（音が）だんだんおっきぐなって（大きくなって）、なんだが、おおぜいの人が、はやしながらちがづいてくるように聞こえだんだど。おばんつぁんは、おっかなぐなって（恐くなって）、

「おずんつぁん、おずんつぁん、おぎてけさいん（起きてください）。あのおど（音）なんだべ」

そしたれば、おずんつぁんも、

「なんだべな」

と言って目さまして、聞ぎ耳たでだと（聞き耳を立てたとさ）。

おど（音）はますますおっぎぐなって、みんなではやしながらうだってから（歌っているから）、はっきり聞こえできたっけど。

「ひょうらんこ、ひょうらんこ、
　おろすけとうらが、ござらねで、

さぁらに、ひょうしが、そうろわね（揃わない）、
あみがさかぶりも、どんどこどん、
ふんどしかぶりも、どんどこどん」

この声がいよいよ戸ぐちのあだりまで、ちかづいだど思ったれば、

「ドサッ」

と、なにが（何か）おもで（重たい）ものを、ぶんなげるおど（音）がしたんだど。そしたれば、きゅうにうだ（歌）がやんで、おおぜいのはせで（走って）行ぐあすおど（足音）がしたんだど。おずんつぁんとおばんつぁんは、ひと晩じゅううごがねで（動かないで）、プルプルふるえでいだっけど。

そして夜のあげる（明ける）のをまって、そどさ（外に）出て見だれば、ゆぎ（雪）の中さ、おっきなふぐろ（袋）がなげで（投げて）あったんだど。その中さば（には）、金だの銀がいっぺへって（いっぱい入って）だっけど。

それがらは、おずんつぁんとおばんつぁんは、金持ぢになって、らぐ（楽）にくらすようになったっけどや。

どうびん。

† 類話57・67

58　やまなし採り——三人の兄弟

昔話　なら梨取り
語り手○女性　宮城県大崎市松山　大正三年生　六十二歳

むがし、むがし、あったつぉんね。あるどごさ（ところに）、太郎ど次郎ど三郎の三人兄弟があったどや。おどっつぁん（おとうさん）は、はえぐすんで（はやく死んで）、そいずさ（そのうえ）、おがっつぁん（おかあさん）も、おもでびょうぎさ（重たい病気に）、かがって寝でだんだど。

あるどきな、太郎が、おがっつぁんさ、

「なぬが（なにか）、食べでものねがすか（食べたいものないですか）」

ときいだれば、

「なぬも心配すっことねがす（ありません）。べづに（別に）食べでものねぇがら（食べたいものはないから）。ただな、でぎれば、ほうらじ山のやまなす（山梨）食ってみでぇな」

と言ったっけど。んでもな、そのほうらじ山っつうのは、ずっとずっと山おぐで、なんぬず（何日）もかがって行がねくてわがんねどご（行かなくてはならないところ）だから、この三人も、いままでいっぺんも行ったごどねがったんだど（行ったことはなかったとさ）。んでも、おがっつぁんが食べでっていうがら（食べたいと言うから）、太郎が、

「いがす（いいです）、いがす。いそいで取ってくっからね」

って、行ぐごどに決心したんだど。それがらな（それからね）、やぎめす（表面を焼いたにぎり飯）どご、どっさりたがいだ（持った）太郎は、山どごこえで（山を越えて）、谷こえで、おぐさ（奥に）、おぐさど、わげで（分けて）はいってったんだと。山おぐだがら、そのうづぬ（に）、みづ（道）もなぐなるす（し）、うづ（家）もなぐなってきたんだど。

夜さなって、木のかげさ、のじゅぐ（野宿）するごどにしたんだど。そしたればな、ホーホーど、ふぐろう鳴いだり、ギャンギャンど、きづね（狐）鳴ぐす（鳴くし）、おもでぇ（重い）風が、ゴウゴウふいで（吹いて）、なんともいえず、おっかねがったど（おっかなかったとさ）。んだげんども、

「山なす（梨）取って、おがっつぁんさ（に）かせだら（食べさせたら）、なんぼよろごぶべなぁ」

ど思って、まだ太郎は、歯くいしばってがまんしながら、夜があげれば、まだ（また）いっしょけんめい歩いで行ったんだど。

そしたれば、なんぬづ（何日）がたづうぢに（経つうちに）、用意してきたやぎめす（焼飯、にぎり飯）も、すっかりなぐなってしまって、

「なんじょすっぺなぁ（どうしようかなぁ）」

と、心ぼそぐなりながら歩いで行ったど。

　そうしたれば、むごうのほうさ、一軒家が見えできたっけど。いそいで行ったれば、さいわいなごどに、そのうづ（家）は、もづ（餅）だのだんご（団子）だの売ってる店屋だったんだど。太郎はよろこんで、

「もづ（餅）とだんご（団子）売ってけらいん（ください）」

って言ったんだど。おばんつぁんが出てきて、

「なぬもづ（何餅）、なぬだんご（何団子）っしゃ（ですか）」

って言ったんだど。そしたれば太郎が、

「しょうゆだんごに、ごまもづ（ごま餅）もらうがら（買いますから）」

って言ったんだど。それがら太郎は店先さこすかげ（腰かけ）で、もづどだんご食ったれば、とってもうめがった（うまかった）んだど。おばんつぁんは、太郎の旅すがたを、すげすげど（しげしげと）見て、きいたんだど。

「あんつぁん、あんだ（あなた）どごまでいぐのっしゃ（どこまで行くのかね）」

「ほうらじ山さ、やまなす（山梨）とりさ（に）いぐのっしゃ（行くのですよ）」

って言ったっけど。そしたれば、おばんつぁんがな、

「そうすか、そいづはたいへんでがすと（たいへんですね）。あそごさは（あそこには）鬼いで（鬼がいて）、行った人はみんな食われですまうんだっつよ（食われてしまうということだよ）。行ぐのはやめらいん

（止めなさい）」

て言ってとめだげんども（止めたけれども）、太郎は、おがっつぁんの病気のごど（ことを）話して、

「どうしても行がねくて（行かなくては）、わがんね（ならない）」

ど言ったんだど。したれば、おばんつぁんが、

「かんすん（感心）な人だごだ。ほだらばな（それならば）、もすこす（もう少し）行ぐど、笹がおがってとご（生えているところ）あっから、そごで、その笹が、『行げや、ささくさ（笹草）』ど言ったら、そのまま行ぐべし。『帰れや、ささくさ』ど言ったら、そのまま帰っておないんね（来なさいね）」

ど、しんせつにおしえでけだっけど（教えてくれたとさ）。

　礼を言って、しばらぐ行ったれば、なるほど、おばんつぁんの言うとおり、笹がおがってで（生えていて）、太郎がとおりかがっと、ザワザワッと、からだうごかしながら、

「帰れや、ささくさ、帰れや、ささくさ」

どつぶやいだっけど。んだげんとも、太郎は、

「せっかくここまで来て、手ぶらで帰んのはなさげね（情ない）」

ど思って、そのままどんどんあるって（歩いて）、やがでおっきな山ひとづこえだれば、おっきなやまなす（山梨）の木さ実がいっぺぇなってだんだど。

「ありがでごった（ありがたいことだ）」

と太郎はよろごんで、やまなす（山梨）の実どご（実を）取って、ふろすぎ（風呂敷）さつづんでい

だれば、ドサッ、ミシッど、足音がして、鉄棒たがいだ（持った）、おっきなあがおぬ（赤鬼）が出はってきたんだど。そうしたればな、

「こら、やまなす（山梨）取ってんのだれだ」

って、かみみでな（雷みたいな）声でどなったがら、太郎はびっくりして、木のかげさかぐれで、いきひそめで、ガタガタふるえでるうづぬ（ふるえているうちに）、あがおぬ（赤鬼）がそばさやってきて、苦もなぐぺろっと、太郎どご（太郎のことを）のみごんで（飲み込んで）しまったんだど。

太郎のうづ（家）では、太郎がいまかえっか（帰るか）、いまかえっかど、首長ぐしてまってだげんとも、なんぬづ（何日）たってもかえってこねがら、こんどは次郎が、

「んだらば、こんどはおらが、見でくっから（見て来るから）」

ど決心して、みそやきめしこ（味噌を付けて焼いたにぎり飯）どっさりこさえで、出がげたんだど。それがらな、太郎とおんなずように、山こえ、谷どごわだって（谷を渡って）、足のいで（痛い）のがまんして行ぐうぢに、とうとうみそやぎめす（味噌を付けて焼いたにぎり飯）もなぐなってしまったんだど。

一軒の店屋どご見つけだがら、そごさへって（入って）もづどだんご（餅と団子）買って食いながら、そごのおばんつぁんさ、

「おばんつぁん、ほうらじ山はまだでがすか」

ど聞いたれば、

「あんだも、ほうらじ山さ行ぐのすか。このまえも、あんだぐれ（あなたと同じくらいの）の年かっこうのわげい（若い）人が、『ほうらじ山さ、やまなす（山梨）取りさ行ぐ』どって、行ったっきり帰ってこねがす（来ないのです）。きっとおぬぬ（鬼に）食われでしまったんでがすぺど（でしょうが）」

そうしたれば、次郎が、

「そいづは、きっとあんつぁん（にいさん）にちがいね（違いない）。かわいそにな。んだげんとも、あんつぁんのきもづどご（気持ちを）、むだにするわげにいがねがら、おら、なんじょしても行ぎす（どうしても行きます）」

「そだらば（それなら）、もすこす行ぐど、笹がおがってっ（生えている）から、その笹が、『行げや、ささくさ』ど言ったら、そのまま行ぐべし。『帰れや、ささくさ』と言ったら、そのまま帰っておないんよ（来なさいよ）」

まだ（また）おばんつぁんは、しんせづにおしえでけだ（くれた）んだど。

　そしたれば、やっぱり笹がおがってで（生えていて）、

「帰れや、ささくさ、帰れや、ささくさ」

ど、つぶやいでいだげんとも、次郎は、ズンズン、とおりすぎでしまったんだど。

　そうして、ひと山こえで、やまなす（山梨）の木さたどりついで、実どご取ったれば、ドシン、ミシンど、あがおぬ（赤鬼）が来たっけど。

「こら、やまなす（山梨）取ってんのは、だれだ」

どわめいで、ぶるぶるふるえでる次郎どご、にらみつけだっけ（にらみつけたと思ったら）、うむも言わせず、ペロンと、のみごんでしまったんだど。

　さぁ、それから、のごったのは三郎ひとりだべっちゃ（ひとりでしょう）。おがっつぁん（おかぁさん）はおろおろして、

「もう、やまなす（山梨）食わねったっていいがら（食べなくともいいから）、三郎や、あんだは行がねでけらいん（行かないでくれよ）」

って言ったっけど。そしたらば、

「おら、だいじょうぶだがら、なんぼしたって（どうしたって）、やまなす（山梨）取ってくっからな。おがっつぁんは、すんぺすねでまってらいん（心配しないで待っていらっしゃい）」

ど言って、三郎は次郎どおんなじように、みそやぎめす（味噌を付けて焼いたにぎり飯）をどっさりこさえで、身じたくして出がげだっけど。

　いそいで、いそいで、やっと店さ来たれば、おばんつぁんは、

「あんだも、やまなす（山梨）取りさ行ぐのすか。かわいそうに、二人のあんつぁん（にいさん）ど同じ運命だべっちゃ。いがすか（いいですか）、ばんつぁんの言うごど、ようく心さとめで（心に留めて）行がいんよ（行きなさいよ）。笹のおがってっどごさついで（生えているところに着いて）、もし笹が、『行げや、ささくさ』ど言ったらば、行ぐべし。『帰れや、ささくさ』ど言ったらば、かならず帰ってこねどだめでがす（来ないとだめですよ）」

と念をおしたんだど。三郎(さぶろう)は、まだやろっこ(少年)だがら、わすれね(ない)ように、

「いげや、ささくさ、帰れや、ささくさ」

ど、口(くち)の中(なか)でつぶやぎながら行ったれば、

「行げや、ささくさ、行げや、ささくさ」

ど言ったので、よろごんで、そごどご(そこのところを)、かけぬげだんだど(駆け抜けたとさ)。

山(やま)さ(を)こえで、やまなす(山梨)の木(き)まで行ったれば、まだあがおぬ(赤鬼)がとび出(だ)してきて、

「やまなす(山梨)取(と)るやづ(奴)は、食(く)ってしまうど」

ど言って、とびががってきたっけど。それがら三郎(さぶろう)は、あがおぬ(赤鬼)よりも、もっとおっきな声(こえ)はりあげで、

「やまなす(山梨)取(と)ってんのは、おれだ」

どさげんで(叫んで)、あがおぬさ(赤鬼に)くみついで、そばの池(いけ)さ、ドスン、ドブンと、なげだんだど。おぬ(鬼)は、ぬれこねずみ(濡れ鼠、ずぶぬれ)になって、池(いけ)がらはいあがって、

「きょうは、ひどいめにあった。なんでま(間)がわるいんだべ」

と、ぶつぶつ言いながら、自分(じぶん)のうづ(家)さ、にげで(逃げて)帰(かえ)ったけどわ。

三郎(さぶろう)は、どんどんおっかげで行ったれば、おぬ(鬼)は、

「はらへった、はらへった」

ど言って、ひばづ(火鉢)さ、火(ひ)どごおこす(火をおこし)て、もづどごやぎはずめだっけがら(餅を

焼きはじめたから）、三郎は、そっと、はりさ（梁に）あがって、長いたげざお（竹竿）どご持ってきて、もづ（餅）が、プウとふぐれだときに、そのたげざお（竹竿）で、ズクッとつづいで（突っついて）食い、まだプウとふぐれだどぎは、たげざお（竹竿）でつづいで（突っついて）、みな食ってしまったんだど。

「きょうは、まだ（さてまた）、なんでまがわるい日だべ」

って言って、おぬ（鬼）は、まだぶつくさ言いながら、からと（唐櫃＝足のある蓋つきの大きな箱）のなが（中）さはいって、グウス、グウスど、ねでしまったんだど。

　そしたがら（そういうわけだから）、こんどは三郎が、さっそぐ、はり（梁）がらとびおりで、茶がまで、あっついお湯どごわがして、まず、からとさ（唐櫃に）あなこ（穴）あげたんだど。したれば、おぬ（鬼）は、からと（唐櫃）のながで、ねぼげ声で、

「長者さまのねずみっこ、あなこあげる、なんぞ（どうして）」

ど言ったっけど。そごで、こんどは、あなこがら、ばっこばり（少しばかり）、お湯ついでやったれば、

「長者さまのねずみっこ、しょんべんこたれで（小便を垂れて）、なんぞ」

ど言ったっけど、こんどは茶がまを、さがさまにして、ドウドウついでやったれば、

「あっつい、あっつい、ごめんなしてけらいん（許してください）」

ど言ったがら、三郎がな、

「んだらば、おめののんだ（おまえが飲み込んだ）、おれのあんつぁんだづどご（兄さんたちを）、出せ」

ど言ったんだど。そしたらばな、あがおぬ（赤鬼）が、

「はい、はい、はえっ」

と言ってるうづに、お湯にむせで、

「ガッポン」

と、おっきなせぎ（咳）して、そのひょうしに、左のはなあな（鼻穴）から、プンと太郎どご出して、右のはな（鼻）から、プンと次郎どご出したっけど。三人はよろごんで、よろごんで、やまなすどご（山梨を）、

「うんつぎ（うんとこ）、どっこいしょ」

ど、しょいこんで、うづさ（家に）帰って、おがっつぁん（おかあさん）は、めきめきびょうぎ（病気）がいぐなって（良くなって）、みんな、ながよぐ、くらしたっけどや。

どうびん。

59 小僧と鬼ばば――四枚の札

昔話　三枚のお札
語り手〇女性　宮城県大崎市松山　大正三年生　六十二歳

むがし、むがしな、あるおでら（寺）の小僧が、和尚さんに言いつけられで、町さ買い物にいったっけど。買い物おわって帰ってきたれば、おでら（寺）の門のそばさ、おばんつぁんが、にこらにこらど（ニコニコ顔で）立ってで、

「小僧さん、小僧さん、おら、あんだのおばんつぁんでがす。おらいさ（私の家に）、とまりさあばいん（泊りに行きましょう）。栗こいっぺかせっ（食べさせる）から」

と言うがら、

「んだらば、和尚さんに聞いでくっから」

って言って、小僧は、よろこんで、和尚さんのどこさ、はせで（走って）行って、和尚さんさ、

「とまってきても、いがすか（いいですか）」

って聞（き）いだんだど。和尚（おしょう）さんは、

「ふうん」

と小首（こくび）かしげで、

「おめぇには、おばんつぁんつう人（ひと）はいねはず（いないはず）だな。もしかしたら、おぬばばだがも わがんねぇ（鬼婆かもしれない）。かれで（食われて）しまうがら、行ぐな」

って、和尚（おしょう）さんが言（い）ったっけな（言ったけど）。

「おぬばば（鬼婆）なんかでござりぃん（ございません）。おら、なんぞしてでも行ぎで（どうしても行きたい）」

と、小僧（こぞう）はだだこねっから、和尚（おしょう）さんは、あぎらめで、

「んだらば（それじゃぁ）、しかだね（しかたない）から、行ってこい。こご（ここ）にお札が四まいあっから。こいずどごやっから（これをあげるからね）。もし、あぶねぇめにあったら、お札にな、すけで（助けて）もらうんだど。いいが（いいか）」

ど言って、四枚（よんまい）のお札（ふだ）どご、わだしたんだど。

それがらな、小僧（こぞう）は、その札（ふだ）どご（を）ふところさ（に）すまって（しまって）、おばんつぁんにつれられで、どんどん山（やま）みづ（道道を）ドゴドゴ歩（ある）いで行ったれば、一軒（いっけん）のうづ（家）があったっけど。

そしたればな、

「おらのうづ（家）ここだがら、ながさへって（中に入って）、かって（勝手＝台所）で火（ひ）たがいん（たい

てくれ）」

ど、おばんつぁんは小僧さ言いつけで、大なべに水どごいれで（水を入れて）、火さかげでがら（火にかけてから）、外さ出で行ったんだど。間もなぐ、おばんつぁんは、ざるさいっぺ栗こもってきたがら、小僧はおおよろこびだっけど。ほくら、ほくらど、にえだ（煮えた）栗こを、はらいっぺ食ってねですまった（寝てしまった）んだど。

　そしたればな、夜中になって、小僧がひょっと目さましたればな、雨が音たでで（立てて）ふっていだっけど。そのおど（音）どご、聞いでいだれば、どうも、

「スッタンタン、スッタンタン、おうぎ（扇）で、すうぼり、つうらみろ（面見ろ）」

と、うだって（歌って）るようだがら、

「おがすいな（おかしいな）、おがすいな」

ど思って、よぐよぐ見まわしてみたんだど。そうしたればな、いっしょぬ（いっしょに）来たおばんつぁんは、くづ（口）が耳までさげで（裂けて）、頭さ（に）は、角がはえだ、おっそろすい（恐ろしい）顔になって、ろばださ（炉端に）あぐらかいでな、ふとごろがらあがご（赤子）どご（を）、つかみ出して、みそつけで（味噌をつけて）食ってだっけど。小僧は、きもつぶれるほどびっくりしてな、

「これはてっきり、和尚さんの言ったおぬばば（鬼婆）」

ど思ったっけど。それがら小僧は、

「どうぬがして（どうにかして）、ぬげ（逃げ）ねばならぬ」

ど思って、声どご（を）ふりしぼってな、

「おばんつぁん」

どさげんで（叫んで）みだど。そしたれば、おぬばばのつの（鬼婆の角）が、みるみるひっこんでな、口もすぼまって、もどのおばんつぁんの顔にもどったっけど。それがらおぬばば（鬼婆）は、やさすい声で、

「なんだ小僧さん」

と言ったがらな、

「しょんべんつまって、つまって」

ど言ったればな、

「しょんべんだって、いいがら（いいから）、ふとんのながさすろ（中にしろ）」

って言ったけど。

「きもづわるくで（気持ち悪くて）、ならんねがら（ならないから）、便所さやってけらいん（便所に行かせてください）」

って、小僧が言ったればな、

「んだらば、この縄つけで行げ」

って、おぬばば（鬼婆）は、けわすい（けわしい）顔になって、小僧の腰さ、ふっとい（太い）縄どご

（を）まいたんだど。小僧はな、便所さ行ってがら、おおいそぎで、腰の縄どごほどいで、和尚さんにもらったお札の一枚どご（を）、そのなわのはしっこさ（に）つけで、どんどんにげだんだど。おぬばば（鬼婆）は、縄どご（を）ひっぱって、

「小僧、小僧、まだが（まだか）」

って言ったっけど。

「まだ、まだ」

ど、お札がこだえだっけど（答えたということだ）。おぬばば（鬼婆）は、ごっしゃいで（おこって）、

「いつまで、しょんべんたれでる（小便を垂れているのか）」

ど言ったれば、

「もすこす（もう少し）、もすこす」

どお札が言ったど。おぬばば（鬼婆）は、かんかんになって、いぎなり（むりに）縄どごひっぱったれば、便所の戸が、メリメリど、ぶっつぁげだ（うち裂けた）んだど。そしたればな、

「小僧、にげだな、まて」

ど言って、おっそろすいいぎおいで、おぬばば（鬼婆）が、おっかげでくっから、小僧は、もすこすで、おしゃられ（追いつかれ）そうになったんだど。んだから小僧は、ふところからお札どご一枚だしてなげで（投げて）、

「ここさ（ここに）、おっきな山でぎろ」

どさげんだれば、たづまづ（たちまち）、おっきな山でぎだっけど。

　おぬばば（鬼婆）が、その山どご、ドッコラ、ドッコラのぼってるうづぬ（登っているうちに）、小僧は、どんどんはせだ（走った）けんども、まだ、おしゃられ（追いつかれ）そうになったがら、ふところのお札どごなげで（お札を投げて）、

「こごさ、おっきな川でぎろ」

どさげんだんだど（叫んだとさ）。おぬばば（鬼婆）が、ガッパガッパど、川どごわだってるうずぬ（川を渡っているうちに）、小僧は遠ぐまでにげだげんとも、まだまだ（またまた）、おしゃられ（追いつかれ）そうになったがら、のごったお札どご（お札を）なげで、

「こごさ、おっきな入道坊主、出ろ」

どさけんだれば、入道坊主があらわれで、おぬばば（鬼婆）のくんのを（来るのを）、じゃましてけだっけど（くれたのだと）。

　小僧はな、いぎきらすながら（息を切らしながら）、やっとのごどで、お寺の門さかげこんでな、

「和尚さん、和尚さん。やっぱり、おぬばばでがすた（鬼婆でした）。追っかげでくっから、はやぐ、かぐしてけらいん（隠してください）」

ど言って、すぐ、たんすのながさ、かぐしてもらったんだど。そしたればな、そごさやってきたおぬばば（鬼婆）が、和尚さんどご（を）にらんで、どなったっけど。

「やい、和尚、小僧どご、どごさかぐした」

ど言ったっけど。和尚さんは、

「かぐし場所、知りでぇが（知りたいか）」

ど言ったんだど。

「んだども（その通りだ）。さがす出して、食ってやる。さあ、どごだ」

ど言ったれば、

「おしえでやっけども（教えてやるけれども）、そのまえにおぬ（鬼）は、ばげん（化ける）のがうまいそうだがら、おれに、そいづを（それを）見せでけろ（見せてくれ）」

ど、和尚さんが言ったっけど。そしたれば、おぬばば（鬼婆）がとぐい（得意）になってな、

「なぬさ（何に）ばげればいい。はやぐ言ってみろ」

って言ったがら、和尚さんがな、

「豆こぬ（に）なってみろ」

って言ったればな、ころっと、豆こになったがら（なったから）、

「こんどは、納豆になってみろ」とつづけで言ったれば、糸のたづ（立つ）、納豆になったがら、
和尚さんは、とだな（戸棚）がら、もづどご（餅を）出してきて、納豆つけで、ペロンと食ってしまったどや。

　こんでよんこつ、もんこつ、さげだどや。

（※「三枚の札」で知られている昔話であるが、四枚の札を使っている。①壁に貼る、②山を出す、③川を出す、④入道坊主を出す。92とくらべると、④が加わり、②と③が逆になっている。6は②③の順になっている。）

† 類話6・59・92・121・124・142

60 古屋(ふるや)のもり

昔話 古屋の漏り
語り手○女性 宮城県大崎市松山 大正三年生 六十二歳

むがし、むがし、あるどごに、おじんつぁんとおばんつぁんがあったどや。二人(ふたり)で馬(うま)っこか(飼(か))っていたのだど。ある晩(ばん)、おじんつぁんは、台所(だいどころ)でいっしょうけんめい縄(なわ)ない（わらで縄(なわ)を作(つく)ること）して、そばでおばんつぁんが、糸(いと)とりしていだっけど。そのうぢに、ジトジト雨(あめ)ふってきて、庭っこのはっぱを、ササササと、鳴らしはじめだっけど。そごさ、どろぼうが来て、障子のあなっこがら（穴から）、まがって（のぞいて）見だれば、おばんつぁんが、

「めんぐるは、めんぐるは、ちょっこら顔へに（屁に）だした」

とうだ（歌）ったんで、どろぼう、あわてで顔をひっこめだれば、こんどは、

「そう言われで、ひっこめだ」

とうだったど。そごでどろぼう、

「おれ、まがって（のぞいて）見だの見づげだな（見たのを見つけたな）。よし、ほんだらば、馬っこでも取って行ぐべ」

と、馬小屋のほうさ、むがった（向かった）んだど。

　そのあど（後）から、こんどはおおがみ（狼）が来て、

「おじんつぁん、おばんつぁん、なにしてるべな」

と、まがって（のぞいて）見だれば、おじんつぁんが、ジョロジョロと、縄をないながら、

「おばんつぁんや、こんやのようぬ（今夜のように）、雨っこふっているどぎは、なにがいちばんこわいがす（怖いですか）」

「おら、いちばんおっかねぇのは、おおがみでがす」

そとで聞いでだおおがみは、

「やっぱり、世の中でいちばん人ぬ（に）おっかねがらってんのは（怖がられているのは）、おれだな」

と、鼻たがぐした（鼻を高くした、自慢した）のだど。するどこんどは、おばんつぁんが、おじんつぁんにたずねだど。

「んだらば、おじんつぁんは、なにがいぢばんおっかねぇのっしゃ」

「ふん、おらはおおがみなんか、さっぱりおっかねぇぐねぇ。いぢばんおっかねぇのは、古屋のもりだ」

「なんだど？」

と、おおがみは身がまえだど。

「古屋のもりが、おれよりおっかねえだど？　そいづは、なじょなもんだべ（どういうものだろうか）。こいづは、ゆだんなんねぇど」

　したれば、おばんつぁんは、きゅうに腰うがして（腰を浮かして）、

「あれ、あれ、もりが来たでや（来たよ）、おじんつぁん、こいづはてへんだ（これはたいへんだ）」

そんなごど言いながら、おばんつぁんが立って、土間のすみっこがら、おけっこ（桶）たがいで（持って）きて、台所の戸だなの前においだれば（置いたところ）、

「ボッタン、ボッタン」

ど、はりがら（梁から）雨っこもってきたんだっけど。おおがみは、どでにしてすまって（びっくりしてしまって）、よこっとびに（横跳びで）裏口さ（に）にげだのだど。

　さっきっから、馬小屋の天井さあがって、取って行ぐ馬っこえらんでだ（盗んで行く馬を選んでいた）

どろぼうは、元気そうな子馬が戸口（戸口に）はせって（走って）行ぐので、

「こいづはよがった（これは良かった）」

どばかり、そいづにとびのったれば、おおがみは、てっきり、

「おじんつぁんの言った古屋のもりが、追っかげできて、自分のせなかさ、のっかった」

ど思って、びっくりぎょうてんして、はせった（走った）、はせった。山やさが（坂）も、竹やぶ、堀っこ（堀）もかまねで（かまわないで）、とぶようにはせだっけど。どろぼうのほうは、

「なんと、元気のええ馬っこだべなぁ」

ど、半分よろごんで、半分はらはらすながら（腹をすかしながら）、おおがみのせなかさ、しがみついでだれば（しがみついていると）、ひょいと見で（見て）、

「なんと、自分はおおがみのせなかさ、のってんでねぇが」

どろぼうはぎょっとして、

「もう生ぎだそらもねぇ。なんとがして、このせなかがらにげねば」

とふるえながら、あだりを見まわしているうぢに、ちょうどお堂のそばにかがったんで（そばを通りかかったので）、

「いぢにの、さん」

と、お堂の中さとびうづって（飛び移って）、バッチン、と戸をしめでしまったのだど。

おおがみはおおがみで、〔古屋の〕もりが、いぎなり（急に）お堂さとびこんでしまったんで、ほっ

とはしたものの、

「どうも、お堂さにげこむどぎのすがた、ちょっと見だどご（見たところ）では、人間みでなすがたしてだす（みたいな姿をしていたし）、あせだらげ（汗だらけ）の自分のからだぬ（体に）も、人間くせぇにおいがへばりついでる。はて、どうしたもんだべな」

と思ってだれば、このお堂にすんでるさるっこ（猿）が来て、

「おおがみさん、なにしてんのっしゃ（何をしているのですか）」

「あれな（実は）ゆんべ（昨夜）な、古屋のもりつうおっかねえものぬ（に）、せながさ（背中に）のられだがら、びっくりしてはせって（走って）来たれば、せながらこのお堂さ、とびこんでしまった。んだげんとも、どうも人間くさいどご（ところ）があんだ（あるんだ）。人間だらば（であるならば）、かみころしてやっかなど思って、考えでいだどごっしゃ（考えていたところなんだ）」

「はて、古屋のもりなんつうかいぶづ（という怪物）は、聞いだごどねぇ（聞いたことがない）。なじょなものだが（どんなものだか）、ちょっとまがって（のぞいて）見るべ」

さるっこは見だくて（見たくて）、戸のふしあなさ、ササグレノサ、とばかり、自分のしりっぽ（尻尾）をいれてやったんだど。なが（中）のどろぼうは、なんだがひもみだいなものがはいってきて、目のまえで、ぐるんとまわったり、ダランコ、ダランコど、うごぐ（動く）ので、おしゃんべと（つかまえようと）したげんとも、ツルッツと、手がらぬげで（抜けて）しまったんだど。こんどごそ、おしゃんべど（つかまえようと）、待ちかまえでいだれば、まださるっこは、ササグレノ

サと、しりっぽをいれてきたんで、こんどは、ぎっちりつかまえでしまったんだど。さるっこはびっくりして、

「ギャア、ギャア、ギャア、ギャア、ギャア」

と泣(な)ぎながら、いっしょうけんめいひっぱったれば、しりっぽは根(ね)っこのどごから、ブッツンど、切(き)れでしまったのだど。そんで、さるっこのおしりは赤(あか)くて、しりっぽ（尻尾(しっぽ)）がないんだどや。

† 類話60・76

61 和尚と小僧——たこは金仏が

昔話 和尚と小僧—餅は本尊
語り手〇女性 宮城県大崎市松山 大正三年生 六十二歳

むかし、むかし、あるお寺に和尚さんと小僧がいだっけど。ある晩、和尚さまは、

「小僧、小僧、はやぐ寝ろってば」

とうるさぐ言うので、小僧は、

「ははん、和尚さんはこん晩も、おれどご（おれのことを）はやぐ寝〔かせ〕でおいで、一人でこっそりうまいもん食うつもりだな」

と、おもしろぐないと思いながら、床さはいって、ねむったふりをしてだんだど。

小僧のねむったのを見はがらった和尚さんは、そっと戸だながら赤ぐゆでたたご（蛸）の足もってきて、しょうゆつけながら、ペロロ、クチャ、クチャ、ペロロ、クチャ、クチャと、うまそうに食ったっけど。小僧は、なまつばのみこみながら、目を細っこぐあげで見でだれば（開けて見て

いたところ）、やがて和尚さんは、はらくっついぐ（腹いっぱいに）なったんで、半分のごった（残った）たご（蛸）の足を、だいじそうにもどの戸だなさ（に）しまって、いびきかぎながらねむってしまったけど。

　がまんしてねむるべどしたげんとも（眠ろうとしたけれども）、小僧は、はらのうちがピクピクするほど、食いだぐ（食べたく）なったんで、床がら起ぎで、戸だなを、ススとあげで（開けて）、たごの足をムシャムシャ食ったんだど。食いながら、小僧はちょっと考えで、足のはしっこのどご（ところ）を、クチャ、クチャと、くちゃぶって（食いちぎって）、客殿の金仏さまの口のわぎさ（に）ぬたぐって（塗りたぐって）おいたんだど。

　朝起ぎだ和尚さんは、

「ゆうべのごしたたご（残した蛸）の足食うべ」

ど思って、戸だな開げだれば、かげもかたちもないんで、

「小僧、たご（蛸）の足くったべな（食っただろう）」

「おら、かね（食わない）。ゆうべ客殿のほうで、ペロロ、クチャ、クチャと、なにが（何か）食う音してだがら、客殿さ行ってみさいん（見てください）」

そして、金仏の前さ来て、

「和尚さん、和尚さん、ほれ、見さえん（見てください）。口にたご（蛸）のかす、くっついですぺ（付いているでしょう）。この金仏が食ったんでがす（食べたのですよ）」

「ばがたれ。どごぬ(に)金仏さまが、たご(蛸)食うっけな(食ったりするか)」

「んだらば、頭ただいでみさえん(叩いてみなさい)」

和尚さんが棒でただいだれば、金仏は、

「クワン、クワン」

と鳴ったんで、

「食わんて(食わないと)、言うでねぇが(言うではないか)」

「んだらば、煮でみさえん(煮てください)」

「強情な小僧だごど、いまぬ(に)、鼻あがしてやんべ(やろう)」

ど思って、和尚さんは、大鍋に水ど金仏を入れで火たいだれば(火を焚いたところ)、金仏はくるしそうに、

「グッタ、グッタ(食った、食った)」

と煮えできたんだど。

「和尚さん、和尚さん、『食った、食った』と言ったべっちゃ(言ったでしょう)、ほれ」

小僧に言われで、和尚さんは、二の句がつげながったんだどや。

† 類話61・122(74・123・125も参照)

62 二人のおじいさん――地蔵の浄土

昔話　地蔵浄土
語り手〇女性　宮城県大崎市松山　大正三年生　六十二歳

むかし、むかし、あるどごさ、とってもいいおじんつぁんと、わり（わるい）おじんつぁんがいだんだど。ある日、おじんつぁんが庭っこはいで（掃いて）いるうぢに、ねずみ穴さ、ひとつぶ豆っこがころころ、ころがっていってしまったんだど。

「ああ、いだます（惜しい）、いだます」

おじんつぁんは、あわてでその穴っこほったれば、豆っこは、まだ（また）ころころっところがって、ながながしょえねんで（なかなか拾えないので）、ずんずん掘っていぐど、とぢゅうさ（途中に）、ずぞ（地蔵）さまがいだっけど。んだもんで、ずぞさまさ、聞でみだんだど。

「ずぞ（地蔵）さま、ずぞさま、ここさ豆っこ、ころがってこながったべが（来なかったでしょうか）」

「ああ、豆っこだらば、おら食ってしまった」

ずぞさまは、べろうぢ（舌打ちし）ながら、にこにこしたんで、おじんつぁんは、

「そんだらば、いがす（いいです）、いがす」

って、ひぎかえすべど（引き返そうと）したれば、ずぞ（地蔵）さまは、きゅうにひぎどめで（引き止めて）、

「おじんつぁんや、ちょっこら、おれのひざさ、あがれ」

そしたれば、おじんつぁん、

「とんでもねぇ、もったいねぇ。もったいねぇくて、あがられぇん（あがられません）」

そんでも、ずぞ（地蔵）さまは、

「いいがら、ちょっこらあがれ」

っていだんで、しかたなぐおじんつぁんは、ひざの上さあがったんだど。したればこんどは、

「おれのかだ（肩）さあがれ」

言われだんで、

「もったいねぇくて、あがられぇん」

そしたれば、まだずぞ（地蔵）さまが、

「いいがら、あがれ」

って言われだんで、

「はい、はい」

って、あがったんだど。

したればこんどは、

「おれの頭さあがれ」

って、ずぞ（地蔵）さまが言ったんだど。

「んだがら、もったいねぇくて、もぉ（とても）、あがられぇん」

言ったらば、

「いいがら、いいがら、あがれ」

って言われだんで、

「はい、はい」

って言って、

おっかね、おっかね（おそる、おそる）おじんつぁんは、ずぞ（地蔵）さまの頭のてっぺんさあがったれば、ずぞ（地蔵）さまは、むごう（向こうの）の大きい木さ、ゆびさして、

「おじんつぁん、おじんつぁん。あそご（あそこ）の木の下ぬ（下に）、小屋ある。晩かだなっと（夕方になると）、そごさ鬼どもがきて、銭っこかげで（銭を賭けて）、博打をはじめっから、木のかげさ、みの（蓑＝藁で編んだ雨具）持ってかぐれで（隠れて）いさいん（いなさい）。そして、『パタ、パタ、コケコッコー』って、にわどり（鶏）のなぎごえ出さいん（出しなさい）。そうするど、鬼どもは、『あれ、もう夜が明げだ』ど思って、銭っこおいだ（置いた）ままにげでいってすまうがら、その銭っ

こ持《も》ってこべし（来《き》なさい）」

おしえられだとおり、おじんつぁんは、みの（蓑《みの》を）持《も》って、木《き》のかげさかぐれで（に隠《かく》れて）、いきひそめで待《ま》ってたんだど。

　日《ひ》くれで（日《ひ》が暮《く》れて）、あだりがくらぐなったれば、どごがらともなぐ鬼《おに》どもが来《き》て、小屋《こや》の中《なか》さ、あぐらかいでまるぐ（円座《えんざ》に）なって、しょってきたふぐろ（袋《ふくろ》）がら、銭《ぜに》っこをどっさりあげで、

「さあ、はじめっぺし、はじめっぺし」

と、博打《ばくち》うぢはじめだんだど。だんだんおもしろぐなって、鬼《おに》どもはどなったり、さけんだりして、すっかりむぢゅうに（夢中《むちゅう》に）なったんで、ころあい見《み》だおじんつぁんは、

「バタバタ、コケコッコー」

となぎごえ出《だ》したんだど。鬼《おに》どもはびっくりして、

「あれ、もう夜明《よあ》げんのが。まごまごしてられねど（いられないぞ）。地蔵《じぞう》さまぬ（に）、ごしゃがれる（おこられる）」

と、銭《ぜに》っこを、そごさぶんなげだ（放《ほう》り出《だ》した）まま、いぢもくさんに（一目散《いちもくさん》に）、森《もり》の中《なか》さにげで行《い》ってしまったんだど。

　おじんつぁんは、その銭《ぜに》っこどっさりしょって、家《いえ》さ帰《かえ》ったれば、となりのわるいおじんつぁんは、ねたんで、ねたんで、

「その大金（おおがね）、どっからもらってきたのしゃぁ」

ど聞（き）ぐんで、よいおじんつぁんは正直（しょうじき）ぬ（に）、いままでのわげ話（はな）したんだど。そしたらわるいおじんつぁんは、さっそぐ自分（じぶん）の家（いえ）の庭（にわ）さ豆（まめ）っこまいで、わざっとねずみの穴（あな）ころがして、せっせどその穴（あな）をほっていったれば、やっぱりずぞ（地蔵）さまが立（た）っていだっけど。

「これはしめた」

ど、わるいおじんつぁんは、

「ずぞ（地蔵）さま、ずぞさま、こごさ豆（まめ）っこ、ころがってきたすぺ」

って言（い）ったんだげっと。ずぞ（地蔵）さまはしゃねっぷりして（知（し）らないふりをして）、へんじもしなかったけど。んだもんでわるいおじんつぁんは、はやぐ銭（ぜに）っこほすいど（欲（ほ）しいと）思（おも）って、へんじも待（ま）たねぇで、ずぞ（地蔵）さまのひざさのっかり、ずぞ（地蔵）さまのかたさよじのぼって、そして、頭（あたま）さとびのって、むごう（向（む）こう）のほうを見（み）だれば、なるほど、大（おお）きい木（き）の下（した）さ、小屋（こや）があったんだど。

「しめだ」

どばり（とばかり）、わるいおじんつぁんは、ずぞ（地蔵）さまがらとびおりで、木（き）のかげさかぐれたんだげんとも、あんまりいそいだんで、つい、みの（蓑（みの））持（も）っていぐの（行（い）くのを）わすれでって（忘（わす）れて行（い）って）しまったんだど。そのうぢに日（ひ）くれで（日（ひ）が暮（く）れて）、鬼（おに）どもが来（き）て、ガヤガヤ言（い）いながら、博打（ばくち）はじめだんで、おじんつぁんは大声（おおごえ）はりあげで、

「コケコッコー」

ど、なぎごえ出したんだど。鬼どもは、びっくりして博打をやめで、

「おかすいなや（おかしいよね）。いまのなぎごえ、にわどりど、ちょっとちがっていだど（違っていたぞ）」

「それに、なんだが夜明げぬ（に）は、はやいんでねぇがや（ないかな）」

「だれが、おれだぢ（おれたちを）だましてるど（だましているぞ）」

とくちぐちに言いながら、小屋出で（を出て）、あだりかぎまわったんで、とうとうおじんつぁんは、見つけられてしまったんだど。そんでもって、鬼どもは、

「ゆうべの銭っこ、持ってったのも、きさまだべ（おまえだろう）」

と言われで、わるいおじんつぁんは、おごった鬼どもぬ（に）、しりだの頭だのただがれだり（叩かれたり）、ひっかがれだりして、血だらげぬ（に）なって、家さけって（帰って）ったんだどや（ということだ）。

† 類話62・78・118・148

〈語る・聞く〉

57・58・59・60・61・62の語り手は昔話をたくさん知っている方であった。『小牛田のむかし

ばなしと伝説』（小牛田町教育委員会、一九七四年）に、この方がみずから筆記した昔話が八話収録されている。本書に掲載した六話は、調査に行った学生（二人）に実際に語ってくれたもので、内容は掲載誌と変わらないが、方言が豊富で、言い回しが少し異なる。関心のある方は掲載誌と見くらべてほしい。

この方が記録した昔話は、「旅のお坊さん」「笠地蔵」「三人の兄弟」「猿のあかいお尻」「鬼婆（おにばば）と小僧」「消えた餅（もち）」「とんち小僧」「良いお爺つあんとわるいお爺つあん」の八話。本書と共通するのは、「笠地蔵（57）」「三人の兄弟（58）」「猿のあかいお尻（60「古屋のもり」に改称）」「鬼婆（おにばば）と小僧（59「小僧と鬼ばば――三枚の札」に改称）」「とんち小僧（61「和尚と小僧――たこは金仏が」に改称）」「良いお爺つあんとわるいお爺つあん（62「二人のおじいさん」に改称）の六話である。「消えた餅（もち）」「旅のお坊さん」の二話は、学生に語らなかった。

この方は、五、六歳のころから、毎晩、両親が語る昔話を聞きながら寝たという。昔話は「むがし」といい、寝床や、いろりのまわりで、「むかし、あったつぉんね（むかし、こういうことがあったというんだよ）」「むがし、あるどころにね」などと語り出し、話の終わりには必ず「どうびん」といったものだという。

昔話を語ってはいけない日は、別に決まっていなかったが、昼間は「ねずみに小便かげ（け）られる」といった語らなかった。親たちは農作業で忙しいので、せがむ子どもたちにそう言って、語らなかったのだという。昔話の題目は決まっていなかった。子どもが「あいづ、聞かせろ（あの話、聞かせて）」「あいづ、語れ」（あの話、語ってちょうだい）」と言うと、なにが聞きたいかすぐわかって語ってくれたという。「なに語んべや（なにを語ろうかな）」などと尋ねることもあった。

一家の中でもっともよく語ってくれるのは、おばあさんであったが、この方の場合は両親であったという。また、子どもたちは、あちこちの家に行ったときも昔話をよく聞いた。どこの村にも昔話が得意な人がいたのである。

63 食わない嫁

昔話 食わず女房―蛇女房型
語り手〇父 宮城県遠田郡涌谷町 大正五年生 六十歳

むがすむがす、あるどごろに、けちな男がいて、

「女房をもらうんなら、めしを食わねぇ女がいい」

と言ったんだど。そいでな、隣の村に、なんにも食わないという女がいで（いて）、その女をもらったんだが、ほんとうにその女は、めしを食ってるようすがねぇんで、男はその女を、ずっと見はっ

てるごど（こと）にした。
そしたら、裏山をたがやしたその女は、こっぱ（木の葉）や木をあつめて、火をおこして米をたき、にぎりめしをつぐる（作る）と、頭をかきわけると、きみの悪い口があって、そこにどんどん、めしをほおりこんだ。たまげて見ていた男は、女がめしをほおりこんだあと、そごいらにいた、かえるだのへびだのまで、頭の口にほおりこんだのを見で、声をたでで（立てて）しまった。そうすっと、女がすごい顔をして、おっかけてきた。ひっしで男はにげだしたが、殺されでしまったんじゃねぇがや（のではないかな）……。

† 類話35・63・71・73・79・102・132

64 鬼は内

昔話
語り手〇父 宮城県遠田郡涌谷町 大正五年生 六十歳

むがすむがす、あるどごに、貧乏なじいさんとばあさんがいで、節分に、ほんのちょびっとの（少しの）豆をまくのに、まいとし、

「福は内、鬼は外と言っても、さっぱり福さ（が）こねでや（来ないね）」

と言って、

「ひとつ、反対に言ってみべぇよ（みようよ）」

というこど（こと）になって、

「福は外、鬼は内」

と言ってみだら、よろこんで金棒をもった赤鬼と青鬼が、家さ（に）はいってきた。鬼は、

「どこさ行っても、『外さ行げ』と言って、豆をなげつられるばがりで（投げつけられるだけで）、『は

いれ』と言われだのは、はじめでのことだ」
と言って、おどりをおどるので、じいさんとばあさんは、びっくりしてしまって、家のすみで、ちぢこまっていた。

　となりのじいさんが、

「うるさいごだ（うるさいことだ）」

と言って、どなりごんできた。

「いいとし（歳）して、おめぇだちは、正気すかや（ですか）」

とどなったら、鬼どもは青くなってにげてしまった。鍾馗さま（にらみ顔の道教系の神）のことだど思っだんでねがすかや（ないだろうかね）。それで、鬼のわすれていった金棒のおかげで、じいさんとばあさんは、金持ちになったんだどしゃ（なったということだ）。

65 きつねの嫁入り

昔話 〔狐報恩〕
語り手○父 宮城県遠田郡涌谷町 大正五年生 六十歳

むがす、ある村に酒のすぎな（好きな）じいさんが、ひとりで住んでいで、ある晩に、ふしぎな男が、戸をたたいて、

「酒をかしてけらい（貸してください）」

と言って来たど。じいさんはへんな気がしたけども、〔酒を入れた〕徳利かしゃった（貸してやった）ど。

すばらくして、山で雨にふられで休んでいると、きつねの婚礼の行列が、そこだけ雨がふってなくて、進んでいぐのを、ぼんやりとして見おくったど。

家さ帰ってみっと、徳利と折りづめ（折詰）がおいで（置いて）あって、折り箱には、砂金が入っていたということだ。

† 類話 51・53・65・115

〈語る・聞く〉

63・64・65は、語り手（学生の父）が小さいころ、旧・小牛田町（遠田郡美里町）から嫁いできた母親が語ってくれた昔話。母は昔話をするとき「お茶屋節」という民謡をよくうたったという。

66 寝(ね)太(た)郎(ろう)の夢(ゆめ)

昔話　小ぶなの夢見
語り手○男性　宮城県遠田郡涌谷町　大正十二年生　五十三歳

　むかし、むかし、あっとごに、寝(ね)太(た)郎(ろう)というものがあったんだとさぁ。まいにち、朝(あさ)から起(お)るてぇいうと、寝(ね)て、昼(ひる)寝(ね)して、夜(よる)はやく寝(ね)て、いっそ（しょっちゅう）寝(ね)てばかりいるわけぇ（若(わか)

い）ものがあったんだとさぁ。

そうしているうちに、「デタバタ」ていう夢見たんだとさぁ。そうしたら、となりからあずき餅を、持ってきて、かしられた（食べさせられた）んだど。

つぎの日になったえば（なったところ）、「カサコソ」ていう夢見たんだどさぁ。そうしたら、となりのとなりのうち（家）から、あずきごはんもらって食べたんだど。

つぎの日、

「なにか夢見っか（どんな夢を見るのだろうか）」

ど思って、見でだげっとも（見ていたけども）、なにも夢見なかったんだど。さぁ腹は、へったし、

「なじょすべなぁ（どうしようかなぁ）」

と思って、見でだえば（見ていると）、こんど、「キンプラリン」て夢見だんだど。

「さぁで（さて、はてな）、さぁで、「キンプラリン」て、なんのごったべなぁ（なんのことだろう）」

と思って朝寝して、太陽が、うーんと高くなってから起きて、うらの便所さ行ったえば（行ったところ）、便所のうらの杉の木さ、あげび（あけび）なってたんだど。

「ははぁー、ぶらんとさがっていたから、「キンプラリン」て、このこったべなぁ（これのことだろうな）」

と思って、

「こいづこんど（これのことを、これを）、食べれつう（食べてみろという）ことだ」

と思って、のぼっていって、もうすこしで手とどくところさ、行ったえば、あがってだ（足を掛けていた）枝が、ポキッと折れて、その枝、首さ、からまって、もはや死にそうになったんだど。

その時、

「デダバダや、カサコソまではよかったが、キンプラリンで、思いきるから」

と言って、息ひきとって死んでしまったんだど。まごみろなぁ。（意味不明）

67　地蔵の恩返し――笠地蔵

昔話　笠地蔵―来訪型
語り手〇男性　宮城県遠田郡涌谷町　昭和四年生　四十七歳

むかし、むかし、あるところに、おじいさんとおばあさんが住んでおりました。おばあさんは、まいにち、うちで機織りしておりました。おじいさんが、その機織った反物を町に売りに行くことが、しばしばありました。ある時、その反物をせおって町に売りに行くとちゅうに、ずぞう（地蔵）さんが立っておりました。ちょうど、その日はさむくて、町に行くとちゅうで雪がふってまいりました。あんまり寒いので、とちゅうのずぞう（地蔵）さんがあんまり寒そうにしているので、その反物をずぞう（地蔵）さんの頭に、切ってかぶせてやったそうです。だんだんかぶせていくうちに、ずぞう（地蔵）さんにかぶせていくと、ひとつ、そのきれがたりなくなって、どうしようかなと考え込んだあげく、自分のふんどしを、そのずぞう（地蔵）さんにかぶせて、帰ってきたそうです。

その晩、うちに帰って、おばあさんにこのことをお話ししましたところ、

「それは、よいことをした。よいおこないをしてきた」

と、おばあさんにほめられたそうです。それが、夜なかになり、

「おい。ずずやぁ（じいさんや）、どこだぁ。ばんばよぉ（ばあさんよ）、どこだぁ」

と、そういうような声がだんだんしてきたそうです。

「おい、ずんつぁん（おじいさん）。ずぞう（地蔵）さまさぁ、ふんどしかぶしてきたっけ（きたから）、ばつ（罰）あだって、ずぞう（地蔵）さまとこ（には）、あまりくせぇふんどしなんだぁ（などを）、かぶせたから、化けて出てきたんでねぇか」

だんだん、だんだん、その声がたかくなって、

「ああ、ずんつぁん、ここだ」

車からなんか、まんにょう（意味不明）のほうへ、

「ドサッ」

と、おいて、そのまま行ってしまったそうです。

朝に起きてみると、米やら、反物やら、宝物がいっぱいに、まんにょういっぱいにかざらってたそうです。ずぞう（地蔵）さんは、くさいものを怒って、そういうな宝物を持ってきたのでなく、反物を売る、その切れはしがたりなくなって、自分の身についてたものまで、ずぞう（地蔵）さんにかぶせてもらった、そのおん礼として、ずぞう（地蔵）さんは、宝物やら、お米やら、反物を持ってきたそうです。

子どもたち、いや、おとなたちでも、ひとつでも行ないをよくすれば、そういうようないいことがあったという、私が小さい時に聞いたむかしばなしです。

† 類話57・67

〈語る・聞く〉

66は、カメラとテープ・レコーダーをもって尋ねて行った学生二人に、教育委員会の方が覚えていた昔話を語ってくれた。昔、父から聞いたという。67は、昔話をしてくれる人を捜して町を歩いているうちに、ある方に出会った。その方が語ってくれた昔話。幼いとき母から聞いたとい

う。筆録にあたって、方言を直してある。あるいは、書いてものを見ながら語ってくれたものか。

68 おその仏

伝説
語り手〇曾祖母　宮城県加美郡加美町　明治十五年生　八十九歳（昭和四十六年当時）

門沢（加美町）におそのっていう、めんこい（かわいい）娘っこがいた。おそのさ（に）は、五郎っていう若い男がいたんだ。

その男が、あるどぎ、山さ仕事に行ったどぎ（時）の帰り道に、あす（足）をすべらせで、谷底さおって（に落ちて）、そのまんま帰んながったんだど。おそのは、んーと（とても）かなす（悲し）んで、病気になってすまった。ますます病気はひどくなって、命があぶなぐなってすまった。みんなすんぺ（心配）して、はげますたり、看病すてくれたんだげど、

「もう、どうすっこともできね」

ど思ったおそのは、

「わたすがす（死）んだら、どうが（どうか）五郎さんがす（死）んだつかぐで（近くで）、門沢が見られるどころさ（所に）埋めでください。わたすはいづまでも、五郎さんや門沢のみんなどいっしょにいでがら（いたいから）」

と、家の人や、あづまった人たづさ（たちに）たのんだ。家の人は、娘の言うとおりのどころさ、うめでやった。

　みんなはそこを、「おその仏」といって、むぞっこい（かわいそうな）娘っこだといってだ。それがら、五郎のおづた（落ちた）沢を、いづがらが（いつからか）、「ごろさぁ（五郎沢）」とよぶようになったんだど。これでおすまい。

69 白ぎつねの神社

伝説
語り手○男性　宮城県加美郡加美町　昭和二年生　四十九歳

むかし、大宮神社（加美町小野田字味ケ袋）は、昼でもうす暗い樹木の中にあったんだど。ある時、どっからともなく、夫婦の白ぎつねが住みつくようになって、人々は、神さまの使いものだと、おっかながっていた（おっかないと思っていた）。なん年かたって、夫の白ぎつねは、年とって、病気になり、妻の白ぎつねがえさをさがし、看病していたが、とうとう寒い夜、死んでしまった。残された白ぎつねは、かなしげな声を、あげながら、死骸のそばをはなれず、三日めと九日めともいうが、とうとう、あとをおっかけるように死んでいった。人々は、その姿にふかく心をうたれ、夫婦の白ぎつねを大宮神社の神といっしょにまつったんだどさ。

〈語る・聞く〉

68は、聞き手（学生）が小さいころ（五、六歳）祖母から聞いた話で、それを思い出して筆録した。69は、68の語り手とは別人で、自分の家に伝わる伝説を語ってくれたもの。

70　さるの嫁

昔話　猿婿入り―里帰り型
語り手○母　宮城県加美郡色麻町　昭和七年生　四十四歳

むかしさ、あるい（家）に三人の娘がいたんだど。そして、そのい（家）にうんと田あったんだどさ。そして、水がなくてこまっていたんだどさ。そのい（家）のおど（親父）が、田に水かけしてっと、そこさ、さるが来て、

「おど（親父）、なにすったや（何をしているの）」

って言ったんだど。そうすっと、おどが、

「田さ水かげらんなくて（かけられなくて）、こまっていだんだや」

って言ったんだど。

「ほだらば（それなら）、水かけでけっ（かけてやる）から、おれどごさ娘、一人、嫁ごにけろっちゃや（嫁にくれよ）」

「ほだらば、けっから（やるから）、水かげでけろ（くれ）」

って、おど（親父）が言ったらば、さるが、どんどんどんどんと、田さ水かけでけだ（くれた）んだどさ。

　そして、おどが、い（家）さ来て寝だんだど。つぎの朝、〈おどが〉起きないんだど。そんで、一番めの娘が、

「おど（おとうさん）、ごはんだから、起ぎろ」

って、言ったんだど。

「すんぺだおんや（心配なんだもの）」〈と、おどが言うと〉

「なにすんぺや（何が心配なの）」

って、娘が聞いたんだど。

「さるさ（に）、嫁ごなんねが（嫁さんにならないか）」

って、一番めの娘に言ったんだって。そうすっと娘が、

「さるさ嫁ごなんて、やんだっちゃ（いやですよ）」

って言って、おど（父親）に、まくらをぶつけてやったんだど。

　こんど二番目の娘が行って、

「おど（おとうさん）、ごはんだから起ぎろ」

って言ったんだど。

「おれ、すんぺあるおんや（心配ごとあるんだもの）」

「なにすんぺなのや（何が心配なの）」

「さるさ、嫁ごなんねが」

って〈おどが〉言ったらば、二番めの娘も、

「さるさなんか、やんだっちゃや」

って言って、まくらを、おどにぶつけてやったんだどさ。

　こんど三番目の娘が行って、

「おど、起ぎろ」

って言ったんだど。

「おれすんぺあるおんや」

「なにすんぺなのや」

「さるさ、嫁ごなんねが」

って言うと、三番目の娘が、

「あぁ、おれ（私）なっから、おど、起ぎでごはんけ（たべてね）」

って言ったんだど。そうすっと、おど、よろこんで、よろこんで起ぎで、ごはん食ったんだどさ。

そうしてな、ある日な、さるむかえに来て、ふたんで（ふたりで）行ったんだどさ。

それからなん日かたって、さると三番目の娘が、餅ついて、おどのとこさ行くことにしたんだど。餅もって行くとちゅうに、川がけ（川の崖）に、きれいな藤の花がさいった（咲いていた）んだど。

「あらぁ、あの花、おどさ、取ってもって行ったら、なんぼが（とても）よろこぶんだがなぁ」

「ほだらば、おれとってけ（あげる）っから」

って言って、さる、木さスルスルとのぼってって、

「こいづが（この枝かい）」

って言うと、娘が、

「もうすこし上のほう、いいなぁ」

って言ったんだど。そしたら、さる、のぼって行って、

「ほんで（それじゃ）、ここか（ここかい）」

って言ったんだど。

「もうすこし上のほうに、いいどこ（ところ）あるなぁ」

って言ったんだど。そしたら、さる、まだのぼって行ったんだど。そうしたらば、その枝折れで、

さる、川の中におってって（落ちてしまって）な、死んだんだどやわ。
そしたら、娘よろこんで家さ来たんだどさ。ほだがら、三番め娘づもの（というもの）は、りこうなんだどさ。

† 類話10・15・49・70・143（5・25・149も参照）

71 食わない嫁

昔話　食わず女房―蛇女房型
語り手○母　宮城県加美郡色麻町　昭和七年生　四十四歳

むかしさ、かね（食わない）嫁ごほしい、かね嫁ごほしいって、うんとさがしたんだどさ。そうして、あるところから、せわになって（世話をしてもらって）、嫁ごもらったんだど。

そうしたら、その嫁ご、いく日たっても、いく日たっても、ごはんかね（食わない）んだど。そうして、その嫁ごのだんなさん、すんぺ（心配）して、あるとき、どごさが（どこかに）行くふりして、屋根さあがってかくれったんだど（隠れていたとさ）。そうしたればな、その嫁ご、大釜さ、ごはんいっぺたいで（いっぱい炊いて）な、おにぎりにぎって、頭の上から、ポンポン、ポンポンと、いれんだっけどさ（入れたんだとさ）。そうして、〔だんなさんは〕

「ああ、こういうごどすんのが（こういうことをするのか）」

と思って上から見ったんだど。

ところが、屋根の上さあがっていだの（あがっているところを）、その嫁ごに見つけられだんだど。そして、嫁ごに、ぼわれでぼわれで（追われて追われて）、はせだはせだ（走った走った）、そうして、しょうぶ（菖蒲）のあっとこさ、はいってって、かくれだんだどさ。したれば、その嫁ご、しょうぶあっとこさ、かくれだの知ってだんだげど（知っていたけれども）、そこをとおりこえで、にげて行ったんだどさ。その嫁ご、おおかみ（狼）だったんだど。ほだがら、五月の節供に、しょうぶだとか、よもぎ（蓬。香気が強く、菖蒲とともに邪気を払う植物として尊ばれた）をあげろって、いうんだどさ。

† 類話35・63・71・73・79・102・132

72　あずき粥とばけもの

昔話
語り手〇祖母　宮城県加美郡色麻町　明治四十三年生　六十六歳

　おおむかしね、じいとばあがいだんだど（いたとさ）。そうして、そのじいは、まいにちまいにち、山さたきもの（焚き物＝燃料の木）取りに行って、はたらいてんだど。そして、ばあは、ままたき（ご飯炊き、家事）してんだって。あるとき、ばあが、

「じいが来べ（来るころだ）」

ど思って、あずき煮づぶす（小豆粥）作っていだどごさ（いたところに）、

「そのあずき煮づぶすかしぇろ（食わせろ）」

って、ばけものにきらって（来られて）、ばあはおっかねくて（怖くて）、おっかねくて、そのあずき煮づぶすかしぇだ（食わせた）んだどわ。

　そして、そのばけもの、行ったからハ、じい来んの待って（じいさんが来るのを待って）、来てがら

（来てから）語って聞かせだんだど。そしてばあが、

「ひとりでいんの（いるの）、おっかねがら、おれも山さつれでってけろ（連れて行ってくれ）」

って言ったれば、じいが、

「ばあなんて、山さ行っただって（行ったとしても）、とてもたきもの（薪、焚き木）とれねがら（採れないのだから）。おれ、ちゃんとばあをかくしていん（行く）から、だいじょうぶだがら」

って言って、ばあを、たら（樽）の中さ入れて、はり（梁＝屋根裏の横木）の上さつるして行ったんだど。

　そごさ、まだ（また）、ばけものが来て、

「あずき煮づぶすあっか」

って言って、はいって来たんだど。ばあは黙っていっから、ばけものは、

「なんだ、ばあいねな（ばあさんはいないな）」

と思って、くるくる、くるくるとさがしったれば（さがしていると）、くすこ（櫛）、ぽたっと、はり（梁）からおって（落ちて）きたんだど。そうしたれば、

「あぁ、ここにいだのが（いたのか）」

っつので、ばけものがあがって行って、そのたら（樽）をあげで（開けて）、ばあを食ったんだど。

　そうしてじいが帰って来て、

「ばあや、いま来た」

って言っても、返事も、へっとも（なんともない）ないがら、

「どごさ行ったんだべ」

ど思って、たら（樽）をあげで見だら、骨ばかりになっていだんだどわ。そうしてじいが、ごっしゃいで（おこって）、

「かだぎ（敵）とってくれましょう」

と思って、ながもづ（長持）のふた（蓋を）とっておいて、じいは、すみっこのほうさかくれったんだど。したら、そごさ（そこに）ばけもの〔が〕はいってふた〔を〕して、ひんね（昼寝）してっから（しているから）、じいが、

「かだぎとってくれましょう」

と思って、もみぎり（揉み錐）でながもづ（長持）に穴をあげで（開けて）、そうして、そごがら、あっついお湯をついで、そのばけものを殺したんだど。そして、

「ようし死んだな」

と思って、ふたをあげで見だら、おっきなくも（蜘蛛）だっけどや。


〈語る・聞く〉

70・71は、聞き手（学生）の母が語った。72は、祖母が語ってくれた。祖母はその母から聞き覚えたという。母から娘へ、そしてその娘へと少なくとも三代にわたって語り継がれている。

この地域では、昼は昔話を語るとねずみに小便をかけられるといって語らなかった。

73 食(く)わない嫁(よめ)

昔話　食わず女房―蛇女房型
語り手○母　宮城県石巻市東福田　昭和二年生　四十九歳

むがし、むがし、あるどごろに、欲(よく)たがりの男(おとこ)、あったんだどさ。嫁(よめ)ごもらうのに、

「もの食(く)わぬしと（人(ひと)）、もらうべ（もらおう）」

ど思(おも)ってさがして、もらったんだど。

ところが、いつでも、ごでさん（だんなさん）さば、ちゃんとご飯(はん)食(く)わせで（食(た)べさせて）、自分(じぶん)は食(く)わねでっから（食(た)べないでいるから）、ごでんさん（だんなさん）が、

「ふしぎだなぁ」

と思って、あるとき、かせぎさ（働きに）行がねで、かげこ（もの陰）のほうで、まがって（のぞいて）見であんだどさ（見ていたとさ）。そすたいば（そうしたら）、その嫁ごさんが、

「ごでさんが稼ぎさ行った」

ど思って、米とぎはじまって、おっちな（大きな）釜でご飯たいで、やぎみし（焼きおにぎり）いっぺ（たくさん）にぎったど思ったっけ（思ったら）、髪ほどいで、ほどいだど思ったっけ（思ったところ）、髪の中から、おっちぐさげだ（大きく裂けた）おばげ（お化け）みだいな口だして、やぎめしを、ポンポンといれだんだど。そして、しゃね（知らない）ふりして、もどのとおりに、髪ちゃんとしたんだど。

そいづ見で（それを見て）、ごでさん（だんなさん）がたまげで、

「そい（そんな）な嫁ご、おがいね（置かれない）」

ど思って、出して（追い出して）やったんだど。

んだがら、欲たがりすんでねぇんだど。

† 類話35・63・71・73・79・102・132

74 和尚と小僧——フーフー、パタパタ

昔話 和尚と小僧—小僧改名
語り手○母 宮城県石巻市東福田 昭和二年生 四十九歳

　むがし、ある寺に、和尚さんと小僧がいたんだどさ。その和尚さんが、まいにち夜おそくなってがら、餅を焼いで食うんだど。あるとき、ふたりの小僧こらが、餅を焼いでいる（焼いている）ところを見てたんだど。そしたら、和尚さんが焼いた餅ば、「フーフー」とふぐ（吹く）んだどさ。そんで手で、「パタパタ」と、ただくんだど（叩くんだって）。

　そいづを見だ小僧こら（小僧たち）が、つぎの日、和尚さ（に）、

「おらだちの名前、つけでけさい（つけてください）」

と言って、

「ひとりは、『フーフー』と、もうひとりは、『パタパタ』とつけでけさい（ください）」

とたのんだ（頼んだ）んだとさ。小僧っこらが、餅を食いだくて（食いたくて）、そいなごど（そんなこ

と）を言いだしたども（そんなことを言いだしたけれども）、しゃあねぇ（知らない）和尚さんは、すぐに承知したんだどさ。

その日、夜おそくなって和尚さんが、いづものように、餅ば（を）焼きはじまったんだどさ。

そしたっけ、また、

「フーフー」

と言ったんだどさ、そしたら、ひとりの小僧こが、

「はいはい」

と言って、

「和尚さん、なにっしゃ（なんですか）」

と出はって行ったら、

「おめだち（おまえたち）に、かせっぺ（食わせようと）と思って、焼いてたんだ」

と言って、そして、和尚さんが、

「パタパタ」

とはだいだら（叩いたところ）、もうひとりの小僧こが、

「はいはい」

と出はってきたんだどさ。そんで和尚さんが、

「おめだちに、かせっぺと思って、焼いだんだから、食わい（食べなさい）、食わい」

と言(い)ったんだと。

† 類話74・123（61・122・125も参照）

〈語る・聞く〉

73・74は、母から聞いた話である。小さいころ、母の父が寝床で話してくれたという。母の生まれた地域では、昔話を「むがしがたり」といい、寝床で語るのが普通であった。「むがしむがし」ではじまり、「そんでもぞっこさげだどさ」で語りおさめた。

なお、聞き手が叔母に聞いたところ、登米市では「むかし」「むかしがたり」といい、やはり寝床で語り、「むかしむがし、あっとこになぁ」ではじまり、「もぞさげねぇなぁ」でおさめる。「かわいそうだなぁ」という意味だという。岩手県江刺(えさし)市では「どんとはれ」でおさめる。聞き手は三地域とも、「そしてしゃ（それから）」「それがらっしゃ（それから）」「そのあど、なじょなったの」「そのあど、なじょしたの（そのあと、どうしたの）」という。登米(とめ)市登米(とよま)町では、昼に昔話をすると、「ねずみにかれっとやぁ（ねずみに食べられるんだって）」といって語らない。

75　眉の役目

昔話　目と口の喧嘩
語り手〇祖母　宮城県石巻市（旧・桃生郡）　明治三十三年生　七十四歳で逝去

まだ私（聞き手）が小学校にはいる前、おばあちゃんが生きていたころ、私が自分の顔をきれいにしようと、顔をそっていました。まだ小さかったころなので、うまくそれず、私は眉をずいぶん切ってしまったのです。私は、なんかおもしろくなくなって、眉をかたほうだけ、ぜんぶそり落としてしてしまったのです。そして、家の人にたいへんおこられてしまいました。その夜、おばあちゃんと寝たとき、こんな話をしてくれたのです。

むかしむかしのはなす。人間のからだどうしで、けんかをすていだんだとさ（していたとさ）。そすと（そうすると）、けんかのながみ（中身）は、自分だぢが、一番やぐにたぢんだ（役に立つんだ）、っていうけんかだったんだ。

目は、「目が見えなぐなったら、こんなに不自由なごとはねえど（ことはないぞ）」

耳は、「人間が耳聞こえなぐなったら、この世のなんにも聞がいねぐなんだど（聞けなくなるんだぞ）」

鼻は、「もし、おいが（おれが）いねがったら（いなかったら）、人間は、においかぐごどでぎなぐなって、いき（息）するごともでぎねぐなんだど（できなくなるのだぞ）」

口は、「もし、わたしがいなぐなったら、人間は、食うごどができなぐなるんだよ」

みんながけんかしているどぎ、眉はなにも言うごどができませんでした。眉は自分自身で知っていだがら、自分がやぐ（役）にただないのば（たたないのを）、眉はばが（馬鹿）にされたんだ。

「あんだ（あなた）、なぬ（なに）やぐにたづのや。あんだいなぐなっても、人間は、ぜんぜんこまんねんだど（困らないのだよ）」

って。眉は小さくなって、みんながら（から）背をむげだ（向けた）んだとさ。

そして、みんなやぐにたづ（役に立つ）、っていうごとで、みんな自分の席についだんだど。

そすたら、顔がうんとおがすねごと（おかしいこと）に、みんな気がついだんだどしゃ（気がついたということだ）。

「そうだ、眉がいねんだ、やっぱり人間の顔はみんないるんだ（必要なのだ）。だれもやぐただねのなんていねんだ（役に立たないものなんてないんだ）」

と目が言ったら、みんな、

「んだんだ（そうだそうだ）」

って言って、眉は、またみんなどいっしょに、なかよしになったんだどしゃ。

76 雨もりぽつり——古屋のもり

昔話　古屋の漏り
語り手○祖母　宮城県石巻市（旧・桃生郡）　明治三十三年生　七十四歳で逝去

やはり私（聞き手）が小学校にはいったか、はいらないかのときの話で、おばあちゃんといっしょにねむったときです。

むかしむかし。おじいさんとおばあさんが、いだんだどしゃ。その日は雨が降っていで、おばあさんが、

「この世で、とら（虎）ほどおっかねものはねぇよな、じいさん」

と言いますた（言いました）。じいさんは、

「んだんだ」

って言いますた。

それば（それを）、とらは聞いでいで（聞いていて）、にこにこすて（して）いました。

そすたらばあさんが、

「いや、一番おっかねのは、雨もりぽつりでねがや（ではありませんか）」

と言いました。じいさんは
「そうだがもしれね」

といいました。

それを聞いていたとらは、

「この世で、おれよりこわいものがあるとは、一回勝負しねくてねぇな（しなくてはならないな）」

と思って、その雨もりぽつりどは（とは）、どういうんだが（どういうものだか）知らなくて、じいさんだぢ（じいさんたち）のいうのを待ってますた。そすたら、

「じいさん、雨もりぽつり来た。にげろ」

と、ばあさんはじいさんに言って、ふたりでにげますた。

それを聞いだとらは、このときばかりと、じいさんどばあさんがいだどごろへ（居た所へ）行ったげっと（行ったけれど）、なにひとつついませんでした。しかだなぐ（しかたなく）、

「まだ（また）、ででくっぺぇ（出てくるだろう）」ど、とらは思って、待ってました。しかし、なん時間待っても、その、おっかねぇものは来ません。しかだなぐなって、とらはねで（寝て）しまいますた。

そすて（そして）目がさめだ（覚めた）どき、じいさんとばあさんのうち（家）は、水びだす（水びたし）になって、とらはあぶねぐ（あぶないところで）死ぬどご（ところ）ですた。そしてとらは、死にそうになってにげでいきました。

† 類話60・76

〈語る・聞く〉

75・76は、小さいころ祖母から聞いた話を思い出して書いたもの。75は、佐々木徳夫『遠野の昔話―笹焼蕪四郎―』（ぎょうせい、一九九〇年）に「眉の役目」の題名で載っている。また『大平悦子の遠野ものがたり』（『新しい日本の語り』第2期第6巻、悠書館、二〇一四年）にも。

77 カチカチ山

昔話 かちかち山
語り手○女性 宮城県石巻市相野谷 明治三十六年生 七十三歳

むがすっさ、ある村さ、やさすいずんつぁまど（やさしいじいさまと）、ばんつぁま（ばあさま）が、いたんだどっさ。ふたりは、まいぬづ（毎日）あそびさ来る山のうさぎば（を）、めんこがって（かわいがって）いだんだどっさ。山のいだずらたぬぎが、いっそ（いつも）、人ばばがぬばりすて（人をばかにばかりして）だんだどっさ。はだげをほずぐりがえす（畑を掘じくり返し）たり、豆ば（を）ぬすんだりすてだがら、いだずらたぬぎを、ずんつぁまが、つかまえで、たぬぎばつるすて（つるして）、ぬわさ（庭に）、おいだんだどっさ（置いたということだ）。

ずんつぁんが、山さ行ってくるあいだ、ばんつぁんさ、

「なんぼたぬぎに、ばかにさいでも（されても）、縄ほどぐんでねぇど」

ってゆ（言）ってったんだと。

　そすたら、たぬぎは、ずんつぁんが、いねぐなったどぎ、

「おいおい」

ど、うそなぎはずまった（嘘泣きが始まった）んだど。ばんつぁんが、

「たぬぎや、たぬぎ。なすて（どうして）、ないでんのや（泣いているのか）」

って、ゆ（言）ったっけ、

「ばんつぁまさ、粉つぎてづだいてくて（粉つきの手伝いしたくて）、ないでんだ（泣いているのだ）。だがら、縄ほどいでけろ（ください）」

ってゆ（言）ったんだど。ばんつぁんは、

「縄ほどぐど、ずんつぁんにおごらいる（おこられる）」

って、言ったらば、

「ずんつぁん、来たらば、まだ、縄ですばれば（縛れば）いい」

ってゆ（言）ったんだど。そいで、縄ほどいでやったら、たぬぎが粉つぎするふりすて、ばんつぁんのあだまはだいで（頭たたいて）、ころす（殺し）たんだどっさ。

　たぬぎは、ばんつぁんに、ばげで（化けて）、ずんつぁんさ、ばんつぁんのぬぐ（肉）、ぬで（煮て）、

「たぬぎじる（狸汁）だ」

ど、ばがにすて（ばかにして）、かせだっけ（食わせたら）、ずんつぁんが、

「このたぬぎじる、すこす（少し）、おがすいあじすっと（おかしい味がするぞ）」

ってゆったら、たぬぎは、

「ばれだ（ばれた）」

ど思って、ぬげ（逃げ）ながら、

「ばんば（ばあさん）食って、めがった（うまかった）、ばんば食って、めがった」

ってゆっていたんだど。そこさいで（にいて）、聞いでだ（聞いていた）うさぎが、おごって（怒って）、

「ばんつぁんころすた（殺すとは）、たぬぎゆるさねぇ（たぬきを許さない）」

ってゆったんだと。

　あっとき（あるとき）、うさぎは、たぬぎを、すんばかりさ（芝刈りに）、さそったんだど。そすて、すばしょった（芝を背負った）、たぬぎのうっしょさ（後ろに）行って、火つけっと（火をつけようと）思って、

「カチカチッ」

と、ひうづいす（火打ち石）をならすたら（鳴らしたら）、たぬぎが、

「うさぎさん、うさぎさん、カチカチいうのは、なんだべや（なにですか）」

ってゆったんで、

「ここは、カチカチ山だから、カチカチなるんだ」

ってゆったそうだ。そすてるうづに（そうしているうちに）、すば（芝）が、

「ボウボウ」

もえで（燃えて）きたんだど、

「うさぎさん、うさぎさん、ボウボウいうのは、なんだべや」

って、たぬぎがゆったがら、

「ごごは、ボウボウ山だがら、早ぐ、やべ（行こう）」

ってゆったんだけど、そのうづ、たぬぎのせなかが、もえで（燃えて）、やけどすたんだど（したとさ）。

そごでうさぎが、

「やげどさつけるくすり、つけでけっから（付けてあげるから）」

ってゆって、なんばんこ（とうがらし）つけたんだど。たぬぎのせなかは、ビリビリどいでくて（痛くて）、ぬげで（逃げて）行ったんだどっさ。


あっとぎ（あるとき）、まだ（また）、うさぎがたぬぎをさそって、さがな（魚）とりさ、さそったんだどっさ。うさぎは、木の舟さ乗って、たぬぎはどろ舟さ乗せで行ったんだど。そすて、うさぎが、

「たぬぎさん、たぬぎさん、川のまん中さ、行ったら、ふねば（舟を）、うんとこさ（たくさん）、はだがいんよ（たたきなさいよ）」

ってゆ（言）ったんで、おもいっきり（思いっきり）、はだいだっけ、どろ舟がこわれで（壊れて）、たぬぎは、ブクブク、おぼれで、すまったんだどっさ（しまったとさ）。

「ばんつぁんのかだぎ（敵）、おもいすれ（思い知れ）」

って、うさぎがゆったんだど。

めでたす、めでたす。こんで、ぼんつこ、さげだんだどっさ。

†　類話16・77

78　二人(ふたり)のおじいさん——地蔵(じぞう)の浄土(じょうど)

昔話　地蔵浄土
語り手○女性　宮城県石巻市相野谷　明治三十六年生　七十三歳

むがすなぁ、あるどごろに、まずめな（まじめな）、はだらぎ（働(はたら)き）者(もの)のずんつぁま（じいさま）が、あったんだと。朝(あさ)に庭(にわ)はぎすてだっけ（庭掃(にわは)きをしていたら）、ひとつぶの豆(まめ)っこが、穴(あな)の中(なか)さ、おってったんで（落(お)ちて行(い)ったので）、いだますくて（もったいなくて）、その豆(まめ)のあどば（あとを）、おっかげだっけ（追いかけたら）、ずぞう（地蔵）さんが、あったんだど。

　そこでおずんつぁんが、

「ずぞ（地蔵）さん、ずぞ（地蔵）さん、こごさ、豆、ころげで（ころがって）こねがったべが（こなかったでしょうか）」

って聞いだっけ、

「わがんねがら（わからないから）、となりのずぞ（地蔵）さんさ（に）、聞げ」

ってゆ（言）わいだので、まだ、すこす（少し）行ぐど、ずぞ（地蔵）さんが、あったので、

「ずぞ（地蔵）さん、ずぞ（地蔵）さん、こごさ（ここに）、豆、ころげでこねがったべがや」

ってゆったら、

「その豆だら、おい（私）が食ったや（食べたよ）。その豆、そんなにだいず（大事）な、豆だったのが（のか）。んだらば、そのかわりに、こごさ、どろぼうが、来っから、おい（私）のあだまの上さ、あがって、夜があげだら、にわどりのなぎ声のまねっこすろ（まねをしろ）」

とおすえらいだ（教えられた）。そごさ（そこに）、どろぼうだぢが、ぞろぞろと、やってきて、金勘定をはずめだ（始めた）んだど。夜のあげだのもわがんねで（わからないで）、金勘定すてだっけ、ずんつぁんの、

「コケコッコー」

の声で、どろぼうだぢが、

「夜が明げだ」

ど思って、じぬ（銭）をのごして（残して）、にげでいったんだど。そして、そのじぬ（銭）をもらって、おがねもづ（お金持ち）になったんだど。


　となりのよぐたがり（欲たかり）じいさんが、それを聞いで、わざと穴の中さ、豆をいれで（入れて）、ずぞ（地蔵）さんさ聞いだんだど、

「ずぞ（地蔵）さん、ずぞ（地蔵）さん、こごさ、豆、ころげてこねが（こないか）」

ってゆったっけ、

「わがんねがら（わからないから）、となりのずぞ（地蔵）さんさ（に）、聞げ」

といわいだ（言われた）ので、まだすこす行ぐど、ずぞ（地蔵）さんがあったので、

「ずぞ（地蔵）さん、ずぞ（地蔵）さん、こごさ豆、ころげてこねがったべがや（こなかったでしょうか）」

ってゆったっけ、

「その豆だら、おい（私）が食ったや。その豆、そんなに、だいず（大事）な豆だったのが（のか）。んだらば、そのかわりに、こごさどろぼうが、来っから、おいの頭の上さ、あがって、夜があげだら、にわどりのなぎ声のまねっこすろ（まねをしろ）」

と、おしらいだ（教えられた）。そごさ、どろぼうだぢがぞろぞろ来て、金勘定はずめだした（を始めだした）。よぐたがり（欲たかり）ずんつぁんが、夜をあげん（明ける）のを、まつかねで（待ちかねて）、

「コケコッコー」

の声(こえ)をあげだ。そすたら、どろぼうだぢは、きんの(きのう)も〔にわどりが〕鳴(な)いだが、夜(よ)があげねのに(明(あ)けないのに)、鳴(な)いだので、どろぼうだぢは、

「おかすい(おかしい)」

どゆって、ずぞ(地蔵(じぞう))さんの頭(あたま)を照(て)らすたら、よぐふか(欲(よく)ふか)ずんつぁまが、あがってだ(上(あ)がっていた)ので、ふぐろだだき(袋叩(よくろたたき))に、されだどさ。

† 類話62・78・118・148

79 食わない嫁

昔話 食わず女房―蛇女房型
語り手○女性 宮城県石巻市相野谷 明治三十六年生 七十三歳

むがすっしゃ（昔ね）、はだらぎもの（働き者）のわげもの（若者）が、一人ぐらしで、いだんだって。あっとぎ（あるとき）、きれいなおなご（女の人）が、

「おいどご（私のことを）、お嫁にしてくれ。ごはんもなにも、食べずにはだらぐがら（働くから）」

と言って、ぎりぎり（むりやり）、そのわげもののうづ（家）へ、へりごんだ（はいりこんだ）んだって。そして、そのわげものがはだらぎさ（仕事に）行って、けってくっと（帰ってくると）、米もごはんも、さっぱどねぐなって（すっかりなくなって）んだど。ほんで、そいづをふしぎだと思っても、一生懸命、はだらいでだんだと。

あっとぎ（あるとき）、あんまり、ふしぎに思って、はだらぎさいぐふりすて（働きに行くふりして）、うづ（家）の中のようすを、うががったら（窺ってみると）、そすたら（そしたら）、そのおなごが、大

釜さ、米をどっさりといで、ごはんをたいで、おにぎりを、どっさり山のように、つぐって（作って）だんだと。なにすっ（何をするのか）と思って、見でだら（見ていたら）、山になってだ（なっていた）おにぎりを、見るど（見ると）、口が三つもあり、（顔の）前と後ろどひたいのそばさ（に）、あった口に、おにぎりをみな、つめごんだのを見で（つめこんだのを見て）、

「ばげものだ」

って大声をあげですまったんだど。そすて、わげもの（若者は）山さにげだんだと。そすたら、そのばげものが、

「待ってろ、待ってろ」

って、追いかげできたんだど。そのばげものの足がはえくて（早くて）、あわや、おしえらい（押さえられ、つかまり）そうになったが、そごさ（そこに）、水たまりがあってね、そごに、草がおがってだどこさ（はえていたところに）、かぐれだんだって（隠れたんだって）。そすたっけね（そうしたらね）、その草がね、においがはげすく（激しく）てね、そのばげものが、そばさ、こらいねがった（来られなかった）んだって。そんで、そのばげものが、そっから（そこから）、しゃって（去って）行ったんだって。

そのわげもの（若者）がね、その草のためにたすかったので、その草をかって持っていって、うづ（家）のまわりさ、みんな（どこにもここにも）、おいでだ（置いていた）んだって。それがらそのばげものが、こねぐ（来なく）なったんだって。

その草《くさ》が、いまでいう、しょうぶのごどで（菖蒲《しょうぶ》のことで）、いま、玄関《げんかん》だのさ、さしておぐ（挿《さ》して置《お》く）魔《ま》よげ（除《よ》け）になってんだどっしゃ（なっているんだって）。

† 類話35・63・71・73・79・102・132

80 月《つき》は姉《あね》、星《ほし》は妹《いもうと》

昔話 おぎん・こぎん
語り手○母 宮城県石巻市相野谷 大正十五年生 五十歳

むがす、女《おんな》の姉妹《しまい》がいで、ちゃっこいうづ（小《ちい》さいうち）に、おっかさんが、すんで（死《し》んで）しまって、あど（後《あと》）がら来《き》た、おがっつぁん（お母《かあ》さん、継母《ままはは》）にいびらいで（いびられて）、ごはんもろぐに（ご飯《はん》もろくに）、かしらいねで（食《く》わせられないで）、いずめらいで（いじめられて）、家《いえ》をださいで（出《だ》されて）すまって、なぐなぐ（泣く泣く）山さ行ったどごろ、そすたどごろ（そうしたところ）、しゃがあだま（白髪頭）のおずんつぁん（おじいさん）が来て、

「見れば、女の子、ふたりで、どごさいぐ（どこへ行くんだ）」

って、ゆ（言）わいだ（言われた）から、

「これこれ、こういうわげで（わけで）、おっかさんに、いびらいで（いびられて）家ださいだの（家を出されたの）」

って、言ったらば、すたらば（そうしたところ）、

「おまえだづどご（おまえたちを）、いいどごさ（よい所に）、つれでいぐがら（連れて行くからね）」

って、ゆ（言）わいだんだど。

そのおずんつぁんは、ほんとうは神さまだったんだど。そすて（そして）、おねえさんのほうは、お月さまで、妹のほうは、お星さまになって、すやわせ（幸せ）に、暮らすたんだどっさ。

† 類話19・80・137

81 鉦たたきと屁ったれ

昔話 〔くらべ話〕
語り手〇母 宮城県石巻市相野谷 大正十五年生 五十歳

あいね（あのね）、むがしね、わげものだづ（若い者たち）が、自分のじまん話ばり（ばかり）、すて（して）だんだど。あっとぎ（ある時）ね、

「〔おまえは〕鉦っこはだぐくせ（鉦をたたくくせに）、屁、たいにいが（屁をたれることはできないのか）」

ど、なったんだど。

「んだらば（それならば）、競争すっぺ（しよう）」

ど、言ったんだど。そんで、

「よい、どん」

で、はずまって（始まって）、鉦っこはだぎ（鉦をたたく若者が）が、

「カンカラ、カンカラ」

ど、はだぐんだど。屁ったれは、

「ブッ、ブッ」

って、歩ぐんだど。

川へさしかがったっけ（さしかかったところ）、さきのうち（さっきまでは）、鉦っこは、鳴ってだっけ（いたのに）、背のとどがねどごさ（とどかない所に）行ったっけ（行ったら）、水にかがって（水がかかって）、鉦っこが、鳴んねぐ（鳴らなく）なったんだど。屁ったれは、川（川の中でも）でも屁が、

「ブグ、ブク」

って、うき上がってきて、屁ったれが勝ったんだどっさ。

どの人もみんな、鐘っこただぎが、屁ったれに勝づものだど思ってだっけ（思っていたが）、屁ったれが勝ったがら、みんな、たまげだんだと（びっくりしたんだって）。

ほだがら（そういうわけで）、なんでも（何事も）、やってみねげ（みなけりゃ）、わがんねもんだ（わからないものだ）。おもしがったべ。（おもしろかったろう）

82　どっこいしょ

昔話　物の名忘れ―団子婿型
語り手○母　宮城県石巻市相野谷　大正十五年生　五十歳

昔ね、ちょっとね、あだまのわり（頭のわるい）嫁ごいだんだど。しゅうとめがが（姑である義母）に、

「となり村さ、よったすさ（用たしに）、行ってこ（行って来い）」

って、ゆわいで（言われて）行ったんだど。そごの家さ行ったっけ（行ったところ）、

「よぐ来たなぁ」

って、ゆわいで、おはぎ出さいだ（出された）んだど。そいづ（それ）がとっても、めがった（うまかった）ので、

「こいづ（これ）、なんてものっしゃ（なんというものですか）」

ってきいだっけ、

「こいづ、ぼだもづ（ぼた餅）だ」

ど、おしらいだ（教えられた）ので、わしねべど（忘れないようにと）思って、玄関から出っとすぐ、

「ぼだもづ、ぼだもづ」

って、ゆ（言）って行ったんだど。行ぐとちゅうに、堀っこ、あったんだど。

「どっこいしょ」

って、まだいだら（跨いだら）、こんどは、「どっこいしょ」になって、うづ（家）さ来て、

「とってもめがったから、おがっつぁん（お母さん）、おらい（私の家）でも、どっこいしょこしぇでけろ（作ってください）」

ど、なった。

† 類話23・34・82

83 漬け物の風呂

昔話 たくあん風呂
語り手〇母 宮城県石巻市相野谷 大正十五年生 五十歳

こんど（今度の話はね）、となりのうづ（家）で、ごはんかしらいだ（食べさせられた、ごちそうになった）んだど。そごで、膳の湯（お吸物）が、出だんだど。あっつくて（熱くて）、飲まいねがった（飲めなかった）んだど。そんで、

「なっぱづげ（菜っ葉漬け）いれで（入れて）飲むど、飲むにいがら（飲むにいいから）、やってみろ」

って、おしらいだ（教えられた）んだど。

うづ（家）さ行って、ふろさ（風呂に）、へったっけ（はいったら）、うんと、あづがった（熱かった）んだど。そんで、ばが（馬鹿）嫁ごが、みずや（台所）さ行って、つけもの（漬物）をどっさり持って来て、ふろさ（に）どっさりいれで（入れて）、はいったんだど。

84 豆の綱引き

昔話　物の名忘れ
語り手○母　宮城県石巻市相野谷　大正十五年生　五十歳

その嫁ごが、納豆売りにやらいだっけ（行かせられたら）、納豆っていうごど（納豆であることを）、されわすれ（すっかり忘れ）、

「豆の綱ひぎ（綱引き）、どでがすぺ（いかがでしょうか）」

ってゆ（言）ったんだど。

〈語る・聞く〉

77・78・79は近所のおばさんが語ってくれた昔話。80・81・82・83・84は、聞き手（学生）の母が語ってくれた昔話である。

母の両親は、小学校の二年生ころまで寝床でよく昔話をしてくれたという。昔話は「寝ものが

たり」といった。「むがしなぁ、あるどごろさなぁ」「むがすなぁ」と語りはじめ、「〜となったんだとさ」「そうだったんだどさ」「ぼんつこ、さげだんだどっさ」でおさめた。語り手は、話の切れ目で「あったんだどさ」「そすてなぁ」「ほだがらなぁ」と合いの手を入れ、聞き手は「うーん、そすては、おばんつぁん（ふーん、それからどうなったの、おばあちゃん）」「あどは、おばんつぁん（その後どうしたの、おばあちゃん）」と相づちを打った。一家のうちで祖母そして祖父がよく語った。

85 一皇子宮（いちおうじぐう）

伝説
語り手○
宮城県石巻市吉野町

建武（一三三四〜一三三六）の昔、護良親王が、淵辺伊賀守義博とともに、鎌倉の土牢をのがれ、淵辺のはからいで、海路ひそかに、石巻に落ちのびられましたが、間もなく崩ぜられたと、伝えられています。一皇子宮（石巻市吉野町）の社の後ろの円墳は、宮（護良親王）の御陵であると伝えられ、付近には、御所入・御所浦・御隠里などの地名が残っています。

86　ぬれ仏さま

伝説　宮城県石巻市雲雀野町
語り手○

ぬれ仏さま（石巻市雲雀野町　雲雀山濡仏堂　濡仏釈迦如来尊像）は、高さ二メートルの銅像の露仏です。京都で鋳造して、海路で石巻へ送る途中、銚子沖で船が遭難して、海中に沈みましたが、数十年をへて、現在の場所へ漂着したと伝えられます。全身が湿潤の色をしているところから、人々に、ぬれ仏さまと称され、船舶安全、大漁守護とされています。

87 大島神社のかっぱ神

伝説
語り手○
宮城県石巻市住吉町

昔、川で子どもが泳いでいたら、かっぱに足を引っぱられて、お尻からきもを抜かれ食べられたという言い伝えがあります。そこで、かっぱに子どもを食べられないため、好物のきゅうりを、大島神社（石巻市住吉町）のかっぱ神にそなえ、それを北上川に住むというかっぱにあたえて、川で泳いでも、足を引っぱられないように、毎年、七月十五日に、きゅうりを北上川に流すということが、現在でも行われています。

〈語る・聞く〉

85・86・87は、77～84の聞き手である学生が調べた伝説。おそらく現地の掲示板や印刷物などを読んで、そのまま引用したか、自分なりにまとめたものと思われる。出典を探したが見つからない。これも伝説の資料とみなして掲載することにした。

88 鬼ばばのような継母

昔話　継母の化け物
語り手〇祖母　宮城県石巻市北村　明治三十六年生　七十三歳

むがす、あるどごろに、鬼ばばあごげがががどごさ（鬼ばばのような後妻、継母のところに）、ほんとのがぁさまの子どもど（先妻の子と）、鬼ばばの子ども（後妻の子）がいで、〔鬼ばばは〕ほんとの子どもさばかり（自分の子にだけ）、なにが食わせたり（何かおいしいものを食べさせたり）、着せだり（きれいな服を着せたりして）、ほんとのがぁさまの子ども（先妻の子）にはなにも着せねの（着せないの）。

夜ぬなっと（になると）、かぼぢゃ（カボチャ）の顔つぐって（作って）、べろ（舌）は、こんにゃぐのべろ（こんにゃくで作った舌）で、毎晩、そのしょで（先妻の子の弟、舎弟）の顔、べろべろなめだんだど。

おっかなくてわがんねがら（怖くてしかたないから）、その子ども、学校さいぐたびぬ（行く度に）、青ぐなってる（青くなっているんだよ）。先生ぬ（に）、

「なすて（どうして）青ぐなってる（いるのか）」

と聞かれで、

「そういうごど（そういう怖いことが）あった」

って言って、〔そのため事情を知った先生が対処してくれたので〕ごげがが（鬼ばばのような後妻）、おい出さいで（追い出されて）、すまったんだど。

89 北村(きたむら)の桃太郎(ももたろう)

昔話 桃太郎
語り手〇祖母　宮城県石巻市北村　明治三十六年生　七十三歳

桃太郎(ももたろう)、北村(きたむら)で生(うま)れだんだどや。ほてな(それでね)、おずんつぁんがな(おじいさんがね)、奈羅山(ならやま)(石巻市北村)さ、しばかりさ(柴刈りに)行ったんだどや。おばんつぁんが、なんだどや(どういうわけか)、定川(じょうがわ)(石巻市前谷地)さ(の)しんたぐ(新宅)さ行ったんだどや。ほてな、定川の上流から、桃流れで来たんだどや。桃しょってってや(桃を背負って行ってね)、ほてな、さいで(割いて)見だりば(見ると)、桃太郎ででき(出て来た)たんだどや。

ほていな(そしてね)、おぬがすま(鬼が島、金華山のこと)がらや(からね)、そっから(そこから)おぬ来(く)んので(鬼が来るので)、おぬたいずぬ(鬼退治)行ったんだどや。おずんつぁんとおばんつぁんが、おぬたいずぬ行ったんだどや(行ったということだ)。

そすて、おぬたいずぬ(鬼退治に)いったどぎ、そすて(そして)、さいしょぬ(最初に)犬(いぬ)、出(で)できたのは、とうぼいざが（遠吠坂、石巻市北村泥吠）から来た。すこす（少し）行って猿は、猿田（石巻市北村）、そのつぎ、きず（雉）は、鳥巣（石巻市北村）。そすて金華山（石巻市の沖にある島）で、おぬたいず。おぬが降参すた。そすて、たがらもの（宝物）をうめだ（埋めた）のは旭山（石巻市北村朝日）の、通称どどめき沢。どどめき沢のどごさ（ところに）、たがらものがうまってるのを桃太郎がもらった（埋められている宝物を桃太郎がもらったのだよ）。今でも、そごさ行って〔土を〕ふむど（踏むと）、なが（中）が、からなってる（空になっている）音する。

たがらものをはごんだどごろが、俵庭（石巻市北村）の米倉、そごさ、〔桃太郎が〕持ってきたんだどさ。今でも旭山ぬ（に）、桃太郎神社がある。

〈語る・聞く〉

88は、語り手（学生の祖母）が幼いころ、その祖母から聞いた話。89は、終戦直後、明治二十年代生まれの郷土史家（男性）から学生の祖母が聞いたという話。桃太郎ではなく、おじいさんとおばあさんが鬼退治に行ったことになっている。なお、あとに載せる96も、88と同じように祖母から聞いた話であるという。その祖母は彼女の祖父から聞いたという。代々語り継がれていることがわかる。

この地域では、昔話を「むがすばなす」といい、子どもを寝かせるとき、寝床の中で語った。雪の降る夜は、いろりを囲んで語った。「むがす、むがす」で語り出し、「〜だったとさ」「〜だどさ」でおさめた。語りの切れ目に、「〜ねぇ」「そすてさ」と入れると、子どもたちは「うん、

「うん」と相づちをうち、「そすてはぁ（それからは）」「あどは、あどは（あとは、あとはどうなったの）」と続きをせがんだ。語るのは、おもに祖父・祖母であった。

90 山男にさらわれた少女

世間話
語り手○伯母　宮城県石巻市湊町　明治四十四年生　六十五歳

むかし、石巻の川岸っていうか、中町（石巻市中央）っていわれていたところだけど、その近くになんとかいう米屋に、子守をしていた女の子がいたんだね。

そんで（それで）ある日、その子守が、店の赤んぼうをおんぶして出たっきり、夜になっても帰ってこながった（来なかった）から、その店の人たちは心配して、どごへ行ったんだいと、一生懸命さがしても、見つからなかったんだと。

そして、しばらくたって、まぁ、なん年かあとのことだけど、やっぱり石巻の人が、山になにか採りに行ったんだと。むかしのことだから、きのこでも採りに行ったんだね。その人が、道にまよって歩いていたところ、一軒の家を見つけたんで、おそるおそる、近よって行って見たら、中年の女の人がいたんで、

「なんと、こんなところに女の人がいるのか」

と、不思議がったんだと。そして、その男が、

「自分は石巻の、これこれというところから来たものだ」

と言うと、その女が、

「私も、もとは中町の米屋の子守をしてで、川岸で猿だか山男だかわかんねぇ人に連れ去られたんで、なんだか、その人のいいなりに、いついて（居着いて）しまった。私はもう帰れないが、あんただけでも、いま、男が出かけているから、早く帰りなさい。そして、私のことを中町の米屋に伝えてけれ」

って言って、その人を帰したんだと。で、その人がどうなったかもわかんないし、さがしに行ったんだか、行かないかもわかんない。

やっぱり、これは、「子どもは夕方、おそくまで、そとで遊ぶな」ということだかもしれねぇよ。小さいとき、よく夕方まで遊んでいると、

「猿みたいな山男に山へ連れて行かれる」

と、おどされた思い出がある。

91　ねこの踊り

昔話　猫の秘密
語り手○伯母　宮城県石巻市湊町　明治四十四年生　六十五歳

むかし、袋谷地（石巻市水明北・水明南）にねご（猫）の好きな人がいたんだと。その人は、一人で暮らしていたんで、まぁっ、子どももいなかったんだべね（いなかったのだろうね）。そんで、三味線やおどり（踊り）が好きで〔猫と暮ら〕していたんだと。

そしたら、ある日の夜なかに、ねご（猫）がおきだして、おどったり歌ったりしたんだ。歌うっていっても、ねご（猫）が小唄を歌ったんでなくて、なんとなくそう聞こえたんだろうけど、まぁ、そういうことから、ねご（猫）がその飼いぬしの人を寝させながった（寝させなかった）んだと。

ねご（猫）は、たたりが恐ろしいんだから。なんで、ねご（猫）が飼いぬしをおごした（起こした）と思う。まぁっ、ねご（猫）っていうものは、昼間はたいてい寝ているような生ぎ物なのに、その主人が歌やおどりを教えたもんだがら、こんどはねご（猫）が夜、飼主をおごして、寝させないようにしたんだ。んだから、ねご（猫）なんかに芸ごとを教えるのはやめろっていう意味と、ねご（猫）のたたりの恐ろしさを教えているんだ。

〈語る・聞く〉

90・91は、聞き手の伯母（母の十歳年上の姉）が小さいころ聞いた話を、思い出しながら語ってくれた。その昔、夕飯のあとや、いろりのそばで両親が語ってくれたという。両話とも、子どもへの教訓が含まれているが、不思議な話になっており、主人公を動物にしたりして、それとなく教え諭している。

92 小僧と山ばんば——三枚の札

昔話　三枚のお札
語り手○祖母　宮城県東松島市大曲　明治三十四年生　昭和四十七年没　七十一歳

むがすむがす、ある山にお寺があったんだと。そのお寺には和尚さんと小僧さんがすんでいたんだと。あるとき、和尚さんは小僧さんに、

「となりの山の和尚さんのところまで、このふろしぎづづみ（風呂敷包み）をもっていっく（行く）ように」

と言ったんだと。そして、和尚さんは小僧さんに、ふろしぎづづみと三枚のお札をわだすた（渡した）んだど。そすて、和尚さんは、

「もす（もし）、山のながで、やまばんばや、おっかないものにあったときに、そのお札をなげつけで、『海がでろ』と言えば、海が出てくるから」

と言ったんだと。

そすて、小僧さんは出かけて行って、ふろしきづづみをわだして、かえってくるころには、もうくらぐ（暗く）なっていたんだと。そのうちに、道にまよってしまったんだと。そすたら、むこうにちっちゃなあかりが見えてきたので、近づいて行くと、小さな家があったんだと。そすて、ながにはいってみると、やさしそうなおばあさんが一人で、ろばたの前にすわって、なにかうまそうなものをつくっていたんだと。そこで小僧さんは、おばあさんに、

「道にまよってしまったので、ひとばんとめてください」

とたのんだら、おばあさんは、こころよく、

「道にまよったんなら、たいへんだろう、さあ家にあがって食べらいん（お食べなさい）」

と言って、食事をくれて、とめてくれたんだと。

小僧さんが、とこ（寝床）にはいって、しばらくしてから目がさめると、となりのへやから、すこすあがり（少し明り）がもれていて、へんな音がしたんだど。そこで、小僧さんがおきて、のぞいて見ると、やまばんばが、庖丁をとぎながら、

「あの小僧は、うまそうだなぁ」

と言ってだんだどしゃ（言っていたんだって）。小僧さんは、びっくりしたんだと。小僧さんはいろいろ考えて、やまばんばに、

「便所に行きたくなった」

と言ったら、やまばんばは、いっしょに便所までついてきて、小僧さんのこし（腰）に綱をつけて、

小僧さんを便所にいれたんだど、そすて、

「小僧、もういいか」

とさけぶので、小僧さんは、

「まぁだだよ」

と返事をして、お札を一枚だして、便所のかべにはって、

「どうか、やまばんばが『もういいか』と言ったら、『まぁだだよ』と言ってください」

とおねがいをして、綱をほどいで、便所の柱にむすびつけたんだと。そすて、まどからにげて、一生けんめいにげだんだと。やまばんばは、便所にむかってなんかいも、なんかいも、

「もういいか」

と言うと、お札がこれも、なんかいも、なんかいも、

「まぁだだよ」

とこたえるんだと。そのうちやまばんばは、しびれをきらして、綱を思いっきりひっぱったんだげども(引っぱったけれども)、小僧さんがぜんぜん出てこないので、また思いっきりひっぱったんだと。そすたら、便所の柱がぬけて出てきたんだと。それを見たやまばんばは、

「小僧、よくもだまして逃げたなぁ」

とさけんで、小僧さんをおっかげだんだと。

やまばんばは、足がえらくはやいから、小僧さんにすぐおいついてしまって、小僧さんにむかっ

てまた、

「小僧、まてぇー」

とさけんで、小僧さんをつかまえそうになったので、小僧さんは、またお札を一枚とりだして、

「大きい川になぁーれ」

と言って、やまばんばのほうになげつけたんだと。すると大きい川が、やまばんばの前にできて、さきにすすまれなぐなった（先に進めなくなった）んだと。

　だけっども、やまばんばは、川にざぶんととびこんで、川をわたってしまい、また小僧さんめがけて、おいかけてきたので、小僧さんはさいごの一枚を、やまばんばめがけて、

「高い山になぁれー」

となげつけると、そこに高く大きい山ができたんだと。するとやまばんばは、その山をかけのぼってしまい、また小僧さんをおいかけてきたんだと。

小僧さんは、いっしょうけんめい逃げているうちに、お寺が見えてきたので、むちゅうでお寺にかけこんで、戸をどんどんたたいて、

「和尚さん、やまばんばにおいかけられています。はやく戸をあけてください」

とさけんだんだと。和尚さんは小僧さんを中い（に）いれると、押し入れにかくしてしまったんだと。そすたら、そこにやまばんばがはいってきて、和尚さんに、

「小僧が今ここにはいってきたはずだ。どこにかくした」

とさけんだんだと。和尚さんはおちついて、やまばんばにむかって、

「ただではおしえない」

と言ったら、やまんばんばが、

「ほだら（それなら）、なぬすたら（何をしたら）おしえる」

と言ったので、和尚さんは、

「なぬがに（何かに）ばけて見せたら、おしえてやらんでもない」

と言うと、やまばんばは大きいばけものにばけて、

「どうだ」

と言うと、和尚さんは、

「大きいものにばけたんだから、こんどは小さいのみ（蚤）にでもばけてみせろ」

と言ったところ、すっかりとくいになって、

「よし」

と言うと、こんどは小さいのみにばけました。すると、すかさず和尚さんは、のみのやまばんばをつまみあげると、ゆびさきでつぶしました。こうして、やまばんばは、和尚さんに退治されてしまったんだどしゃ。

† 類話6・59・92・121・124・142

93 うば捨て山

昔話　姥捨て山―難題型
語り手〇祖母　宮城県東松島市大曲　明治三十四年生　昭和四十七年没　七十一歳

むがすむがす、あるところに、んーと親孝行のむすこと、とす（年）とったかあさんが、すんでいました。ふたりは、とってもなかがよく、しやわせ（幸せ）にくらしていたんだど。

ほだげっとも（そうだけれども）、あるとき、その国のお殿さまが、

「とすより（年寄り）は、なんのやくにもたたないから、山にすててしまうように」

言ったんだと。ほだがら、むすこは、しょうがなぐ（しかたがなく）、おかあさんを背中にしょって、捨てっさ（捨てに）行ったんだげっとも、どうしてもすてられなくて、とちゅうから、おかあさんをしょったまま、もどってきて、そすて、家のゆがした（床下）さ、たたみ二枚くらいの、ふかい穴をほって、おかあさんをかくして、くらすて（暮らして）いたんだど。

それからすばらくたってから、となりの国のお殿さまから、こっちの国のお殿さまに、すごぐ

むずがしいなぞを、かげて（掛けて）きたんだど。もす（もし）、そのなぞがとげ（解け）なければ、お殿さまは、すごいはじをかぐ（かく）ごとになってすまうんだど。そのなぞというのは、

「灰で縄をあんで、もってこい」

ということだったんだと。だげど、だれもこのなぞをとぐ（解く）人はいなくて、お殿さまは、国じゅうに、

「だれでも、灰で縄をあんでもってきたものには、なんでもすきなほうびをやる」

と立て札を立てたんだどしゃ（立てたんだって）。そこで、親孝行のむすこは、おかあさんに相談すたところ、おかあさんはむすこに、

「そんなことは簡単なことだ」

と言いながら、作りかたをおしえたんだと。そこでむすこは、それを作ってお殿さまにもって行ったっけば（行ったところ）、お殿さまは、たいへんよろこんで、それをとなりの国の殿さまのところにもって行がせたんだと。それからは、となりの国から、なぞかけをしてこなくなったんだど。

そこでお殿さまは、むすこに、なんでもきいてやると言ったので、むすこは、ほんとうは、家のゆがした（床下）にかぐしている（隠している）、おかあさんからおしえてもらったということを話して、

「どうか、としよりを捨てないように」

とおねがいをしたんだと。それでお殿様は、

「とす（年）よりは、捨てないように」

と国じゅうにおふれを出したんだど。それからは、この国では、とすより（年寄り、老人）をだいじするようになって、むすこも、おかあさんと、またもとのように、しあわせにくらす（暮らし）たんだどしゃ。この、とすよりの捨てられた山というのは、いまの恐山（青森県むつ市）なんだと。

† 類話7・21・93

〈語る・聞く〉

92・93は、小さいころ祖母から聞いた話を思い出して書いたもの。五歳のころから小学四年生まで祖母と寝ていたので、よく昔話を聞いたという。

94 牛網の由来

伝説
語り手〇男性　宮城県東松島市牛網　大正十三年　五十二歳

昔、平家の武者と蝦夷の人だつ（たち）のあづまり（集まり）がら、〔この地域は〕はづまった（始まった）そうでな。平家の武者のほうについだ（付いた）、千葉県の千葉なんとかという殿さまが、東北に流れきてな、それが全体に広まって、千葉という名字がこごらへん（ここら辺、東松島市牛網）に多いんだという話だ。

牛網という地名の由来は、このへんは、むかし、海で、農業というより、魚をとって自分だづ（たち）の食うものとしてたんだな。そして家といったて、二十軒もあったがな、とぬかく（とにかく）少なくて、地引き網で魚をとるにしたって、人手が少ないために、べこ（牛）を使って引っぱらせたっていうのから、〔牛網という地名が〕きたというそうだ。

そして、そのとった魚を牛に積んで、山をこえたので、「牛坂」という山が今でもあるんだ。

その山もむかしは、けわしかったんだどや。そして、牛に魚を積んで山をとおりかかったときにね、美しい女の人と落ちあったところを「美人山」といって、それも今あるんだ。

95 白萩・根古の由来

伝説
語り手○男性　宮城県東松島市牛網　大正十三年生　五十二歳

白萩（東松島市浜市）というのは、後三年の役の時に、義家が浜市の「ふじき」という所で昼食をたべて、その箸を地面にさして行ったんだど。ところがそれに根っこがついて、白萩が咲いたんだど。そこから白萩というようになったということだな。

八幡神社というのが根古（東松島市）にあるんだ。それは、義家が安倍貞任討伐のために、奥州下向の際、身につけていた八幡大神の御神体とか、そのほかのものの御神宝をこの神社に納めたと伝えられているんだ。そのあとで、お宮も何もなくなったけど、またその神社をつくり直すとき、土の中から弓矢を持つ八幡大神の金体の像と鏡、瓶なんかが、掘り出されたんだ。それを今、盛宝院にあずかり置いたと伝えられているんだ。

96　きつねのしっぺがえし

昔話　法印と狐―一つ屋型
語り手〇祖母　宮城県東松島市小松　明治四十三年生　六十六歳

むがすねぇ、あれ、ろぐぶ（六部、順礼者）つものあってっしゃ（というものがあってね）。あるどぎ、あのやまみづ（山道）をとおって行ったら、おっきなきづね（狐）寝でらんだど（寝ていたと）。そすたらいば（そうしたら）、ろぐぶ（六部）がね、

「おどがすぺ（驚かしてやろう）」

どもって（と思って）、ほらのげ（ほらの貝）、きづねの耳のそばさ行って、

「フーッ」

と、ふいだんだど。そすたいばね（そうしたらね）、そのきづね、どでんすて（びっくりして）、とんぼくらがすて（ひっくりかえって）、にげで行ったんだど。

〔六部が〕もすこす行ったっけ（もう少し行ったら）、しっくれですまった（日暮れてしまった）んだど。

「あぁ、こまったなぁ、これ」

どおもって（と思って）行ったっけね。むごう（向こう）のほうぬ（に）、ポカッと、あがり（灯り）が見えだんだど。

「あそごさ行って、とめでもらうべ」

どおもって、行ったらね、白髪のはえだ（生えた）とす（歳）とったおばんつぁんが、いだんだど（いたとさ）。そすてね、

「おばんつぁん、まっくれぐ（真っ暗く）なって、行がいねぐ（行けなく）なったから、こんばん、ひとばんとめでけらいん（泊めてください）」

って言ったんだど。

「とまれ（泊まれ）」

って、いわいで（言われて）ね、やど（宿）もらってらればね（泊めてもらっているとね）、なが（中）でそのおばんつぁんがね、おはぐろつけすてらんだど（お歯黒付けしていたんだと）。そすて、その人

（六部）のそばさ（に）来て、

「つかたが、つかねが（お歯黒が付いたか、付かないか）、あぬぅ（お兄さんよ）」

って言ったんだど。

「あぁ、おっかねやぁ（怖いなぁ）」

って、すりじゃり（後ずさり）すたど。まだ、ビダビダつけで（お歯黒をいっぱい付けて）、

「あぬぅ（お兄さん）、つかたが、つかんねがぁ（付いたか、付いていないか）」

って、言ったんだど。まだ、

「おっかねや」

どおもって、すりじゃりすて、ボンッと、堀さへった（入った）んだどや。そすて、夜だどおもったっけ、昼間だったんだどや。きづねぬ（に）、かたぎどらいだんだど（かたきを取られたんだと）。そんで、おわり。

ばが（ばか）にするもんでね。かだぎとらいから（かたきを取られるから）、人をばがにするもんでねってはなす（話）。

〈語る・聞く〉

96は、88・89の聞き手である孫（学生）に祖母が語ってくれた話。祖母は幼いころ祖父から聞いたという。

97 満開さまの由来

伝説
語り手〇曾祖父　宮城県宮城郡松島町根廻　明治二十三年生　八十六歳

むかし、ここ（根廻）にお上人さまが来て、そこにいた人にこう言ったんだと。

「一週間ここに来て、私がうまっている（埋められている）ところから、鉦の音が聞こえるかどうか、たしかめなさい。そして聞こえなくなったら、ほりかえして、さかさにしてうめて、その上にお堂を建てなさい」

と言って、穴の中にはいっていったんだと。

それでその人は、一週間そこにかよって、音がするかどうか聞いった（聞いていた）んだと。一週間めに聞こえなくなってしまったんで、さっそくほりかえしてみたら、お上人さまは死んでたんだと。だけど、そのままうめなおして、小さな堂みたいなの、あとで建てたんだと。

そのうち飢饉になって、みんなこまってたときに、ある人が、

「これは、お上人さまの言うこと、聞かなかったからでねぇかや（ではないかね）」って言いだしたんで、みんなもそう思って、お上人さまをさかさにうめなおして、お堂もりっぱなの建てたんだと。そしたらあとは、すっかりよくなって（飢饉がおさまって）、みんなはお正月になると、おそなえを、そなえるようになったっていうわけなんだと。

98　満開さまのきつね

昔話　馬の糞団子
語り手○曾祖父　宮城県宮城郡松島町根廻　明治二十三年生　八十六歳

あれや（あのね）、むがし、満開さまんところにきつねがいてや、よく人ば（を）ばかにしたもんさ。

ある時、馬車屋のおんつぁま（おじさん）が、仕事のけぇり（帰り）に、酒のんで、うんとよっぱらって歩いったら、ちょうどその満開さまのとご（ところ）に来て、むごうがら（向こうから）人が歩いてきたんだと。その人は、いがにも（いかにも）知ってる人のようで、声ば（を）かけたんだと。そしたら、その人が、

「酒のまねすか（のみませんか）。うまいまんじゅ（饅頭）もあるがらしゃ（ありますから）」

って言ったんだと。おんつゃまはよろごんで、ごっつぉ（ごちそう）になったんだと。そのちょうす（調子）で、ひと晩じゅうすごす（過ごし）たんだとさ。

　あぐる（明くる）朝に、うちのもんが心配してさがしているど、満開さまんどごで（ところで）、寝てだんだと（寝ていたとさ）。まわりは馬のくそだらけだし、顔やらなにやら、みんなきずだらけにして、ひっくりかえってたんだとさ。そこのまわりさ、きつねの足あとがいっぱいついでだんで（付いていたので）、みんなして、

「おんつゃま、よっぱらって、きつねっこにばかにされだな（ばかにされたな）」

って言ったんだと。

† 類話98・107・116

〈語る・聞く〉

97・98は、小学五、六年生のころ曾祖父から聞いた話を思い出して書いたもの。曾祖父は小さ

いころ祖母から聞いたという。満開さまは、根廻の丘の上にあるお堂で、正月になると子どもたちがお供え物をする。

99　お天道さまとお月さま

昔話　女神の降下
語り手〇祖母　宮城県黒川郡大郷町山崎　明治三十五年生　七十四歳

あの北海道がら〔来たおばあさんが〕、おせんさいるっているどき（温泉に入るって滞在しているとき語ってくれた）ホノ、めぇめねくて（目が見えなくて）来たおばあさんのはなす（話）、わだす（私）聞いでだんだが（以下のように聞いていたのですが）…。

ぬんげん（人間）は、この世のなが（中）にない世のながんどき（世の中のとき）、天から、おづぎさまどおでんどうさま（お月さまとお天道さま）が、さどさおづで（里に落ちて）、ほすて（そうして）、ながよくあそんでんうぢに（仲良く遊んでいるうちに）、子どもができるようになって、すて（それで）、なんぬもそごさ（何もそこに）、そのなにもねぇために（そこには何もないので）、かりやすって（刈安といって。薄に似たイネ科の多年草。）、かやみでな（茅みたいな）、まだ（また）、かやどすこすつがうくさ（茅と少し違う草）、あるんです。そご（そこ）のかりやそうをかって（刈安を刈って）、そすて（そして）、うぢをつぐって（家を作って。お産をするための小屋）、それをすいで（敷いて）、そすて（そして）お産させだんだ（させたんだ）。

……っていうはなす（話）聞いでるんです。

　そすて、それがら子どもだづ（たち）が、増えで、ほすて、この世のなが（中）は、ほんとぬ（本当に）そういうホノ、おづきさまどおでんどうさまがら（お月さまとお天道さまから）増えで、子どもが増えで、この世のながぬ（中に）、ぬんげん（人間）が増えたんだ。

……っていうはなす（話）を、聞いでだのさ（おばあさんからそのように聞いていたのさ）。

　ほんでやっぱり、おでんどうさまどおづぎさま（お天道さまとお月さま）、夜はおづき（月）さまででぎで（出て来て）、そすて、〔人間に〕なんすてやる（何かしてくれる）。昼間はおでんどう（天道）さま照らすて、そすて、ぬんげん（人間）をなんとがすて（何とかして）、ずぶん（自分）の子どもだがら、りっぱな世をおぐらしぇでど（送らせたいと）思っているものなんだげっども（思っているものなんだけれども）。わりあいに、ぬんげんつう（人間という）ものは、ほんとぬ（に）、がよくをすたりなんかすて（我欲をしたりなどして）、悪いごどばりすてる（悪いことばかりしている）ために、なかながすぐごどでぎねくて（なかなか死ぬことできなくて）、ずぶん（自分）もホレ、おでんどうさまだりなんだりも（お天道さまなども）、ホノ、すぐごどできねぇ（死ぬことできない）ので、びょうぎだりなんだりなんのも（病気とかになるのも）、ずぶん（自分）が心の悪いどご（ところ）が、いづばん（いちばん）の病気のもどなんだどやぁ。

……っていうはなすちいで（話を聞いて）、なりほどほんとぬ（なるほど本当に）、ぬんげんの（人間としての）うづぐすいきもぢ（美しい気持ち）さえ持っていれば、そんなぬ（に）悩むごどないだもんなぁ（悩むことなどないのだものねぇ）。

　んだがら、ぬんげん、どういうこのよのながさ（人間というこの世の中に）、とういおでんどうさまどおづぎさま（尊いお天道さまとお月さま）が、そすて（そうやって）増やすていだだいだんだもの、朝ぬ（に）おでんとさま（お天道さま）をおがんで、夜はおづぎさま（お月さま）おがんで、

「きょうはどうもなぬごど（何ごと）もなぐ、過ごすて（過ごさせて）いだだいで、どうもありがどうございます」

と、お礼すて、そうすて、ぬんげん（人間）が、この世をおぐったらば（送ったならば）、なんぬもおだがいに苦すむごど（苦しむこと）ないんだ。

……っていうごど、わだすちいで（私聞いて）、ほんとぬほだなぁ（本当にそうだな）ど思って、わだす（私）も。それがら、ホヌ、ほのこごろはいづばん（その心はいちばん）だがら、みんなでけんか

もすねで（しないで）、ながよぐ暮らしぇば（暮らせば）、びょうぎ（病気）も出ねんだっづがら（出ないんだというからね）。そすてやったほいいんでねぇがってはなす（そんなふうに暮らしたほうがいいのではないかという話）などすて（して）いるどぎも、「あぁ、んだなぁ（そうだなぁ）」っていだんだ（思っていたのだ）。こごろ（心）はいぢばんだからなぁ。悪いことすね（しない）ようにおせで（教えて）くださんだなぁ（くださるのだなぁ）。むがすばなすたどえだ（昔話でたとえた）んだなぁ。悪いごとすては、ずぶん（自分）だって、いづが（いつか）あらわれるもの、悪いことすれば、なんぼえらいしと（偉い人）だって、わがんねぇぉ（わからないよ）、罪つぐってがら（罪をつくってからでは）。

100　さんしょう太夫

昔話　山椒太夫
語り手〇祖母　宮城県黒川郡大郷町山崎　明治三十五年生　七十四歳

うんと、なんだが　おらハ（私なんかはね）、ちいだはなす（聞いた話）は、やっぱり、よくわがねぐ（わからないままに）ちいでっから（聞いている）だっげどもなぁ。むがすのこどだぁ（昔のことだよ）。〔話してくれたのは〕むがしのしと（人）、七十〔歳〕になる人〔から〕、〔私が〕とおばり（十歳ばかり）になっとき（なるとき）、ちいだはなす（聞いた話）だがらわさぁ、なにが言われだって（何か質問されても）、〔私には〕よぐわがねぇ（よくわからない）はなす（話）なんだげっとも、やっぱり。

ある殿さまが、なんぞなわげだったが（どんなわけだったか）ホレ、やめさせらってハ、〔つまり殿さまという〕職やめさせらってハ、せいこんされだ（折檻された、の意か）ために、のずぐ（野宿）してホレ、親子すて（して）ホレ、歩ったんだどさ。そっちの神さまさ（神社に）、泊まったかすて

（泊まったかして）ハ、ホレすて（そうして）歩ぐうぢに、ほの（その）おとうさんはホレ、つかれで（疲れて）ハ、すんで（死んで）すまったんだどさ。

　そすて、ががさま（母親）ど、むすめ（娘）どホレ、むすこばり（息子ばかり）、さんぬん（三人）すてホレ、歩ぐうづに、むがす、あの人買いっつもの（人買というもの）歩ったんだどさ。ほして、そいづも（それも＝人買いだということも）、なぬ（何）もよくわがんねっげっども（わからないけれども）、とぬかく、

「その船さ乗され（乗りなさい）」

って言われって（言われて）、乗さったれば（お乗りになったところ）、ががさまど、子どもだぢどは、てんでんに（べつべつに）乗せらってしまったの。船だがらホレ、乗さってすまって（乗せられてしまって）、なんぼ騒いだってハ、あ（逢）うごどでぎなぐなっつまったの。

　ほしてハ、ほんだ（今度は）、ががさまどわが（別）れさせらってハ、ほして、さんしょう太夫つう、うんと金持ぢの金持ぢで、みんなたいじ（意味不明。大事な、の意か）のしと（人）使って騒ぐ（大賑わい）しているしと（人）いだんだどさ。そのしと（人）んどごさ、売られてすまったんだど。そしてハ、この〔子どもたちは〕なんにもすたごとねぇの（何も働いたことないの）。すおみずくみ（塩水汲み）しふらったの（させられたの）。

　ほんで、あんまりかわいそうだぁなって、ホレほごに（そこに）、はだらいでいるおどごのしと（男の人）なんか、めんどみで（面倒をみて）、かづいですけど（塩水汲みの桶を担いで助けたが）、とぢゅう

まで、めんどみでおがれだんだいっげども（面倒みておかれたのだが）、そすてるうず（そうしているうち）にホノ、なんだが、そごのうずさ（家に）、くづのただない（口のきけない）ホノ、子ども生まれだんだどさ。ほすて、いろいろおがんでみだれば（神仏に拝んでみると）、いぎつ（生血）飲ましれば（飲ませると）、くづたづ（口がきける）ようになるって、言われだので、ずぶんの子ども、もぞいくて（かわいそうで）ホノ、ずすお（厨子王）の、つ（血）ホノ、取って〔子どもに〕飲ましぇるど（飲ませようと）思って、そのずすお（厨子王）どごのつう（血）、取っぺど（取ろうと）思っていだんだげっども、あんずゅしめ（安寿姫）つのいっから（というのがいるから）ホレ、取るわげにいがねがったんだどさ。ほすているうづにホレ、あんずゅしめ（安寿姫）は、かげで聞いでだんだどさぁ。

「そいなつう（そんなことで血）となっごど（取られるなんてことは）、たいへんだなぁ、殺されではたいへんだなぁ」

って、

「おれゃすんだったって（私は死んだって）いいがら、このずすおうまる（厨子王丸）も、生がすたいだなぁ（生かしてあげたい）」

って、ほすて、ずぶん（自分）がホレ、いろいろなんどがすて（何とかして）、〔厨子王を〕ぬがすてやっと（逃がしてやろう）思って、あんずゅしめ（安寿姫）がホレ、あるどぎすぎ見で（隙を見て）、ぬがすて（逃がして）やったんだどさ。ほしてぬがってやったげっとも（逃がしてやったけれども）、こんだホレ（こんどはね）、

「どごさやった（どこに逃がしてやった）、どごさやった」って、〔安寿姫は〕しめらって（責められて）なぁ、はり（梁）の上さ、さがさにつるして、はだがれ（たたかれ）だり、なんだりすて、うんと苦すめられだっげっども、とぬかくホレ、なんぼ苦すめだったって（苦しめても）、はなす（話）は、すねがった（しなかった）んだど。

ほしているうぢに、みんなホレ、そのずすおうどご（厨子王のことを）、たねっさなしてだすてやらいっどご（捜したずねて行けるところ）、そっつこっつ（そっちこっち）、さがす（捜し）て歩ってるうづに、しとり（一人）うとぉ（うんと）ホノ、しんせづ（親切）なむすこ（息子）、いだんだっけな。んだ（そうだ）、そのしと（人）がホレ、

「なぁすて、そいなごどすんだ（そんな酷いことをするのか）」

どって（と言って）、つるすたの（つるされていた安寿姫を）、おろすたりなんかすてホノ、しんせづにすてけらっだ（親切にしてくれた）んだどさ。ほしたら、そのしんせづにすたのがわるいどって、うんとぉおごらいだ（山椒太夫にとてもおこられた）っげどもなぁ。んだいげっども（そうだけれども）、そのしとの（人が）めんどうみでいだんだっげっども（めんどうをみてくれていたのだが）、〔安寿姫は〕とうとうやっぱり、な（亡）ぐなってすまってハ、やっぱり、みずへって（水に入って）ハ、す（死）んですまったんだどわさ。

そしてこんだぁ（今度は）、あのずすおう（厨子王）も、〔逃げていた場所からさらに〕ぬ（逃）げだ、ぬ（逃）げだ、うんとぬ（逃）げだげっとも、とぬかく、どごさも行ぎどごねくて（行くところがなくて）、

おでら（寺）さへって（入った）んだどさぁ。ほすて、おでら（寺）さへってって（入って行って）、おしょ（和尚）さまさ、

「こゆわげだ（こういうわけです）。たすけでけろ（助けてください）」

って言ったら、どごさもかぐすどごねぇがら（隠してやるところがないから）、ほんだら（それなら）、このおでら（寺）のホレ、おしょ（和尚）さま、いづもおしゃが（釈迦）さまかざってだ（飾っていた）、このすったぬ（下に）はご（箱）あんのがら（あるのから）、ぶづぞう（仏像）出すて、そごさいれどいだんだどさ（そこに厨子王を入れておいたとさ）、かぐすどごねぇがら。ほすて、

「そごのおでらばったがら（お寺があったから）、ひっとこどさはったべ（人のことを入れただろう）」

どって（と言って）、こんどおしょ（和尚）さまが、はだがった（たたかれた）、はだがった、うんとはだがってハ、おしょ（和尚）さまもつるすて（つるされて）、はだがったんだどさ。んだげっとも、おしょ（和尚）さまは、なぬも言わねでいで、すて（そして）、なんぼおしぇつったたって（教えろと言ったって）、はぐじょうすねがら（白状しないから）、

「すらす（意味不明）、さがすてみっから」

どって（と言って）、さがすてホノ、おしゃが（釈迦）さまかざっていだどごの、すった（下）のどごのホノ、はご（箱）さ、〔厨子王が〕へってだがっとも（入っていたけれども）、しねどって（中に何があるか知らないと言って）見だれば（開けて見たら）、ぶづぞう（仏像に）なってだんだどわさぁ。そすてハ、

「こんでだめだ（これではだめだ）」

どって、ホレけえってって（帰って行って）すまったんだどわさ。ほしてハ、ほれがら、「こんだ、おしょ（和尚）さまんどご（のところに）、すばらぐしぇわ（しばらく世話）になっていだいげっども（いたけれども）、まだだれしゃきしゃってがら（まただれか来ちゃったら）、こまっから（困るから）」言わって（言われて）、まだ（また）ホレ、ぬ（逃）げではなぁ（逃げて行ってねぇ）、こんだ（その後も）やっぱり、〔どこかの〕おしょ（和尚）さまにたすけらって、ぬげで、ほしてぃ（そしてね）、のぢ（後）にホレ、いい殿さまみでなどごさ（みたいなところに）ホノ、はだらぎ（働き）にへった（入った）んだどさ。

そすたっけ、そこでホレ、うんとめんどみでもらって、ホラほんとぬ（本当に）位（くらい）もらってはぁ、こんだそのすと（人）ホレ、やっぱ殿さまさ（に）なったんだどわさぁ。

ほすているうぢに、〔厨子王は〕おかあさんとあねさまどご（のことを）、なんとかすて、どごにいだがど（どこにいるのかと）思って、さがすさ（捜しに）来たんだど、馬さ乗って。そすてあるぐうぢ（歩くうち）に、

「ずすおこいすや（厨子王恋しや）、ほやらほぉー。あんずゅこいすや（安寿恋しや）、ほやらほぉー」

って、とおりぶえすて（売り声出して）、あわ（粟）みでな（みたいな）ホレェ、うんと、ひさぐにん（売り人に）なってハ、水かぶったりなんかりしてっから、あわ（粟）だの、か（これ）ばかり作って食ってだからなぁ。そのあわ（粟の）とおりぼえしゃしぇらってだ（粟の売り声をね、させられていた）のさ。ほすているうぢに、〔厨子王は〕

「なんだが、『ずすお（厨子王）こいすや』って言うがらハァ、ちっと（きっと）、母だがしぇねぇ（母かも知れない）」

ど思って見だら、（母は）まなぐ見えねぐ（目が見えなく）なっつまって、あんまり泣いで泣いで、まなぐ見えねぐなっつまったんだど。ほすてホレ、ほごさ（そこに）行ってはなすすたねぇ（話をしたんだねぇ）。

「うん、おいは（私は）、こいわげで（こういうわけで）、ずすお（厨子王）だ」

ったいば（と言うと）、ほんで、

「子どもだ（それでは、わたしの息子だ）」

ずって（と言って）、ががさま（母さま）よろこんで、ずすおまる（厨子王丸）が、巻物持ってったので（持っていたので巻物で）、まなぐ（目を）、ダアッとなでだれば（撫でたところ）、目あいだんだど（目が開いたんだって）、がが（母）さま。

ほすて、ほごで（そこで）うんとよろこんで、こんだ（今度は）、さんしょう太夫っさ（山椒太夫の家に）ホレ、たずねっさ（姉を尋ねに）来たれば、さっぱり、あねさま（姉を）殺すてすまってハ、いねんだどさ。そいで、そごに、ほんでもうんと親孝行な、なさげ（情け）の深いむすこいで（息子がいて）、

「ほんとに、すまねがった」

つどって、おわびすらったんだっけなぁ（謝罪をされたということだ）。

あまり邪険なごとすっだぁ（邪険なことをすると）、そいなごとされんだぁ（山椒太夫のように、謝らなければならない目になるのだよ。孝行息子が謝ったわけだけれども）。

101 酒呑童子になった男

昔話　酒呑童子
語り手○祖母　宮城県黒川郡大郷町山崎　明治三十五年生　七十四歳

あるどごろに、やっぱり（これまた）あんまり（あまりにも）器量いぐ（良く）生まれた男の人、あったんだどや。ほしたけ（そういうわけで）ホレ、みんな女のしたず（人たちが）、その人好きでハ、手紙うんとぁ（たくさん）、みんなに（から）出されで、箱さすとづ（箱に一つ）になったんだどわ。手紙ねぇや（手紙がね）、そいづみな読まねで（それらを読まないで）、重ねったんだとさわ。んだいっとも（そうだけど）、あんまりみんなにみごまれで（見込まれて）しまってハ、んやっぱり（そう、これもほんとに)、ずぶん(自分)が、なじょなわげだが(どうしたわけか)、こっち(こういうことは)考えられなげっとも(考えられないことだが)、〔その人、男の人は〕おぬ(鬼に)なっつまったんだど。

そのしと(人)、そしてハ、ずずがさど(父母のところ)に、いらねっくて(いられなくて)、山にしっ(引き)こんだど。みんなそしているうづに(そうしているうちに)、こんだホノ(こんどはその)娘だづ、みんなさらって行ってすまってハ、山おぐ(奥)さ、さらって行がって(行かれて)すまって、うんとほごの(そこの)村で、うんとこまったんだどさ。んで、

「どうすたらいかんべなぁ」

って、いろいろホノ、はなすあい(話し合い)してみて、

「んだらば、いろいろきもづのいいすとホノ(気持ちの座った人ね)、えらんで、ろくすづぬん(六、七人)えらんで、おぬたいず(鬼退治)に行ったらいいんでねぇが」

っていうはなす(話)になって、ほして、やまぶす(山伏)のすたぐ(支度)してホレ、出がげだんだどさ。

そすて、さげ(酒)しょって、そすて出がげで行って、そしてずっと山さ行ってみだいば(行ってみたところ)、川あるんだどさ。川んどこに、なんだがその川、まっかなつ(血)みでな(みたいな)の流れ出来てんだど、その川の水。

「へぇ、この川、ふすぎ(不思議)な水だ。どぎに(こういう水が流れている時には)、なにがハ(何かがね)、あっかもしれねがら」

ほしてその川、ずっどのぼっていたれば（行ったところ）、娘だづ三人で、川で洗いものすてだんだどさ（していたとさ）。ほしてなに洗ってだど（何を洗っているのかと）思ったけ、

「ゆうべのホノ、殺されでハ（殺されてしまったね）、ほの（その人の）着物、つ（血）だらげになったの、そいづ（それを）洗ってだんだ」

って、いうわげなんだどさ。ほんで、

「おぬ（鬼）、どこらに（どっちのほうに）行った」

とち（聞）いだっけ、

「うんと山おぐ（奥）に住んでんだっと（住んでいるんだと）」

って言われで、その娘だづに、おしえらってでばげ（教えられたから）、

「おれ（おれたちも）殺されんだべぉ（殺されてしまうんだろう）」

って、いだんだっけどしゃ（いたんだとさ）。

そすているうづに、行ってみだれば、うんと山おぐ（奥）に、おぬ（鬼）っこだづ、ほんとにいる。うんおっきなおぬ（鬼）いだんだっけどしゃ。ほして、

「なんさ（何しに）来た」

って言われで、やまぶす（山伏）だからホレ、山ホレ、そっつこっつ（そっちこっち）あるぐんだがら、あるぐうづ（歩くうち）に、みづまよい（道迷い）して山さへって（入って）しまって、

「どごさも行ぎどごねぇがら、今夜だけ泊めでけろ（ください）」

って言ったの。

「そういうわげだら（ことなら）、泊めでやっから」

って言われで、んで、

「ここさ泊めていだだぐには、ただ泊めていだだがんねがら（ただ泊めていただくわけにはいかないから）、さげ（酒）持って来たがら、みんなで飲んでけろ」

って、さげ（酒）出すたんだど。そすたいば（そうしたところ）、

「んだら、わだすらの、さげ（酒）も飲んでけろっ」

とって（と言って）、出すたいば（出したところ）、つ（血）だったんだどさ。ほして、とっても飲まんねがら（とても飲めないから）、そいずはホレ、飲んだっぷりして（飲んだふりして）、なげでだんだどさ（捨てていたんだとさ）。そしてあだぁおぬこだづいだの（あんなに鬼たちがいたが）、みんなすて（して）、飲んでハ、すてんどうず（酒呑童子）は、めがらさげ（うまいから酒を）、どんどん飲んですまって、よっぱらって、寝ですまったんだど。ほすて寝だあどぬ（に）、〔山伏姿の男たちが〕、まだ（また）鎧兜着て、したくまぁすて（支度をして）、みなおぬごども（鬼たちを）、殺すたんだどさ。

　ほすてこんだ（そして今度は）、すてんどうず（酒呑童子を）、ホノみんなどいっしょに（みんなと力を合わせても）切んねくて（切れなくて）、

「切らねど（切らないと）、かれですまうがら（食われてしまうから）」

ど思って、こんだ（今度は）みんなでいっしょに、そのおぬ（鬼）を、切ってしまったの。ほすて、

首たもポッツリもいだりば（首をポッキリと捥いだところ）、その首たが飛んでいって、下さ（里に）もってきたんだどさ。そして、
「ほの身がら（身柄・身体）を、やんねくてわがんねがら（焼かなくてはならないから）」
どってって（と言って）、みな火つけで焼いだんだどさ。ほしたいば（そうしたら）、その焼いだ灰が、風に飛んでいって、その灰がホノ、みな、びる（蛭）だの、か（蚊）だの、しゃみ（虱）だり（だとか）、のみ（蚤）だり（だとかに）なって、死んでも人を食うようなものだったんだって。で（と）いうはなす（話）、聞いでだんだ。（小さいころ聞いていたんだよ）
それがやっぱり、みんなの思いで（女たちが一人の男だけを恋しく思ったから、その男が狂ってしまって）、おぬ（鬼）になったんだがら、その思いつうもの、あんまりみんなして、〔手紙など書いて〕送るものでないんだどやぁ、なんて言わいで（言われて）、聞がしぇらいでで（聞かせられていて）、いだもんなんだ。んだがら、あんまり思いつめ、だれにでも、つくす、その人さおごる（過剰に与える、ちやほやする）もんでねぇんだどさ。なんぼ好ぎだって。

† 類話43・101

102 食わない嫁

昔話　食わず女房―蛇女房型
語り手○祖母　宮城県黒川郡大郷町山崎　明治三十五年生　七十四歳

　むがす、村で、おれ（私は）、んとまでなすといで（うんと金持ちになると言って）、おれずぶんが（自分自身が）いしょけんめはだらいで（一生懸命に働いて）、〔お金を〕ためるごどばり（ばかり）して、おく（奥）さん持づだ（持つというと）、ご飯かせねげねぇがらど（食わせなければならないからと）、ひとりで（独身のままで）、はだらいだ人いだんだどさ。

　そすているうづ（うち）に、とってもね、うづぐすい（美しい）娘が来たんだど、ほごさ（そこに）。

ほして、

「わだす（私）、どごさ（に）も行ぎどごねぇがら（行くところがないから）、泊めでけろ（泊めてください）」

ど、来たんだど。あんまりうづぐすい娘なんで、

「泊まれ」

どって（と言って）、ホレいるうづに（いっしょにいるうちに）、おく（奥）さん〔に〕すたんだどさ。そして、おく（奥）さんにす（し）て、

「わだす（私）ホレ、ご飯かせん（食わせる、お金がかかるのが）のきらいで、おく（奥）さん持だね（持たない）のだがら、おまえは、ご飯かねんだが（食わないのか）」

って、言ったんだどさ。

「ご飯もなにも食べねがら、ただおいでけろ（置いてください）」

どって言って、おいでもらったんだど。

ほして、おいでもらって、ほの人が、かしぇぎさ（仕事に）行ったあどに、ご飯五升釜さ（で）たいで（炊いて）ハァ、ほして、髪みなパサァーとしょげで（広げて）、ほご（そこ）の頭の中に〔口が〕あんだったっけぉ。ほすてや、やきめす（焼きおにぎり）を、〔炊きあがって釜が〕ペェーペェー、ペェーペェーといったで（と音を出したので）、五升の釜ご飯〔を焼きおにぎりにして〕みな食うんだどや。そして、食って、しゃしゃと（いけしゃあしゃあと）かねぷり（食わないふり）して、いいすた（言い言いした）んだど。

ほしてホノ、

「さどさ（里に）、ずぶん（自分）の実家さ行ってみでがら（みたいから）、おくて（送って）行ってけろ（ください）」

って言ったんだどさ。そすているうづに（そうしているうちに）、

「うづ（家）では、うんともづ（餅）好ぎだがら、もづ（餅）ついだれば、このうすがらみ（臼のまま）ホノ、持ってってけろ」

て、言わったんだ。そしてそのもづ（餅）入れだうす（臼）しょってハァ、そしておく（奥）さんとふたりして山おくさ（奥に）、んとおくのおぐ（とても奥の奥）だったんだどさ、実家がホレ。

そしておくて（送って）行ったんだげっども（行ったけれども）、こんだとづ（今度は途中）まで行ったれば、そのうす（臼）しょって行ったげっともハ、そのうすなげで（臼を投げ捨てて）ホノ、おくさんの人は（奥さんである女は）、その人のごど（夫になったその男のことを）、食うどごだったんだどや（食おうとしたんだって）。こんだ（今度は）、ほんで（それで）おっかねくて、おっかねくて、ぬ（逃）げだ、ぬ（逃）げだ。うんとぬ（逃）げだんだどさわ、うすなげで（臼を投げ捨てて）ハァ。そしてなげでぬげで（投げ捨てて逃げて）、ほして、ほごのどご（そこのところ）、やつこ（谷地＝低湿地）みでなどごさ（みたいなところに）、よむぎどしょうぶ（蓬と菖蒲が）出ったどごさ（生えているところに）、かぐれで（隠れて）、ようやくぬ（逃）げで、見づげられねで（見つけられないで）、家さ帰ってきたんだ。

あんまりよぐこくすっつぁ（欲深くすると）、そいなごどもあんだがら（そういうこともあるのだから）、あんまりよぐこぐしたんで、わがんねんだよぁ（だめなんだよ）なんて、聞かせらいだんだぁ（小さいころ聞かせられていたんだよ）。

そしてほんで、五月の節供に、そこのきさ（軒に）、しょうぶとよむぎさす（菖蒲と蓬を挿す）んだっちゃ。

「ほんだがら、そのしょうぶどよむぎ（菖蒲と蓬）で、たすがったから、そのおぬこねように（鬼が来ないように）、こして（こうして）さす（挿す）んだよぉ」

なんて言われで、屋根ささしていだんだ、五月の節供に。今でごそ、ささねげっと（挿さないけれども）……。んだがら、むかしだってやっぱり、むかしの人つうもの、いろいろ何がいわれあって、やっぱりはなすすたんだべなぁど（話したのだろうなと思いながら）、聞いでだんだ。何もいわれねど（いわれがないと）、〔話は〕すねんだべなぁ（しないんだろうな）。

† 類話35・63・71・73・79・102・132

103 山の神が見せる夢

世間話
語り手〇祖母　宮城県黒川郡大郷町山崎　明治三十五年生　七十四歳

山崎（宮城県黒川郡大郷町）の打越づどご（という所）なんだげど、むがす、山さ、なんじょなわげだが（どういうわけだか）、すっかりわがらないんだげっども（まったくわからないのだけれど）、山おくに、山の神さまつういす（という石）立っていだので、夢見しぇられだしと（夢を見せられた人）は、なんだが、わだす（私）は、わがらないんだげっども（わからないのだけど、お話をしてみましょう）、

「あまり（一年中）山にいるよりも、さど（里）さでぎで（出てきて）、子どもだぢをホノ、わだす（私）好ぎだがら、守ってやってがら（守ってあげるから）、さど（里）さもって（私を里に運んで来ておくれ）来てくれろ」

って、〔山の神さまに〕言われだような夢見しぇられだんだど。

ほしてほれがらハァ（そしてそれからは）、ほんでまずなぁ、

「そういう夢見せらったんでは、ただの夢ではねぇがもしねぇがら（ないかもしれないから）、山ささどさ（山や里に）来て、あずご（あそこ）の道路んどごの、わぎさ（脇に）〔山の神さまの石を〕建でだらば（建てたなら）、子どもだづ、いづも遊んでっどごだがら（遊んでいるところだから）、子どもだづを見でくれっかもしねぇがら（見守ってくれるかもしれないから）、そごさ建でだらいかべどなぁ（いいだろうけどなぁ）」

って、むがすのすたず（昔の人たち）、そごさ（そこに）持ってきて建でで、そごの夢見せらったすと（人）が、十二日を、ほのいす（その石）持ってきた日を（その）命日にすて、はだ（旗）を立でで、一年に一日が二回ずづ（一年に二日、の意）、おごわ（赤飯）つぐ（おこわを作）って、そすてあげで（そして供えて）、おまづりすて（お祭りして）、みんなでおがんで、

「子どもだぢを、守ってください」

って、念願すておがんでいだぁので、いまだぬ（いまだに）やっぱり、子どもだづ、そのめぇ（前）で遊んでで、

「やっぱり、けがだなんかも、すねようにすて（けがなんかもしないようにして）、守ってけで（くれて）おがれる（おられる）ような、気持ぢもって、わだす（私）らいるなぁ」

ど思って、今いんです（いるのです）。

ほして、孫なだりなんだりも（孫だとかほかの子どもも）、元日だり（元日などには）、わだす（私）もおがんで、ほすて孫だぢ〔に〕も、

「あんだぢんどご（あなたたちのことを）、守ってくださらんだがら、おがめぇ（拝みなさい）」て言って、ほしてアレ、子どもだぢもよろこんで、ほして手っこ合わしぇで（手を合せて）、そしておがんでいる。いまでも、おがんでいるんだなぁ。

んだがら、やっぱり、神さまど（神さまのことを）祭って、そすて（そして）、こごろ（心）がらおがむ気持ぢ、つさい（小さい）〔とき〕がら、ならすたらば（習わせたら）、ぬんげん（人間）もりっぱな気持ぢになって、育っていぐんでなえがなぁど（いくのではないかなぁと）、わだす（私）も考えで、子ども孫だづ、だれにもおがましぇで（どんな人にも拝ませて）いる気持ぢで、いまだにおがましぇでいんでがす（拝ませているのです）。

んだがら、神もほどげ（仏）もないなんて〔思って〕いでは、ぬんげんが（人間が）、あんまりちままになっから（あまりにも気ままになるから）、ならば、そゆふうにすて（それなら、そういうふうにして）、神やほどげ（仏）をおがましぇで、そすて、りっぱなぬんげん（人間）をつぐりだいよな（つくりたいというような）気持ぢで、わだす（私）もそのみぢ（道、教えを）ホノ、やらしぇでるわげなんだ（させているわけなのです）。

104 品井沼のきつね

世間話
語り手○祖母 宮城県黒川郡大郷町山崎 明治三十五年生 七十四歳

すづづう〈七十〉〈歳に〉なるしと〈人〉ホノ、幼いどぎの、不来内〈宮城県黒川郡大郷町〉だの、山崎〈大郷町〉だのっていう〈ところの〉暮らす〈暮らし〉は、今さ〈に〉なっては、みな米とれでるんだげっども〈米が穫れるけれども〉、むがすは、雨さえふれば、水ばりかぷって〈ばかりかぶって〉とれないでハ、そごの「おせゃやさま」っていう神さまが、不来内〈に〉あって、そごのすった〈下〉は、みな沼になって、品井沼って、言ってるんだどなぁ。

そごさ、〈狐が〉しし〈猪〉だのなんだりなって〈などになって〉、そのしし、ほうおっぴさま〈曾祖父が〉、かますっさ〈叺に〉、〈魚を〉しとづ〈一つ〉獲ってきて〈魚を獲ってくると〉、夜来てかしぇられ〈食わせてくれ〉、かしぇられって来って、〈実は〉おどごすったづ〈男衆たち〉は、さがな〈魚〉取りに夜ホレ、出がげて、さがな取って来て、ほしてホレ、せいがつ〈生活〉していだんだが…。

そのあだり、きづね（狐）は、うんと（たくさん）むずな（狢＝たぬき）だりなんだり（だとか、ほかのものだとか）、たくさんいるために、さがな（魚）取ってるうぢぬ（に）、いっしょけんめ、さがな（魚）取ってるうぢぬ（に）、きづね（狐）ども来て、ほごさへってださがな（そこ、叺に入っていた魚を）、みな食ってっだったどさ（食って行ったとさ）。

ほしてや（それでね）、やまんなが（山の中）で、

「ホゲーッ、ホゲッ」

って、子どもなぐよな声する（泣くような声がする）。

「あんな子ども、やまなが（山中）にいるわげでねぇ（いるわけがない）、なぬすてあいな（どうして、あんな）声すんだ」

ど思って、やっぱり行って見だれば、〔狐が〕つづさ（土に）、

「エフッ、エフッ」

って、くぢ（口）こすって

「ゲェーン」

っていうづだ（て言うと）、

「ホォゲー」

ど、聞けん（聞こえる）だっけどやぁ。

って、むがすのしだづ（人たち）に聞かせらって、いだったのさ（昔の人たちに私は小さいころ聞かされてい

たのさ)。きづね(狐)も、「ホゲッ、ホゲッ」つうの、「そいなすわざすて(そういうしわざをして)、やってんだぞう(やっているんだぞ)」、なって(なんて)、聞かしぇられでいだったんだ。

105 無欲に生きる

世間話
語り手○祖母 宮城県黒川郡大郷町山崎 明治三十五年生 七十四歳

ほして、あのいろいろ、ほんとうぬ(本当に)米(は)、水ばりかっぷて(ばかりかぶって)、とれねぇがら(穫れないから)、そばだなんだ(蕎麦だとかいろいろ)、はだげさつぐって(畑に作って)ハ、むぎ(麦)だのホヌ、こむぎ(小麦)だのつぐって、こな(粉に)し(挽)いで、そうすて、〔今で言えば〕すづじゅう(七十)〔歳〕ホヌ、めぇあだりなだ(前あたりの人々などは)、そいふにすて(そういうふうにして)ホレ、暮らすて、山崎あだりだの、不来内あだりいだんだ(あたりにはいたんだ)。んだから、そいな世のなが（そういう世の中）もあったんだなぁ。今は、米はとれべす（とれるわけだし）、うんとしゃわせに（とても幸せに）なったんだなぁ。

んだがら、その前ぬ（に）、すんだすたず（死んだ人たち）は、いっそくろばりすてだ（いつも苦労ばかりしていた）んのさわなぁ。んだがらなぁ、おらみでに（私みたいに）、なんぼでも（どういう状態であれ）生ぎでれば（生きていれば）、これ、こいないい世のながさ（こんなによい世の中に）なぁ、あうがら（出会うから）、いぎだげ（生きたかい）あっけっどもさ。お金はもろべす（もらえるわけだし）。んだがら、ぬんげん（人間）は、とぬかぐ（とにかく）まずこれ、いろいろずみょう（寿命）はそなわっていんだ（いるのです）。

つがっともしねぇげっとも（違うかもしれないけれども）、すとをすぐって（人を救って）、そすて（そして）、ずぶんもおよぐをすねで（自分も大欲をしないで）、なぞ（なんとか）、ながよぐすんせづぬ（仲よく親切に）、いろいろホノ、もうげねで（もうけないで）、ぬんげん（人間）が世をおぐっていぐ（送っていく）んだったらば、長生ぎもすんでねがなぁど（長生きするのではないかと）、思う考えもってるわげなんだ。

んだがらね、長生ぎすんのも、すと（人）にうらみうげでいぎだ（恨みを受けて生きた）って、おもしぇぐねぇがら（おもしろくないから）、すと（人）はおがねばりためで（お金ばかりためて）、りっぱなうぢさばり（家にばかり）、へるごど（入ること）考えねぇで、みんなでながよぐ（仲よく）、ずぶんのこごろ（自分の心）をまるぐすて（丸くして）、過ごすのが、いづばんのくどぐだがど（一番の功徳だろうかと）思って、わだす（私）考えでるんだど思ってんの。
だがら、むがすのはなす（昔の話）も、よくち（聞）いで、ほんとぬむがすのすたずのはなす（本当に昔の人たちの話）は、とうどいはなす（尊い話）だなぁど思って、いづもかんすんす（いつも感心して、おれ（私）も聞いでんでがす。みなさもほいなはなす（みんなにもそういぅ話）、たまに、ちがせでっとぎ（聞かせているとき）あんだぁ……。

〈語る・聞く〉

99・100・101・102・103・104・105は、聞き手の祖母が語ってくれた話。語ってくれたそのままに書き留めたので、方言が多くて読みにくいが、どの話も地域の生活に深く根ざしたものであり、しみじみと胸をうつ。胸の底にこういう思いを懐いて東北の村人は生きていたのであった。近ごろ各地の観光地などで見られる演技性のある昔話の語り方とはまるで違う。昔話を語るとはこういうことであったのか、と強く実感される。

昔話は「むがすばなす」といった。寝る前、炉端で語ることが多かった。「あるどごろでなぁ」とか「世の中になぁ」ではじまり、「そういうごと、あったんだどや（そういうことがあったんだって）」でしめくくる。語りの切れ目で「それがらや（それからね）」「そしてや」「ほれ」などと言う。子どもは「あど、どうなったの（そのあと、どうなったの）」とあいづちを打った。昼に昔話をせがむと、「ねずみにしょんべんしっかけられっから、聞かせらいね（ねずみに小便をかけられるから、話してやれないよ）」と言ったものだという。

106　おさんぎつねの玉

昔話
語り手○父　宮城県宮城郡利府町　大正十年生　五十五歳

むがしな、あるかたいなかにな、「おさんきづね（狐）」っていうな、悪いきづね〔が〕いだんだど。してや（そしてね）、人をばかにしてや、な、〔人が〕かまぼこをしょって行ぐど、通行人がらな、かまぼこを取ったりナレ（取ったりしてね）、それがら魚を取っけしたり（取り返したり）、ほして（そうやって）、うっと（たくさん）悪いごどばがり、してだんだど、〔人間を〕ばが（ばか）にしてな。

そごで、あるお寺のおっ（和尚）さんがな、行ってナレ、

「悪いごどばり（ばかり）すっから、おさんきづねのばがす（人を化かす、たぶらかす）玉を、取っけすべ（取りあげてしまおう）」

どしたんだどナレ。したっけ（そうしたら）、おさんきづねは、

「そんなごどは、すねすね（しないしない）」

ってな、おっ（和尚）さんば（を）、ばがにして行ったんだどわ。
したっけまだ（そうしたらまた）、人が道路歩ぐど、ばがにしてナレ、まだ悪いごどばがりすっから、こんどごそ、おっ（和尚）さんな（は）、ばがにさんね（ばかにされない）ように、玉ば取りがえした（取りあげた）んだど。

　ほしたっけ、そのきづね、人ば、ばがす（化かす）おいなりさんの玉、取りがえさったがら（取りあげられたから）、ばがにさんねがら（人をたぶらかすことができないから）ハ、こんどは、おっ（和尚）さんのどごば（ことを）、ばがにして、

「なんとか、かんとがして、その玉ば取っけすべ（取り返そう）」

ど思ってナレ、おさんきづねな（は）お寺さ行ったんだど。ほして、

「おっ（和尚）さん、おっ（和尚）さん、あした、お殿さまの行列が、その玉を見に来っから、その玉を、行列が来たら、お殿さまに見せでけろ（見せてください）」

って、言ったんだどナレ。おっ（和尚）さんが、

「ほがほが（そうかそうか）」

って、言ったんだどナレ。

　ほしたらあとで（そのあとに）、行列にまぜらんねな（加えられないような）、びっこ（足が不自由）に、めっこ（目が不自由）に、なんつたっけ（何と言ったかな）、なんだが（何だか、よくわからないが）、（きつねの）かだわ（身体の障がい）もの三びきいだんだどナレ。まぜらんねんだど（まぜてもらえないんだって）。

ほいってあんだがら（前もってそう言ってあるから）、そのきづねども（狐たちは）ごっしゃいで（怒って）な、

「おっ（和尚）さん、おっ（和尚）さん」

って、お寺さ（に）おせっさ（教えに）行ったんだど。

「おっ（和尚）さん、おっ（和尚）さん、おさんきづね、こういう悪いごどたぐらんで、行列して来るって言ってだがら、おっ（和尚）さん、ばがにされんなよ」

って、おせだんだど（教えたんだって）ナレ。んで、

「その行列来たらば、火鉢をぜんぶ。ところどころに置いでナレ、火だねど（種火。火をおこす少しの火）いっしょに、なんばんこ（唐辛子）を火鉢の中にいれろ」

って、言ったんだど。三びきのきづね〔が〕おせだ（教えた）んだど、おっ（和尚）さんに。ほしたっけ、

「下に、下に」

って、このおさんきづね、殿さまにばげで（化けて）、行列ひっぱって来たどナレ。おさんきづねばり（ばかり）玉持ってんでねがら（持っているのでないから）、ほがのやづらも玉持ってんだがらな、ばげで（みんな化けて）来たど。玉取っけしてく（取り返したく）て。

ほして（そうして）〔寺の〕中に入ったっけ、玉はちゃんと客殿さかざってあったど。して、〔和尚さんは〕寒いべがらって（寒いだろうかと思って）、火鉢ば（をば）はこんできて、〔殿さまを〕火鉢

の近ぐにいれだど（入れたとさ）。ほしたっけ、ぽかぽか、あったげぐ（あたたかく）なってくっと、そのなんばんこ（唐辛子）が、きいできて（効いてきて）、目さしみできて（目に染みてきて）、ばげで（人間に化けて）来たきづねが、みんなもど（元）のきづねになっちまったんだどナレ。

　ほして、おっ（和尚）さんが、

「このおさんぎづね、まだばがにしたが（したか）」

ど、おごったっけ（怒ったら）、きづねどもは、ワタワタ、にげで行ったどナレ。

　ほしてこんど、

「おっ（和尚）さん、おっ（和尚）さん、ほんとうだったべ（ほんとうだったでしょう）」

って、その三びきのきづねっこ来てナレ。おっさんは、

「ほうとう（本当）だ、ほうとうだ」

って言ったど。んで三びきは、

「おっさん、おっさん、おらだぢさ（おれたちに）、なにがほうびけろ（ください）」

って言ったどナレ。おっ（和尚）さんは、

「よし、よし、んでなにほすい（ほしい）」

って、聞いだど。ほんで、〔三びきのきつねの〕お稲荷さんは、「稲荷正一位」っていって、人間よりえらい位をもらったんだどナレ。わがったぁ（わかったかな）。

107 ごちそうは馬のくそ

昔話　馬の糞団子
語り手○父　宮城県宮城郡利府町　大正十年生　五十五歳

加瀬（宮城県宮城郡利府町）の人がや（人がね）、なんとがっていう人が（何とかという名前の人か）、しゃねげっとも（知らないけれども）、まいばん、まいばん、塩竈の尾島町（繁華街のある町）にかよってやな（通ってだね）。まいにち、まいにち、まいにち、つづげで（続けて）、半年ぐれつづげだっげナレ。あんまりのっつぉついで（調子に乗って）加瀬の山ば（を）、夜、来て歌っこうたってかよっからナレ（通うからね）。山のきづねの寝でんの（寝ているのを）、おごすて（起こして）しまうがら、きづねっこ、ごっしゃいで（怒って）な、上の高い桜の木の枝ぶりのいいどこがら（ところから）、きづねっこが、ボダッと、落っこってては袖っこ作り、ボダッと落っこってはかずら、（鬘）っこを作りして、何回も落っこって、〔きれいな着物と鬘を作って〕ようやぐきれいな娘さんにばげだどな（化けたということだ）。

ほして（そして）〔尾島町から帰ってくる〕そのよっぱらいさ（に）、田んぼ道でな、

「おじさん、おじさん、家によって、ごちそう食べて行ぎなさい」

って、〔よっぱらいが娘に化けた狐に〕言われだど、ほしたっけ（そうしたところ）そのやろう（野郎）、よっぱらって（いるので）、そのきづねさついで（付いて）行ったど。

「はい、はい、まんじゅう、まんじゅう、食べなさい、食べなさい」

って、食べさせらったどナレ。ほしたっけまだ（また）、

「おじさん、おじさん、餅ついでけさい（ください）」

って、たのまったど（頼まれたとさ）、そのねえちゃんに。ほしたら、

「よし、よし」

って、ヨンチャゴ、ヨンチャゴってや、餅つぎしったど（餅つきをしたとさ）。ほして、ヨンチャゴって、夜が明げでも、夢中になってやってだど、やろう（野郎、尾島町から帰ってきたよっぱらいは）。

ほして、田んぼさ来たあるじ（田んぼの持ち主）がや、

「おんつぁん、おんつぁん、なにしてんだ。ほごで（そこで）、田んぼごねで（田んぼをこねて）」

って、言ったどナレ。ほしたっけ、ようやぐ、きづね逃げで行ったどナレ。

きづね逃げでから、そのやろうどあるじが、夕べのごどしらべだっけな、そごの田んぼの土手っこさや。

「はい、おぢゃがし（茶菓子）食べさい、食べさい」

って、まんじゅうに見せだのが、馬のくそだどやナレ。ほんで、ヨンチャゴ、ヨンチャゴって、〈よっぱらいが〉餅つぎ（つき）したのは、田んぼで泥ばごねったんだど（泥をこねていたんだと）。こんで（これで）おわり、わがった（わかったかな）。

† 類話98・107・116

〈語る・聞く〉

106・107は、父が語ってくれた話。十四、五歳のころ、幼い妹たちに父（父の父。聞き手の祖父）が語っているのを聞いて覚えたという。その話を再び父が語ってくれたわけだ。昔話は「むがしばなす」といった。「むがし、むがしな」ではじまり、「こんで終わり、わがった!?」でおさめることが多かった。語りの切れ目で「な、なれ（そういうわけだな）」と言い、聞き手は「うーん」「ふーん」とあいづちを打った。語る日は別に決まっていなかった。

本書には「おさんきつねの玉」と名付けて掲載したが、この話を父親は「おいなりさん」とよんでいる。父によれば家族の中でよく語ってくれたのは祖父であったという。この家では、女たちよりも男たちのほうが語り手であったらしい。

108　宮千代の墓——宮城野1

伝説
語り手○女性　宮城県仙台市宮城野区　明治二十九年生　八十歳

宮城野原（仙台市宮城野区）のねぇ、宮千代のお墓（宮城野区宮千代一丁目）っていうねぇ、今もちゃんと、みんなして、新屋敷の方の人たちから、手入れすうすう（手入れをしいしい）、たいしたおっきくねぇ（大きくない）お堂だけんども、お堂にねぇ、宮千代のお墓っていうお墓あんのっしゃ。

そのお墓はねぇ、ちょうど（京都）のねぇ、あの、よっぽど、いいどこのむすこ（息子）さんだったかしねぇん（知れない）だねぇ。ほんとに、十ぐれぇの歳だったどっしゃ。その人ねぇ、お母さんが、どういう事情だか、知んねげんどもねぇ、新屋敷のあの、国分尼寺（若林区白萩町）っていうお寺あんのっしゃ。そのお寺の尼さんになってるっていうことを聞いてね。

そうして、ひとん（一人）でねぇ、その十ばかりんなるお公家さんねぇ、ううんと、いいどこの、おさむれぇ（侍）さんの、おむすこさん、ひとんでねぇ。そうして、それごそ、ちょうど（京都）

からだよぉ、そうして、歩ってきたんだど。そぉって（そうして）、宮城野原っていうお原のそばに、母さんいるっていうこと、聞いてねぇ、歩ってきたんだど。そうしてあんまりハ、つかれきってハねぇ。宮千代、そのおむすこさんねぇ、なんていう名なんだか、宮千代の墓と、こうなって今も、あっけんどもねぇ。

　そのおむすこさんねぇ、つかれきってハねぇ、歌ホレ、歌をねぇ、作ったんだどっしゃ。その、あまりにねぇ、きれいに萩の花咲いてんのでねぇ、宮城野原に。そんでその、宮城野原の萩の歌を作ったんだど。そうしたら、上の句ばかりできて、下の句なかなかできねぇんだど。そうしているうちにハねぇ、つかれきってハねぇ、そこで、なくなってしまったんだど。

　そうしてホノ、こう、今見っとねぇ、国分尼寺とその宮千代のお墓、そこの近所の人たちねぇ、かわいそうな、ほれこそ、

「なんぼかいいどこの、おむすこさんだべ」

と思ってねぇ、ううんと、おしたく（支度、服装）もいいしねぇ、そこさ葬ってやったんだどっしゃ、そこの近所の人たち。そうしてねぇ、その国分尼寺っていうのがねぇ、のぢき（すぐ）近くなんだよぉ。もう少し行けばねぇ、お母さんに会われんのにねぇ。ほぉって（そうして）、とうとう、おかあさんに会わねぇでハ、そこで死んでしまったんだど。

　で、今でもねぇ、そのへんの人たち、毎年、お祭りしてねぇ、で、あまりにかわいそうな人だと思ってねぇ、今でも毎年、お祭りしてるそうだねぇ。

109 乳銀杏——宮城野2

世間話
語り手〇女性 宮城県仙台市宮城野区 明治二十九年生 八十歳

おばあちゃんねぇ、四つか五つのころに、聞いたお話だよ。

あのねぇ、宮城野原、むかしねぇ、むかし、伊達さん時代にねぇ、宮城野原ひょーい（広い）からねぇ、そご（そこ）のホノ、永野さんていうねぇ、宮城野原の関守っていう役した人あったのっしゃ。あったんだとっしゃ。その関守はねぇ、ていう役は、伊達さん（仙台藩主）からねぇ、禄をいただいて、その宮城野原の、いろいろの萩のおそうじをしたり、手入れをしたりねぇ、いろいろの役していたんだど。

ちょうどそこにね、おばあちゃんのねぇ、いどこ（従姉妹）ねぇ、何代目だがの（だかの）人さ（に）ね、おばあちゃんのいどこがお嫁さんに行ったのっしゃ。そのねぇ、人がらもくわしく、聞いったがね（聞いていたけれどね）。

そこでそのおおっきな、今でもあるがねぇ、「乳銀杏」（仙台市宮城野区銀杏町　国指定天然記念物「苦竹の大銀杏」　樹齢千二百年）っていう銀杏の木あるんだよぉ。ふつうの銀杏とちがってね、何てゆうんだいなぁ、お乳のかっこうしたようにずうーとね、何本も何本も下がってんのっしゃ。そこにね、〈姥神の〉お宮あって、その永野さんていうお宅は、ううんとりっぱなお宅でねぇ。今もあるげんどもねぇ。りっぱなお屋敷なのっしゃぁ。

そこの乳銀杏の、ながぁく、ずうっと、ぞろっとさがってるどこねぇ、お乳の出ねぇ人たちねぇ、そこのお宮さ行って、

「お乳出るようにしてちょうだい」

っていうとねぇ、お参りすっとね、かならず、お乳出るようになるんだど。しょっちゅう、ほんとにねぇ、そのお参りの人たち、来たもんだっていうお話っしゃ。

110　古峰が原神社——宮城野3

世間話
語り手○女性　宮城県仙台市宮城野区　明治二十九年生　八十歳

それがらねぇ、原町（仙台市宮城野区）の加藤さんという、おっきなお屋敷っしゃ。そのお宅の古峰が原さんていうねぇ、お宮あったのっしゃ。火事の神さん（火除けの神さま）なんだどっしゃ。そのうち（家）の氏神さんなんだったと。火事の神さんでねぇ、原町に火事んなんねぇようにど（火事にならないようにと）思ってねぇ、そうしてまぁ、お参りしょっちゅうねぇ（お参りをいつも）、している人達あったわけっしゃ。そんでねぇ、原町にはおっきな火事はねぇ、その古峰ヶ原さんのために、おっきな火事はできねぇ（火事はおきない）と、こう言ったもんだど。

111　毛虫焼きから火事――原町

世間話
語り手○女性　宮城県仙台市宮城野区　明治二十九年生　八十歳

それがらねぇ、お話ねぇ、あとさきん（後先に）なってしまったけんともねぇ、原町にお寺あんのっしゃ。ほの（その）、お寺でねぇ、そうだねぇ、私、生まれねぇうちだからなぁ（生まれる前だからねぇ）、百年以上に、百二、三十年前にでも、なっかわねぇ（なるかもしれないね）。お寺の小僧さんがねぇ、寒い北風のつよぉい日にねぇ、毛虫焼きしたんだど。

毛虫焼きしたらねぇ、その火が、そのあたり百二、三十年も前だから、かやぶきが多かったんだどっしゃ（多かったんだって）。かわらぶきでなぁくね（瓦葺きでなくてね）。ほうしてまぁ、お寺の火がねぇ、かやぶきさうつって。そっから、ずうーと焼けてねぇ。そうして、それこそは、なんぼだいなぁ、横丁ねぇ、国立病院に行くとこの横丁ねぇ。その次の、今あの東日の出っていう映画館あんのねぇ。あそこの横丁も通り越してねぇ。その先のねぇ、お茶屋さん、あったのっしゃ。

そうして、そこの家で止まったんだと。そこの家ホレ、かわらぶきだったのっしゃ。

おばあちゃんなだ（などは）、つうせぇ（背が低い）から、わかんねぇげんどもねぇ、おばあちゃん〔が〕生まれた家の縁側から、その家、見えんのだったど（見えたということだ）。ほれこそ、たいした（大きな）火事でねぇ。ほぉだから（そうだから）、ううんと風の吹く日にねぇ、毛虫小僧が毛虫焼きした火からでたんだどぉ。

ねぇ、うんだからさ、火は、でぇじ（大事）にしなくてねぇものっしゃ（ならないものなのだよ）。

112 うなり坂——八幡町

伝説
語り手〇女性　宮城県仙台市宮城野区　明治二十九年生　八十歳

それからねぇ、八幡町（仙台市青葉区）のねぇ、うなり坂っていうねぇ、今ホノ（今は、それ）、女子商業学校（青葉区国見にあった市立仙台女子商業高等学校。現在国見スポーツ広場）さ行くねぇ、八幡町のはずれの、うなり坂（国見峠への坂）っていう坂、あんのだどっしゃ（あるんだって）。

今はねぇ、低くなったげんとも、昔は、まだまだたげぇ（高い）坂でねぇ。山形の方からねぇ、牛さつけて（牛に荷を積んで）、山形のいろいろのもの、もってきて、こんどホノ、仙台のいろいろのものをつけて、またねぇ、牛さ引かせて、けぇって（帰って）行くんだどっしゃ（行くのだって）。そうしたら、その牛ねぇ、あんまりたけぇ（高い）坂なんでねぇ、うなりうなりけぇって（帰って）行ったもんだど。そんでねぇ、うなり坂と、こう言うのだどっしゃ。

113 広瀬川のかしこ淵

伝説
語り手○女性　宮城県仙台市宮城野区　明治二十九年生　八十歳

それ、それからねぇ、広瀬川のねぇ、かしこ（賢）淵（仙台市青葉区八幡）っていう淵、あんのっしゃ。だんでも（だれでも）知ってるよぉ。今ねぇ、そのかしこ淵のねぇ、お話、ほんだら（それでは）、すっ（する）からねぇ。

あのねぇ、おお昔ねぇ、そのかしこ淵っていうと、淵が、ううんと、今でも、ふけっけぇんども（深いんだけれども）、ううんと、ふけ（深）ぇんだどっしゃ。そうして、うなぎと、くも（蜘蛛）とねぇ。うなぎのぬしと、くものぬしが、ある晩にねぇ、ほぉんと（ほんとに）、あらしの日にねぇ、けんかしたんだど。そうしてねぇ、うなぎとは、ほれごそは（それこそは）、たいしたけんかして、そのくもがねぇ、糸ホレ、うなぎのからだ、糸で、巻くぅんだずぅおんねぇ（巻いたというんだねぇ）。そんとき、うなぎ、かんげぇだ（考えた）んだど。そこの近くに、ふとぉいねぇ、柳の木あったんだどっしゃ。その柳の木さ、くもが糸をねぇ、こう、よこすたんびに、糸ホレ、飛ばしてよこすんだずぅおんねぇ（よこしたというんだねぇ）。からださ、巻きつけたんだど。そぉんとき（そのとき）、自分の、からだから〔糸を〕取ってねぇ、柳の木さ、チャァッと、くっつけたんだど。なぁんかい（何回）もなぁ、よう、あきるまでねぇ、朝んなるまで、そうしたんだどぉ。くもが、その糸、うなぎのからだ、ほれさ（それに）、巻くつもりではねぇ。そうしたらねぇ、その柳んの木のふとぉいのさ、〔うなぎが〕いちいち、くもの糸、巻いった（巻いていた）からねぇ、そうしているうちに、なぁんべん（何べんも）、ひとばぁん（一晩）、〔くもは〕そうさったんだ（そうされていたんだ）どっしゃ。そうして、ほれ、いっひょけんめぇ（一生懸命）、けんかだずぅおん。

　ほうすて、そのくもねぇ、その、朝がたん（朝がたに）なったら、その糸ねぇ、ジジィーと、何本でか、あるんだったが（何本になったのかわからないけれど）、ひっぱんだったどぉ。そうしたら、その太い柳の木ねえ、ミリミリ、ミリミリーとハ、ぬげて（脱げて）、川さ、落ちてしまったんだどぉ、柳の木が。そんでねぇ、くもがねぇ、

「〔うなぎの奴は〕かしこいなぁ」

って、言ってから、かしこ（賢）淵と、名つけたんだどっしゃ。

〈語る・聞く〉108・109・110・111・112・113の語り手は、聞き手（学生）の祖母か曾祖母と思われる。四、五歳の

ころその方に両親が語ってくれた話。夜昼を問わず家族が集まったときが多かったが、母は縫い物をしながら語ってくれたという。それらを聞き手の学生が再び語ってもらって書き記した。

114 五つのひょうたん

昔話 無筆の手紙
語り手○（性別・生年不記） 宮城県仙台市

むがす、ことばも知らねぇければ、ず（字）も書けねぇ屋根ふぎ（葺き）屋（板・瓦・茅などで屋根を覆う職人）がおった。だが、腕のほうは村一番といわれていたんだ。

ある日、となり村の庄屋がその話ば聞いで、

「どのぐらいのうでまえなんだか、ためすてみっぺ（試してみよう）」

と思って、その屋根ふき屋に、

「おい、うづ（家）の屋根っこふいでみろ」

と言って、たちさってしまった。承知はしたもんの、いづ（どの日に）ふきさ行っていいやら、さっぱしわかんねぇ。ことばも話せねぇし、ず（字）も書けねぇ屋根ふき屋は、

「庄屋さ（に）どうやって聞ぐべが（聞いたらいいだろうか）」

とひとり頭ばなやました。

つぎの日、屋根ふき屋は庄屋のうぢ（家）さ、いづまい（一枚）の紙っこに、いづ（五）っつのおたふく（瓢箪顔の女）ば書いで、持っていったんだ。それを受けとった庄屋は、なんのこったか、ちぃともわからん。まる三日かんがえぬいた夜、やっとわかった。

いづっつのふくべ（五つの瓢箪）、「いつふくべ（いつ屋根を葺いたらいいのか）」と聞いたのが。

115 きつねの復讐

昔話　狐女房
語り手〇（性別・生年不記）　宮城県仙台市

これは今でも、山おくの地方さ残ってる話だ。ある山おくの村さ、次郎べぇという男がひとりで住んでたんだ。次郎べぇは炭焼きで、まいぬづ（毎日）山さ木を切りさ行っては、炭ば焼いてたんだ。

ある日、ひとっつ山をこした村に住んでた竹馬の友、きこりの熊吉から、遊びさ来るようにと、手紙が来た。熊吉と次郎べぇは、わらす（子ども）の時から、大のなかいくて（仲が良くて）なにをすっ時もいっしょだった。

いさんで遊びさ行ってみっと、熊吉には、たいそうべっぴんの女房がいた。その女房はお吉という名で、すきとおるような色の白さで、細く切れ長の目ばしてで、この世には、右さ並ぶものがいねぇぐらいだった。次郎べぇは、この世にもまれな美しい女ば一目見て、すぐさま好きになってしまった。

「熊吉さ（に）はもったいねぇ。お吉はおらの女房になったほうがえぇ。あんなかたわもんで、みにくい熊吉なんぞにはもったいねぇ」

と思いこみはじめたんだ。熊吉には、きこりという仕事でうけた片腕という、大きな傷があったが、心の優しさでは、次郎べぇなど問題にはなんねかった（ならなかった）。

　次郎べぇのお吉への熱は、日がたつにつれ、ずんずんつもっていった。んだが、お吉ば自分のものさ（に）するには、熊吉がじゃまになった。まいぬづ（毎日）頭ばかかえてなやみぬき、ある日、次郎べぇは、とてつもねぇおそろしいことば（ことを）思いついた。それは、熊吉を、竹馬の友を殺すことだった。

　そんなおそろしいたくらみば知らねえ熊吉は、次郎べぇが、あんましお吉のことばほめんので（ほめるので）、うれしくなり、今晩もまた家さいっぱいやり（酒飲み）に来るようにさそった。酒ば飲み、わいわいやってるうちに、お吉は酒ばまた買いさ行ってしまった。次郎べぇは、こん時とばかり、熊吉に酒ばいっぺえ飲まして、ねむらしてしまったんだ。

「しめた。こりゃちょうどいい。今のうちだ」

とばかり、土間さおいてあったまさかりで、熊吉ばなぐりころしてしまったんだ。死んだのば（死んだのを）たしかめっと（確かめると）、その死体ば裏の畑さうめてしまった。いそいでうめてしまうと、まわりばかたづけて、なにくわぬ顔でお吉の帰りば待ってた。

そうして、半時（一時間）もすぎたころに、お吉が酒っこ持って帰って来た。

「あれや。熊吉っつぁんは、どこさ行ったべ」

と次郎べぇさ聞くと、

「ん、熊吉は、『山さちょこっと、まさかり忘れた』と言って、取りさ行った」

とこたえた。お吉は、

「ふしぎだ」

と思ったが、そん時はなにも感じずに、次郎べぇをえがおで送った。

それから一晩、二晩、とうとう、三晩たっても、熊吉は帰ってこねぇ。お吉は、

「どうもようすがおかしい」

と思い、

「山さ行ってみるべ（みよう）」

と家ば出て、畑をとおりぬけっと思ったっけ、なんとまぁ、畑の土の色がまっか（赤）くなってたんだ。

「こりゃおがしい（おかしい）」

とほっくり（掘り）かえしてみっと、これまたびっくり。山さ行ったはずの熊吉がうめらってた（埋められていた）。その死体のそばには、血だらけのまさかりが、いっしょにうまってたんだ。お吉はすぐに次郎べぇのしわざだと判断すると、いかりくるい、どっかさいなくなってしまった。

次郎べぇは、いつものように山さ木を切りさ行って、炭ば焼いていた。いつもはおてんと（天道）さんが、山のほうへしずむ前には、仕事ば終えて家さ帰ったんだが、その日にかぎって、あんまし多く木ば切ってしまったために、暗くなってもまだ終わんねかった。

「きょうはこんなにやっても、まだ終わんねぇ。いいや（これでいいや）、あしたにすることにすて（して）、きょうはけぇっぺ（帰ろう）」

と思い、かたづけをしていると、まっくらな林の中に、チカチカッと、青白くきれいな光が見えたんだ。

「なんだべや（なんだろう）」

と思い、その光のほうさ目ばやってると、

「次郎べぇさん。お吉です。ちょこっといっしょに来てけれ、くらいから、この光のいぐ（行く）方向さ、いっしょについて来てけれ」

と、

「なんと、あの恋しいお吉が、おらをよんでいる」

と思うと、足がひとりでに、光のほうさひきこまれていった。

ところがどこまで歩いても、チカチカという光だけで、お吉のすがたは、いつまでたっても、見つけることができねかったんだ。

「お吉、どこさいんだ（いるのか）。すがたば見せば（見せてよ）」

とさけんだときに光はきえて、気がついてみると、あたりは熊吉の裏畑に出てた（出ていた）。
　ぎょっと思った次郎べぇは、ひきかえし家さ帰ろうと思って、あとを見た。そこには、死んだはずの、あの殺したはずの熊吉が、立っていたんだ。

「ギャーッ、ゆるしてくれ。たすけてくれー」

と、どげざ（土下座）してたのみこみ、おそるおそる顔ばあげっと（顔をあげると）、もうそこには、熊吉のすがたはなかった。

「こりゃどうしたことだ」

と、わなわなとふるえ、地べたにすわりこんでいると、こんどは月の光にてらされて、銀色に光っている、神の使いといわれている白いきつねが、次郎べぇに近づいて、こう言った。

「次郎べぇ、わたしはおまえに殺された熊吉の女房お吉です。わたしはある日、山で猟師のしかけたわなにひっかかり、けがをしてこまっているところを、たすけてくれて手あてをし、にがしてくれた、やさしい心の持ちぬしの熊吉っつぁんに心をうたれ、恩がえしのつもりで、女房になりました。せっかくしあわせにくらしていたのに、おまえが来てから、こんなかなしいめにあわされてしまった。わたしは、おまえがにくい。おっと（夫）の死体の前で、本性をあらわし、おまえを食いころす」

と、話しおわるか、おわらぬうちに、次郎べぇにとびかかり、一発で食いころしてしまった。死んだところを見とどけると、お吉ぎつねは熊吉の死体をうめなおし、自分は山おくへと、こもってしまった。
それ以来、夜道の山を歩くものがいると、チカチカと青白い光ばはなって、通行人ばつぎつぎとだまし、道をまよわせるようになったといわれている。だから、山さは一人で行ってはならねえ。とくに夜道は……。

† 類話53・65・115

116 欲深な婆

昔話　馬の糞団子
語り手○女性（生年不記）　宮城県仙台市

むがす、あるところさ、それはそれは、欲の深いばっぱ（婆さん）がいたんだと。出すもんは、べろ（舌）を出すのもやんだ（いやだ）し、もらうもんだらば（人からもらうものならば）、人がなげだもん（捨てた物）ばでも、ひろいさ（拾いに）行ぐばっぱだったんだ。

　そんなある日、うわさば聞いた一ぴきのきつねっこが、

「このばっぱ、そんなに欲が深いんだらば（深いのであれば）、ひとつおらがだましてやっぺぇ」

と、めごいおなごさばげで（美しい女に化けて）、ばっぱのうづ（家）さ出がげて行ったんだ。

「ばっぱ、ばっぱ、おらは旅のもんだけんども、今晩ねっとこがねぇ（寝る所がない）。ひと晩だけ、やどば（宿を）かしてけらい（ください）」

と言うど、うづ（家）の中から、

「おらのうづ（家）は、人ばとめる部屋もねぇし、食いもんもねぇ。わるいが、ほかばあだって（ほかをあたって）くれ」

とへんず（返事）がしただ。きつねもまけちゃぁいられねぇ。

「ばっぱ、ばっぱ、おねげぇ（願い）すっから、とめでくらいん（ください）。土間でもどこでもいがす（いいです）から、もす（もし）もおらばとめでけだら（くれたら）、ばっぱさ、りっぱなおらのいっちょらい（一張羅）の着物ば、けっ（あげる）から。それでたんねこったらば（足りないなら）、つげ（黄楊、櫛を作る木）の櫛もやっから」

と言って、戸のすきまからさし出して見せっと、なんともつれいな（きれいな）金の糸と銀の糸、そして赤や青で織ってある着物ど、りっぱなつげの櫛が見えたんだ。

　ばっぱは、ひと目でこれがほしくなったものの、

「やっぱす（やっぱり）、人ばとめっと（泊めると）、食いもんもねぐなるし（なくなるし）、てまはかかるべし（手間はかかるにちがいない）」

と思い、

「いやあ、わるいが、やっぱしだめだぁ、わしゃぁ年とっとるから、そんなつれいな（きれいな）着物もらったとて、着てあるかんねぇす（歩けないし）、そんなつれいな着物もらったとて、このすろ（白）い〔髪の〕毛さは、にあわねぇ。やっぱしだめだ、だめだ。ほかのところば、さがすてみろ」

っと、またもや、つっかいされだ（つっ返された）。

　きつねは、

「しぶといばばぁ」

と思いながらも、また言ってみた。

「ばっぱ、ばっぱ、着物と櫛さ（に）、小判ひとっつ（一つ）、つけっから、とめてけらい」

さすがのばっぱも、小判と聞くと、もうたまったもんでねぇ。やっときつねば、うづ（家）ん中さ入れた。

　入れてみっと、

「なんとめんこいおなごだべぇ。どうやら金持ちの娘らしい。こりゃ、うまくすっと、大もうけ

できっとぉ（できるぞ）」

と、悪知恵をはたらかしたばっぱは、

「いやぁ、ごきげんばとって、小判ばもっともらうべ」

とひっし（必死）だ。

「このときとばかり」

と思ったきつねは、ばっぱのうづ（家）にあるもん、ぜんぶ食いつくすてしまった。食いもんがねぐ（なく）なると、ふたりはねむるこどにした。ばっぱは、

「あしたん朝さなれば、小判やらなにやらで、うづ（家）ん中はいっぺになるべ（なるだろう）。あぁ、うれすこったぁ（うれしいことよ）」

と満足しきって、ぐうぐうとねで（寝て）しまった。

「今のうづだ」

と、きつねは思い、

「この欲たかりのくそばばぁ、おめぇみでぇな（おまえみたいな）がめついもんさ（に）は、このみやげば、いっぺおいでってやっから（置いて行ってやるから）。朝さ（に）なったら、とくと見れ。あまし（あまり）のうれしささ（に）、おったまげっぺ（驚くだろうよ）。あはは」

と言って、くそで作ったまんじゅうと、木の葉の小判と、みの（蓑）で作った着物ば置くと、すたこらと山さにげですまったのさ。

朝起ぎで、あたりば見まわしたばっぱは、おったまげで、こしばぬかすてしまった。なんと、きのうのつれいな着物はみのさ（蓑に）、ピッカピカだった小判は木の葉さ（に）、そしておまけぬ（に）、くそのまんじゅうまでが、うづ（家）じゅうさ（に）いっぺ（いっぱい）あった。ばっぱは、

「こりゃぁ、きつねさ（に）だまされだ。なんつうこっちゃ」

と自分の欲の深いのば反省し、それからはだれでも（誰からも）、親切ないいばっぱとよばれるようになったんだと。

† 類話98・107・116

〈語る・聞く〉

父も母も仙台生まれの仙台育ちであるためか、昔話・伝説はなにも知らないという。114・115は、我が家に出入りしている行商人（仙台市在住、男性か）にお願いして語ってもらった話。116は、父方の親類のお年寄り（女性）に語ってもらった話を書き記したという。語ったそのままではなく文章を整えて書き記したと思われる。あるいは、一部転写があるか。

117 かっぱの薬

昔話　河童の薬
語り手〇母　仙台市若林区　大正十四年生　五十一歳

ある村に、おかしな子供どもがひとりいた。その子どもは、みんなが遊んでいでも、さっぱり遊ばねがった（遊ばなかった）のさ。あるとき、みんなですもうをとって遊んでいたんだげっとも（いたのだけれども）、やっぱりその子は、やんないで（やらないで）見でいるだげなんだな。その遊んでいる子どもらは、体格のいいやつらばり（ばかり）だったのさ。

そのうちに、ヒョコヒョコと、ひよわな小さな男の子が来て、みんなが遊んでいるのを、ただじっと見ているだけなんだな。なにも言わねっだっけ、ただ見ているだけでな。そこでホレ（そこでね）、いつもだまって見ている子どもっこは、村の中でも見たごとがないもんだから、その〔小さな〕子をひっぱってきて、すもうとっとごなんだっけ（とろうということなんだけど）。ところが、〔小さな子は〕なんだもねぐ（とても）強いんだっちゃ。その子どももびっくりして、ぼやっとしていだんだな。うでもホレ（それでもね）、ひっこみつかなぐなって、〔すもうを〕やっとごだけちょ（やろうとするけれど）、やっぱりだめなんだっけな。その子どもは思った。

「この見たこともない子どもに、すもうをおしえてもらうべ」

ど。そして毎日、その〔小さな〕子どもと遊んでいだんだっちゃ。

　ところが、その〔小さな〕子どもは、夜にうぢ（家）に帰らないんだっちゃ。ほのうちに、村じゅうの子どもらに、ばかにされているんだな。まけた子どもは、ほして（そうして）いるうぢに、すもうをおしえでもらっていた子どもと、なかよくなって遊んでいだっけげど（いたけれど）、その〔小さな〕子どもは、なんぼにもしゃべんねんだっちゃ（どうしても話さないのだよ）。ほして（そして）おがしく思ったべ（おかしいと思ったのだろう）。うぢ（家）さも、かえねし（帰らないし）、しゃべりもしねしだもんな。

　そして村の子は、〔小さな子を〕自分のうぢ（家）へつえでって（連れていって）、じいちゃんさゆ（言）ったんだ。ほしたれば、じっちゃんは、

「その子どものうぢ（家）をさがすべ」

と言いだして、三人で山の中に、ずうっとはいって行ったのさ。

　そしたっけ、あるところまで来たっけ、〔小さな〕ひよわな子どもは、なんと、はしゃぎだしたもんで、じっちゃんは、なんだど思っていだっけに、近ぐさ池がな、あったのっしゃ。そんなこんなで、ふしぎに思っていだじいちゃんは、孫と二人で顔を見あわせていた。そのとぎ、ひよ

わな子どもは、水の中にとび込んでしまったんだ。おじいちゃんと孫は、またびっくりしてしまったが、すこしたづ（経っと）と、水の中から二ひきのかっぱが、首を出しているんでねぇの。そしてこっちを見て、二ひきのかっぱは、頭をさげて礼を言っているようすだったので、じいちゃんは、

「なぁに、気にすることはないさ」

と言いながら、手をふっていだ（いた）。

そしたらまた、かっぱたちは、水の中にはいっていってが（行ったのか）、なにやら、こんどは持ってきたんだっちゃ。そして二ひきのかっぱ、おか（陸）にあがってナレ、おじいさんと意気投合して話しったんだ。そのうち、子どもは子どもらで遊んでいるのさ。じいちゃんは、かっぱの持ってきた草みたいのを、ふしぎそうにながめていだっけに（いたところ）、かっぱがおしえでけっちゃ（くれた）のさ。

「それは薬草だがら、かわかして、すりばちでこすって使うどいいんだ」

と。そうすているうぢに、日が落ちってきたもんだから、かっぱは、また水の中にはいっていった。そしてなんかいも、なんかいも頭をさげでいたんだど。

そして、じいちゃんと孫はうれしそうにして、うぢ（家）に帰って、かっぱにおしえでもらったとおりにやったら、それがなんだもねぐ（とても）きく薬だったそうだ。そしてその薬の話は、村じゅうにひろまって、みんながその薬をもらいに来ては、その子どもに頭をさげていくもんだ

から、その子どもは、いばりちらしてナレ、村の子どもらが、ちょごっとした（ちょっとした）かすりきずでくると、

「そんなんでは、だめだ」

と言っておいかえし、その子どもは泣いて帰って行ったんだと。そして、

「はい、ならんで、ならんで」

と一列にならばせで、薬をひとりひとりにぬってやったんだってさ。

† 類話4・12・117

118 正直じいさんと欲深ばあさん——地蔵の浄土

昔話　地蔵浄土
語り手○祖母（生年不記）　仙台市若林区　明治生まれ

むがし、ある村に、正直もののじいさんとばあさんがいたんだど。あっとき（あるとき）、ばあさんが、かごさいれった（入れてあった）豆を、煎っていだんだっげども、ちょごっとした（ちょっとした）ひょうしで、ひとつの豆がや（豆がね）、ころころと、落ぢっていったんだげっちょ（落ちて行ったのだけれど）、かまどの中さ、はいっていったんだど。うだげっとも（そうだけれども）、

「なんぼひとつの豆でも、だいじなんだ」

って、じいさんは言って、拾いさ行ったのさ。ほしたっけ（そうしたところ）、

「なに、かまどの底が、なぐなっていでんだ（なくなっていたのだった）」

と、じいさんはびっくりしたホレ。ほしてるうぢに、下さ落ぢっていったんだ。

とごろが、そごさ（そこに）、おずぞう（地蔵）さんが立っていで、なんとまず、その豆食ってしまっ

たんじゃと。うだけっちょ（そうだけれども）、じいさんは、おずぞう（地蔵）さんさ、

「こごらへんさ、豆落ぢってこねがったべが（落ちて来なかったでしょうか）」

と聞いたんだど。おずぞう（地蔵）さんは、

「おまえがさがすてる（探している）豆は、わしが食ってしまった。そのかわりに、こご（ここ）をまっすぐ行ぐと、ねずみたちの結婚式がある。そこで、『いそがすいでしょ（忙しいでしょう）。てづだいましょうが（手伝いましょうか）』と言いなさい」

ど。そしてがらまだ（そうしてからまた）、

「上にずうっとのぼって行ぐと、黒いうづ（家）があるがら、そごの屋根にあがって、『コゲコッコ』と言いなさい。そうすれば、きっといいごとがある」

と、おずぞう（地蔵）さんは言ったそうだ。

ずう（じい）さんは、おずぞう（地蔵）さんに言わっだごと（言われたこと）をやってみだらば、なるほどそごのうづ（家）では、ねずみの結婚式があったんだど。ずい（じい）さんは、おずぞう（地蔵）さんに言わった（言われた）とおりに、

「いそがすいべがら（忙しいでしょうから）、てづだうべ（手伝いましょう）」

ど言った。そうすたら、ねずみたちはよろこんでハァ、ずい（じい）さんに、もぢ（餅）をついでもらったのさ。ずう（じい）さんにたすけらっちゃ（助けられた）、ねずみらは、たいそうなよろこびようでな。うづぐすい（美しい）着物をくれたんだど。

ほしてがら（それから）、ずい（じい）さんは、おずぞう（地蔵）さんの言ったとおりに行ったれば、うすけみ（薄気味）わるい場所に来たんだ。うだげっど（だけど）ホレ、おずぞう（地蔵）さんに言わったごど（言われたこと）だがらホレ、はなうづ（その家）の近くまで行ってみだんだどな。ほしたっけ、うづ（家）の中がら、おっきなわらい声が聞こえだんだ。ずい（じい）さんはびっくりしたべ（したでしょうよ）。うだげっちょ（だけど）ホレ、おそるおそる、行ってみだっけ、鬼たちが酒を飲みながら、かげごど（賭けごと）すったんだど。うだもハァ（だからねぇ）、また、ずい（じい）さんはびっくりしたべハァ（したでしょうよ）。うだげんとも、勇気だして、ずう（じい）さんは、

「コゲコッコ」

と、なんかい（何回）も言ったんだ。そしたれば、鬼たちは、びっくりしてにげて行ったんだナレー。ほしたらばホレ、そごさは、お金がいっぺあったのさ。ずい（じい）さんは、それをもってうづ（家）に帰って、ばあさんさ、ほの（その）話ば聞かせだんだ。ばあさんはおおよろこびでナレ、着物をあでがってみだりしてな（体に合わせたりしてね）、古い着物は、いろりさくべで（囲炉裏で燃やして）しまったんだ。

ところがナレ、となりの欲たがりばあんさぁんが、ほの（その）話聞いていで、うづ（家）さ行って、ほの話したもんだ。ずんさぁん（じいさん）は、すぐにとなりのうづ（家）さ行って、おなずごど（同じこと）したんだ。

そして、おずぞう（地蔵）さんに、

「わしの豆食ったべ。かえせ、かえせ」

と言ったんだどナレ。欲たがりだごだ（欲ばりなことだ）。したっけ（そうしたら）、おずぞう（地蔵）さんは、前にずい（じい）さんさおしえだ（教えた）ように、おなじぐ（同じく）おしえでやったんだ。ほしたっけ、なに、そのずんさぁん（じいさん）、よろこんで行ったんだナレ。

　ほして、ねずみらのところさ行って、

「おれさ、てづだわせろ」

どって、言ったけハァ、ねずみらは、ぜんぶどっかさ（どこかに）行ってしまったんだ。

　それがら、また行ったべ（行っただろうね）、黒いうづ（家）さ。ほして、

「コゲコッコ」

と言ったんだな。ほしたっけナニ、鬼に見つかって、おいかげらって（追いかけられて）、にげで（逃げて）きたんだ。ほして、やっとさっぎ（さっき）来た道にもどったんだ。

　うづ（家）でまっているばあんさぁんは、きっど（きっと）うづぐすい着物とお金を、いっぺ（いっぱい）もって来っと思ってナレ、古い着物ぜんぶもやしてしまったんだ。したっけ（そうしたら）、いいぐあいに、そごさ（そこに）ずんさぁん（じいさん）が帰って来たもんだ。から身（空身、なにも持たず）で、ぺそうっとなって（しょげて）、帰ってきたんだ。ほの（その）ずんさぁんの話を聞いで、これまたばあんさぁんは、がっかりしたそうだ。

† 類話62・78・118・148

119　お茶っ葉になった虚無僧

世間話
語り手〇女性　宮城県仙台市太白区（旧・秋保町）　明治生まれ

名取（宮城県名取市）の山おくに、億万長者のうぢ（家）が一軒あったそうだ。そごのうぢ（家）のひとり娘は、ずぶん（自分）の思いどおりになんねごど（ならないこと）は、なにもながったどよ（なにもなかったということだ）。

「なにが（何か）買ってけろ（くれ）」

と言えばホレ、おやっさぁんだぢ（おやじさんたち）は、ホイホイど、買ってけだ（くれた）っていう話だ。うだげっと（だけど）、ひとつだげ思いどおりになんねがったごどがあったそうだ。

ほいづ（それ）というのも、あるときに、尺八を持った虚無僧がやってきたのや。その虚無僧は、その村ではだれにも負げね（負けない）いちばん強がったんだど。そしてなにやらせでも、いちばんうまがった（上手であった）のや。んだもんだがら、長者のおやっさんは、

「どうが、ここさいでけらい（ここにいてください）」

ど、たのんだそうだげっちょ（頼んだけれども）、

「なんぼにも（どうしても）、旅さ出ねくてねぇ（出なくてはならない）」

どって、その村を出ようどしたんだ。そこで娘もなホレ、行ぐなってハ（行かないでと）、おやんさぁん（おやじさん）どいっしょに、たのんだれば、やっぱりだめだったんだな。うだげっと、なんぼにもあぎらめらんねくて（あきらめられなくて）ナレ、

「どうが、どうが、このうぢ（家）さ、いつまでもいでけろ」

ど、

「金も土地も、人よりある」

どゆ（言）ったもんだ。そこで虚無僧はゆ（言）ったのや、

「わだしは、どんなごどをしても、旅に出ねくてねぇ（出なくてはならない）」

どって、ゆ（言）ったのや。うだげっとも、なに、おやんさぁんと娘っこは、何（どうしても）聞くもんでねぇ。

ほごや（それで）、こまった虚無僧は、

「うだらば(ならば)、なにが(なにか)わだしの身(み)がわりになるものを、おいでいごう(置いて行こう)」という話になって、なにやかにやど、やっているうちに、娘(むすめ)っこがおぢゃ(茶)もってきたんだ。そうしてそのおぢゃ(茶)をのんでいるうちに、なんともや(どうしたことか)、その虚無僧がいなぐなってしまったんだど。びっくりしたおやんさぁんと娘(むすめ)っこは、〔茶碗(ちゃわん)のお茶(ちゃ)の中(なか)に沈(しず)んでいる〕おぢっぱば(お茶(ちゃ)っ葉(ぱ)を)見(み)つけだのや。ほいづも(それも)、ちごっと(ちょっと)考(かん)えらんねぇようなおぢっぱなのや。ちょっと見(み)れば、ふつうのおぢっぱだけっとな(だけどね)。それが虚無僧だったんだどサナレ。びっくりした娘(むすめ)っこは、とうぶん、ふとんがらおぎあがられねぇがったんだどや(布団(ふとん)から起(お)きあがられなかったということだ)。

〈語る・聞く〉

117は、語り手(母)が子どものころ友達から聞いた話だという。118は、聞き手(学生)が小さいころ何度も祖母にせがんで聞いた話で、そのときのことを思い出しながら書いた。119は、知り合いのおばあさんが語ってくれた話を筆記した。

120 きつねの失敗

昔話 狐の立ち聴き
語り手○祖母（生年不記） 宮城県仙台市

むかしむかし、あるところに、太郎という木こりがいだんだって。その太郎が、山さ仕事に行って、おひる寝をしてだんだって。そしたら、寝てだ（寝ていた）わきさ（脇に）、きづね（狐）が三びき来て、話をしてだんだって。太郎は寝だふりをして、その話を聞いでだっけ（聞いていたところ）、そのきづねは、

「こんばん、太郎のうぢさ（家に）行って、ごちそうになってくっぺ（来よう）。おんつぁまとおばさまにばげで（化けて）、だましてくっぺ」

って、話してたんだって。

それを聞いた太郎は、きづねが帰ったあと、すぐおきて、うぢ（家に）帰ったんだと。そしたら、うぢの人に、

「なんと早(はや)いごだ(ことだ)」

って言われたがら、

「きづねがこんばん、おんつぁまとおばさまにばげで、おらいさ(わが家に)ごちそうになりに来るっていうがら、そのきづねとっつかまえでやっから、はやぐもぢ(餅)づいだりして、用意してろ」

って、うぢの人に言ったんだって。

だから、みんなでもぢついだり、ごちそう用意(ようい)して、待(ま)ってだんだけど、なかなが来なくて、そのうちに、くらくなってきたんだど。そしたっけ、おんつぁまとおばさまにばげだきづねが来たんだって。

「これ太郎(たろう)や、来(き)たぞ」

って言いながら、太郎(たろう)は、

「なんとなんと、ずいぶんきゅうに来たごど。ちょうどいいどごさ来たや。いまもぢ(餅)ついでだんだがら、はやぐあがらいんや(あがりなさいよ)。」

って言って、そのきづねをうぢ(家)にあげだんだって。

そして太郎(たろう)は、

「そういえば、おんつぁまだぢ(たち)は、ごはん食(た)べる前(まえ)に、ふろさはいるのすぎだったおんね(好(す)きだものね)。さぁさ、ふろもわかさってっから(沸(わ)かしてあるから)、ふろさはいらいんや(お入(はい)りください)」

と言ったんだって。きづねは、なにもわかんねがら、太郎に言われたどおりに、ふろにはいろうとしたんだって。太郎は、

「そういえば、おんつぁまたぢは、ふたりではいんの（入るのが）、すきだったおんね」

って言いながら、きづねは二ひきでふろにはいったんだど。もう一ぴきのきづねは、馬にばげでて（化けていて）、そとで、ずっと待ってたんだって。きづねがふろにはいったら、太郎は、

「そういえば、おんつぁまだぢは、ふたしてはいるの（風呂に蓋をして入るのが）、すぎだったおんね」

って言ったがら、きづねは、ふたをしてはいってだんだって。そして、どんどんまき（薪）をもやして、

「おんつぁまだぢは、あっつい（熱いのが）のすぎだったおんね」

って言いながら、そのうぢきづねだぢは、

「これ太郎や、あんまりあっついがら、あんまりたがねでけんねがや（焚かないでくれないかな）」

って言ったんだけど、太郎は、しらんふりしてもやしてだんだって。そして太郎は、

「あっつぐして、なぎ声あげだら（あげたら）、すぐにとっつかまえでやっから」

って思って、なだ（鉈）だの、まさがり（鉞）だの出してきて、すぐにとっつかまえられるように、そばにかぐして（隠して）おいだんだど。そのうぢきづねは、たまりかねで、

「クウォーン、クウォーン」

ってなぎだしたがら（鳴き出したから）、

「それきた」

ど思って、そとで用意してたんだって。そして、とびだしてきたきづねをつかまえでころして、そとで待ってだきづねも、つられでないでだがら（連られて鳴いていたから）、そとさ行ってつかまえて、ころしてしまったんだど。そしてみんなで、

「いがった（よかった）、いがった」

って話してだんだどさ。

〈語る・聞く〉

120は、祖母が語ってくれた話を筆記した。仙台市内の昔話と思われる。

121 栗ひろい――三枚の札

昔話　三枚のお札
語り手○祖母　宮城県仙台市宮城野区〈兵庫県神戸市出身〉明治三十七年生　七十二歳

秋になって、みんなくりひろいに行くころになりました。男の子がひとりいました。

「おかあさん、ぼくも行きたいよ」

とねだるので、しかたなく、

「それじゃぁ」

と言って、おにぎりと、だいじなだいじなお札を三枚、持たせました。

「このお札は、ぼうやが、山の中でこまったときに、おねがいをすると、なんでもかなえてくれるから、なくさないように、しまって行きなさい」

と言われたので、ふところにしまって、山に出かけました。

山に着いてみると、あるわ、あるわ、あっちにも、こっちにも、いがぐりぼうずが落ちているので、日が暮れるのもわすれて、むちゅうになって、どっさりと、かごにひろいました。ふと気がつくと、日はとっぷりと暮れて、あたりはすっかり暗くなっていました。男の子は、帰り道をさがそうと、うろうろしていると、遠くのほうに、ぽつんと明かりのついた家が見えました。

　よろこんでそっちのほうに歩いて行きました。男の子は、その家に泊めてもらおうと思って、戸をトントンと、たたきました。中から、ひとりのおばあさんが出てきました。男の子は、わけを話して、ひと晩とめてもらうように（泊めてくれるように）、たのみました。すると、おばあさんは、親切に泊めてくれました。晩ごはんも、たいそうごうせいに、たくさん作ってくれました。そのうち、男の子はねむくなってきて、寝てしまいました。

　夜なかに、ふと目がさめて、となりの障子をちょっとあけて、のぞいて見ると、さっきまでのおばあさんの姿は見つからず、歯をむき出した鬼ばばあが、いっしょうけんめい包丁をといでいるのが見えました。男の子はこわくなって、そっと戸をあけてにげだしました。それに気づいた鬼ばばあが、あとをおいかけてきました。男の子は、いっしょうけんめいに、にげたのですが、鬼ばばあに、おいつかれそうになりました。

　そのとき、男の子は、おかあさんからもらった三枚のお札のことを思いだしました。ふところから、まず一枚めを出して、

「川になれ」

と言って、うしろになげたら、大きな大きな川ができました。鬼ばばあが、その川をわたってく

るあいだにも、いちもくさんになって、にげましたが、そのうち、またおいつめられてしまいましたので、男の子は、二枚めを出して、

「山になれ」

と言いました。すると、高くて大きな山があらわれました。それでも鬼ばばあは、山をこえて、おいかけてきました。男の子は、三枚めのお札を取りだして、こんどは、

「砂山になれ」

と言いました。鬼ばばあは、また山をのぼりましたが、なにしろ砂山ですから、のぼっては、ジャリジャリと落ちて、またのぼっては、ジャリジャリ、となるので、いつまでたってものぼれません。そのうちに、男の子は、どうにかにげられて、やっと家にたどりついたとさ。

† 類話6・59・92・121・124・142

122　和尚と小僧——あんこは仏が

昔話　和尚と小僧—餅は本尊
語り手〇母　宮城県仙台市宮城野区　昭和六年生　四十五歳

　あるところに、なかのよい小僧さんたち五人と、和尚さんがおりました。ある日、和尚さんのところに、檀家から、あんこ（大福餅などの中に入れる餡）がとどきました。和尚さんは、小僧さんたちに盗られないようにと、つぼの中に入れて、戸だなの中にしまって、小僧さんたちには、

「あのつぼの中には、おとなが食べるとよくきくが、子どもが食べると死んでしまうお薬、はいっているのだから、ぜったいに食べてはいけないよ」

と言い聞かせて、和尚さんは檀家まわりに、出かけて行きました。

　小僧さんたちは、和尚さんにそう言われたものの、中にはいっているものが、なんだかとっても気になりました。そこで、和尚さんのるすなのをよいことに、五人で、戸だなの中をのぞいて見ました。ありました、ありました、大きな大きな、つぼが、戸だなの中に。小僧さんたちは、

それを、おとさないように、そうっと出して、ふたをあけてみると、なんともいえないよいかおりがしました。最初は、ためらっていた小僧さんたちも、たまりかねて、指のさきにつけて、ちょっと食べてみると、それは、あまいあまい、あんこでした。

「おれも、おれも」

と言って、小僧さんたちが、つぎつぎに手を出しては、なめたものですから、みるみるうちに、つぼの中のあんこは、なくなってしまいました。

みんな食べてしまってから、さて、こまってしまいました。和尚さんが帰ってきたら、おこられてしまいます。小僧さんたちは、いっしょうけんめい考えました。そのうち知恵のはたらく小僧さんが、

「そうだ」

と言って、つぼを持って本堂のほうへ行きました。本堂に行って、その小僧さんは、つぼの中に手をつっこんで、つぼの底のほうにのこっているあんこを、ゆびにつけて、それをお仏さんの口に、ビタッとつけて、つぼはお仏さんの前においておきました。そうしておいて、小僧さんたちは、なにくわぬかおで、おそうじをしておりますと、和尚さんが帰ってきました。

和尚さんは、へやの障子をしめて、たのしみにしまっておいた、あんこのつぼを出そうと、とだなをあけてみると、ありません。そこで、小僧たちをよびあつめて聞いてみると、さっきの小僧さんが、

「そのつぼでしたら、さっき本堂のそうじをしていましたら、お仏さんの前にありました」

と言うと、和尚さんと小僧さんたちは、いそいで本堂のほうへ行ってみると、お仏さんのかおを見ると、なにやら口のまわりに、あんこがついていました。また、さっきの小僧さんが、

「和尚さん、中のくすりを、お仏さんが、食べてしまったんじゃないですか」

と言うと、和尚さんは、柄の長いほうきを持ってきて、お仏さんをたたきはじめました。

「おまえは、つぼの中のくすりを食べてしまったのか」

と言って打ちますと、カネでできているお仏さんは、

「クワーン、クワーン」

となりました。

「見ろ、小僧。お仏さんは、『くわん、くわん』と言っておられるぞ」

すると、またあの小僧さんは、

「和尚さま、それでは、お仏さんは、白状しませんよ。そうだ、煮立ったお湯の中にいれて、白状させましょう」

と言って、さっそく大きなかま（釜）をよういしてきて、ぐっつぐっつと煮立ったお湯を、中にいれて、その中にお仏さんをいれますと、お仏さんは、

「クッタ、クッタ」

と言いました。これを見て、和尚さんは、小僧さんの知恵には、

「まいった、まいった」
と言って、小僧さんたちがあんこを食べたことを、ゆるしてあげました。

† 類話61・122(74・123・125も参照)

123 和尚と小僧――プープ、パタパタ、グツグツ

昔話 和尚と小僧―小僧改名
語り手○祖母 宮城県仙台市宮城野区〈兵庫県神戸市出身〉明治三十七年生 七十二歳

あるところに、三人のなかのよい小僧さんと和尚さんが住んでいました。あるとき、壇家からお餅がとどきました。お尚さんは、ずるい考えをおこして、小僧さんたちにわけずに、自分だけで食べることにしました。毎晩、小僧たちが寝しずまってから、和尚さんはひとりで、そっとお

餅を持ちだしては、いろりで焼いて、パタパタと灰を落として、プープーと言いながら、なべに入れ、グツグツと、おぞうににして食べました。

あるとき、ひとりの小僧さんが、便所におきたときに、和尚さんの部屋から、みょうな音がするので、そっと障子のすきまから、のぞいてみると、なんと、和尚さんがひとりで、なにやら、うまそうなものを食べていました。さっそく部屋に帰って、寝ているほかの二人をたたきおこして、

「和尚さんが、なにやらうまいものを食べているから、わたしたちも、わけてもらおう」

そのまま行ったのでは、はやく寝ろと言われ、おこられるばかりだから、なにかよい方法はないかと、三人は、和尚さんの部屋の前に行って、そっと中をのぞいていました。ひとりの小僧さんが、なにを考えついたのか、ほかの二人に、

「ゴニョゴニョ」

と耳打ちしました。

翌朝、三人はそろって和尚さんのところに行き、

「和尚さん、わたしたちの名前をかえてください。わたしはパタパタで、これがプープー、あれはグツグツにしてください」

と言いました。さて、その晩のこと、小僧さんたちは、いつもよりはやめに床につき、そっと寝たふりをしていました。

和尚さんは、小僧たちが寝たかどうか、耳をすまして聞いてから、おくへ行って、戸棚から、まだ焼いていないお餅を、いろりのそばまでもってきて、いつものとおりに、いろりで焼きはじめました。そのうち、お餅がちょうどよく焼けてきました。和尚さんは、焼きあがったお餅をつまみあげて、

「パタパタ」

と灰をたたき落としました。そして、

「プープー」

と言いながら、なべの中に入れて、

「グツグツ」

と煮はじめました。

すると、いままでしずかだったお寺の中に、きゅうにドタドタと足音が聞こえて、和尚さんの部屋の中に、三人の小僧さんたちが、なだれこんできました。和尚さんは、おどろいてしまって、なべをかくすひまもありませんでした。小僧さんたちはそろって、

「和尚さん、なにかご用ですか」

と言った。和尚さんは、

「いや、よばなかった」

とはねつけたのですが、すかさず、

「和尚さん、おいしそうなおぞうにですね」

と言うと、和尚さんは、われにかえって、

「ああ、お前たちも食べるかね」

と言うと、小僧さんたち、待ってましたとばかり、口をそろえて、

「はい」

和尚さんは、とうとうあきらめてしまって、みんなでなかよく食べたんだって。

† 類話74・123（61・122・125も参照）

124 栗ひろい——三枚の札

昔話　三枚のお札
語り手○母　宮城県仙台市宮城野区　昭和六年生　四十五歳

ある所に、母と男の子が住んでいました。その年の秋のくりひろいのころになりました。男の子が、おかあさんに、

「おかあさん、ぼくも、くりひろいに行きたいよぉ」

とだだをこねました。おかあさんは、しかたがないから、

「それじゃあ」

と言って、大きなおにぎりと、かご（籠）と、三枚のお札を持たせました。出かけるまえに、おかあさんは、

「この三枚のお札は、たいへんありがたいお札で、お前が山の中でこまったときに、おねがいごとをすると、なんでもかなえてくれるから、なくさないように、だいじに持って行きなさい」

と言いきかせて、行かせました。男の子はそれをふところの中にしまって、山に出かけました。

　山についてみると、あること、あること、足のふみばもないくらいに、たくさん口のあいたいがぐりが落ちていました。男の子は、日の暮れるのもすっかりわすれて、いっしょうけんめいひろいました。もう背中のかごもいっぱいになったので、ひろうのをやめると、もうあたりが暗くなっているのに気づきました。男の子は帰り道をさがして、とぼとぼ歩いていました。

　すると、はるか遠くの方に、明りが見えました。男の子は、その明りに向かって歩いて行きますと、一軒の農家がありました。中からは、なんとも言えないよいかおりがしてきます。男の子は戸をたたいて、とめてもらえるようにたのむと、中からおばあさんが出てきて、いれてもらいました。おいしいものをごちそうになりました。夜もふけて、男の子はねむくなったので、寝てしまいました。

　夜なかになって、ふと目をさますと、障子に鬼が、何かをしているのがうつっていました。男の子は、そっと障子をあけて、中をのぞいて見ると、鬼ばばが、包丁をといでいるのが見えた。男の子はこわくなって、にげようとしました。すると鬼ばばが気がついて、あとをおいかけてきて、男の子は、縄で、ゆわえられて（縛られて）しまった。そのそばで、鬼ばばが、包丁をといでいました。男の子は、

「便所に行きたい」

と言った。鬼ばばは、

「逃げられてはたいへん」

と、縄のかたほうを〔自分の体に〕つないで、外で待っていました。男の子は、縄をほどいて、柱にしばり、おかあさんからもらったお札を一枚中にはって、便所のまどからにげた。鬼ばばは外で、

「もういいか。もういいか」

ときくと、お札が、かわりをして、

「まだだ。まだだ」

と言っているうちに、男の子は、すたこら、すたこら、にげた。そのうち、鬼ばばが、便所をのぞいてみると、中はからっぽ。

「これはにげられた」

と思った鬼ばばは、すぐにあとをおいかけた。男の子もいっしょうけんめいにげたのですが、そのうち、おいつめられた〔追い付かれた〕ので、もう一枚のお札を出して、

「川になれ」

と言ってうしろのほうに、ほおりなげると、たいへん広い大きな川ができました。男の子は、また一生懸命にげました。それでも、またおいつめられてしまいました。こんどは、三枚めのお札を出し、

「すすきの原になれ」

と言うと、たけの高いすすきの原が、あらわれました。男の子は、また一生懸命にげました。鬼はまだおいかけようとしましたが、すすきの原に、まよいこんでしまって、男の子をつかまえることができません。男の子は、そのすすきの原に、なんとか、なんとか、にげのびることができましたとさ。

† 類話6・59・92・121・124・142

125 和尚と小僧——いろりのあんころもち

昔話 和尚と小僧—焼き餅和尚
語り手○母 宮城県仙台市宮城野区 昭和六年生 四十五歳

あるところに、とてもずるいけど、心のひろい和尚さんと、三人の小僧さんがいました。ある日、檀家からあんころもちがとどきました。和尚さんは、小僧さんたちにわけないで、なんとか自分ひとりだけで、食べようと思って、いろいろとかくす場所をさがした。戸だなの中はすぐ見つかるし、いろいろと考えたあげくに、和尚さんは、いろりの灰の中に、あんころもちをかくすことにしました。

それをこっそり、障子のすきまからのぞいていた小僧のひとりが、小僧さんたちのへやに帰ってから、ほかの小僧さんたちにそのことを話すと、小僧さんたちは、なんとかして和尚さんからそのあんころもちを、わけてもらおうと、いっしょうけんめい知恵をしぼり、考えたのですが、よい考えが、うかばないので、しばらくほっておくことにしました。

そのうちに、和尚さんから、おつかいに行くようにと、三人は、和尚さんのへやによばれました。三人のうちのかしこい小僧さんは、

「しめた」

と思い、このときに、もらうことを考えました。和尚さんのおつかいは、魚屋さんと、八百屋さんと、檀家の一軒に行くことでした。小僧さんのうちのひとりは、いろりの灰に地図を書きました。

「目のまえの通りを、まっすぐ行って、三丁めのかどを左にまがって、三軒めが魚屋さんですね」

と言って、火ばしをヅクッとさして、ぱっと持ち上げると、火ばしのさきに、あんころもちが、ささってきました。小僧さんは、わざとふしぎそうなかおをして、和尚さんのかおを見たら、和尚さんが、こまったようなかおをしていた。和尚さんは、しかたがないので、そのあんころもち

を、その小僧さんにあげることにしました。

　こんどは、つぎの小僧さんが、火ばしを持って、またその地図のつづきを書きはじめた。

「その道をまっすぐ行って、十軒めが八百屋さんですね」

と言って、火ばしをヅクッとさして、ぱっと持ち上げると、また火ばしのさきに、あんころもちがついてきました。和尚さんはまた、しかたがないので、そのあんころもちを、その小僧さんにあげることにしました。

　またつぎの小僧さんが、火ばしを持って、

「その道をまたまっすぐ行って、四丁めのところを左にまがって、五軒めの家が檀家ですね」

と言って、また火ばしをヅクッとさして、ぱっと持ち上げると、また火ばしのさきに、あんころもちがささっていました。和尚さんは、またその小僧さんに、あんころもちを、わけてあげました。

「なんかいも、くりかえされたら、こまる」

と思った和尚さんは、いろりの灰の中から、あんころもちを、ぜんぶだして、和尚さんと小僧さんたちと、山わけをしました。

　それからというもの、和尚さんは、檀家からいただきものをすると、小僧さんたちとみんなで、わけて食べるようになりましたとさ。

†　類話61・122・123・125

126 三人の癖——むずむず、こすり目、鼻すすり

昔話 三人の癖
語り手〇母 宮城県仙台市宮城野区 昭和六年生 四十五歳

あるところに、三人のへんてこなくせのある人たちがいたんだって。ひとりは、しょっちゅうからだを、むずむずうごかしていたんだって。もうひとりは、目を、ごしごしこするんだって。それから、もうひとりは、鼻の下を、すするくせがあったんだって。

あるときに、三人があつまったところで、大家さんが、

「三人とも、いいかげん、そのくせをやめたらどうかね」

って言ったんだって。それで三人、いっしょうけんめい考えて話し合ってから、大家さんのところに行って、

「これから、三日間、わたしら、くせを直すように、がまん大会をしますから、大家さん、どうか見とっててください。もし、それやぶったら、家賃を倍はらいますから」

と言って帰って行きました。

まず一日めと二日めは、ぶじにすぎたんだって、だけど、とうとう三日めの日になったんだって。三人して大家さんの家にでかけて行って。大家さんの目の前で、がまんくらべをしたんだって。最初はしんとしていた三人も、そのうち、しびれをきらしてきたらしくって、むずむずのくせの人が、なにかむずむずしたのが、しぜんに見える方法はないかって、考えて、考えついて、話をしはじめたんだって。

まず、むずむずの人が、

「あるところにたいへん強いお侍さまがいて、あるときに狩りに出かけたんだって。野原を歩いていると、なにかものがうごいたんだって。するとその侍、きゅうに武者ぶるいがしたんだって」

と言って、その動作をするように見せて、どさくさにまぎれて、むずむずっと、からだを動かしたんだって。

それを見ていた、こすり目のくせの人が、その話につけて、

「よっく（しっかりと）そのうごくものを見ようと思って、目を見ひらいたんだって」

と言ってまた、どさくさにまぎれて、目をごしごしって、こすったんだって。

こんどはそれを見ていた、鼻すすりのくせの人が、

「よく見るとなんと、うさぎだったんだって。だから、さっそく矢をつがいで（つがえて）、きりきりっと、弓をひいたんだって」

と言うと、また動作をして見せて、指を、

「きりきり」

と言いながら、鼻の下までもってって、ごにょごにょと、鼻をすったあとに、

「ぱっと、〈矢を〉はなったんだとさ」

と言って、話をしめくくったんだって。

　そしたら、それを見ていた大家さんが、きゅうにわらいだして、

「おまえたち、もうおやめ、おやめ。そんなんじゃ、いつまってでたっても直らないから。もうがまん大会はおしまい、おしまい」

と言ったとたんに、三人とも、しびれをきらして、自分のくせを、なんかいも、なんかいも、やったんだって。

　それから三人は、くせを直そうなんて、考えるの、やめにしたんだってさ。

〈語る・聞く〉

　121・123は、神戸生まれの祖母が孫（学生）に語ってくれた話。122・124・125は、その祖母が小さいころの母に語って聞かせた話を、母が今も覚えていて娘に語ってくれた。126は、古典落語で知られた話であるが、なぜか、そのことを知らない母が語ってくれた。

　少し解説すると、121・124は同じ話である。前者は学生の祖母が尋常小学校のころ、その祖母から聞いた話、後者は話を聞いた祖母が孫にあたる学生の母に語った話、それを娘に語り聞かせた

ので、筆記されたわけだ。話の内容が変化していることに注意。この昔話は、祖母から孫へ、その孫から孫へ、そしてその娘へと数代にわたって変化しながら家族の中で語り継がれてきたのである。昔話の伝わり方がわかって興味深い。

127
二匹のきつね

昔話　狐と狸の売りあい
語り手〇祖母　宮城県仙台市宮城野区　明治二十一年生　八十八歳

山に、わるいきつねがいて、お正月に、肉や魚を買いたいと思っていたんだと。だけどお金がなくて、べつのきつねに、

「死んだふりしろ」

って言って、人間にばけて、町に買いに行ったんだと。

「ふとって、うまそうなきつねー」

って言って、売って歩いたんだと。そしたら、

「なんぼっしゃ（いくらですか？）」

って、人が買いに来たんだと。わるいきつねは、お金をもらって、ドサッと、せおっていたきつねを、おろしたんだと、おろされたきつねは、下におろされたんで、逃げて行ったんだと。そして、悪いきつねが持ってきたお金で、肉や魚を煮て、ごしそう（ごちそう）を作って食べたんだと。

　うまくいったんで、こんどは、わるいほうのきつねに、べつのきつねが、

「こんどは、おまえが死んだふりしろ、おれがしょってくから」

って言って、町に行ったんだと。

「ふとった、うまいきつねー」

って歩いていたんだと。そしたら、人が来て、

「買うから」

って言って、そのきつねをつるして、納屋につるしてたんだと。べつのきつねは、いくら待っても、わるいきつねが帰ってこないんで、見に行ったら、上からつるされてたんだって。そしてそのわるいきつねは、

「つるされてしまって、逃げられないから、おろしてくれ」

って言ったんだと。そしたら、べつのきつねは、

「人（ひと）をばかにしたんだから、つるされて、人（ひと）に食（た）べられろ」

って、山（やま）に帰（かえ）って行（い）ったんだと。

† 類話127・140

〈語る・聞く〉

127は、祖母が子どものころ母から聞いた話。それを孫娘（学生）に語った。曾祖母から祖母へ、祖母から孫へと伝わったわけだ。

128 ぬれ薬師

伝説
語り手○男性　宮城県柴田郡柴田町　明治四十二年生　六十七歳

むがすむがすのことになっけんとも（なるけれども）、日照りがつづいて、田植えができね（できない）年があったと。雨ごいす（し）てもだめ、祈祷すてもらってもだめ。とうとう、村一番の器量よしの娘ば、どじょ沼（柴田町大字槻木字鯲沼）の水神さんに、おそなえすたらいんでねぇが（したら、いいのではないか）、つうことになったんだと。

んで、その娘をえらんだりなんだりのさわぎの最中に、ひとりの旅の坊主がとおりかかったこと（通りかかったとさ）。話聞いたこの坊主、一体の仏像ば彫って、

「娘の代わりに、これをおそなえすろ（御供えせよ）」

って教えたこと。半信半疑で言うとおりにすれば、たずまず（たちまち）黒い雲がわいてきて大雨になったんだと。

んで、村の百姓たち、このおほどげ（仏）さんば、「ぬれ薬師さん」どって（と言って）、毎年祭りすんだとや。

129　八幡太郎義家

伝説
語り手○男性　宮城県柴田郡柴田町本船迫　明治四十二年生　六十七歳

今から九百年ばかり前のむがすの話だ。八幡太郎義家つぅ人と、安倍貞任つぅ人が、大きいいくさをすたんだどや。いくさは八幡太郎が勝ったんだけんど、この八幡太郎が、なぬすた、かぬすた（なにした、こうした）つう話が、あっつこっつさも残ってで、この町さ（に）もある。

白鳥神社（柴田町大字船岡字内小路）さ合祀さって（されて）、今はねぐった（なくなった）げんども、船岡の杉崎さ（に）八幡さん（杉崎の八幡神社）があった。なんで杉崎つうがというと、義家が杉の先さ白い旗ば立てたからだど。

中名生（柴田町大字中名生）さも、白幡さん（白幡神社）があっけんとも、近くの家さは、「源義家寄進状」つう書き物がのこっている。七草とか粥ケ崎なんつう地名も、義家さ関係あるつうごった（あるということだ）。

書き物っていえば、白幡の八幡さん（柴田町田町大字槻木字白幡の八幡神社）さもあるっつごった。この八幡さんは北向き八幡どって、ここから義家が弓ばうったれば、その矢が今の弓矢ケ崎まで飛んだっだと。弓矢ケ崎（柴田町大字槻木字弓ケ崎）の名はそこからついたんだどや。

別の人の話では、ここ（白幡の八幡神社）で義家と貞任が合戦をすたっつごった（したということだ）。川（阿武隈川）向かいさ七畝山（七峰山のことか）がある。山の斜面が畑のうねみだから（畝のようだから）、そだ（そういう）名前がついだんだっぺげんともなや（付いたのだろうけれどもね）。

むがすは平らだったんげんと（平らであったけれど）、義家がここば耕したこと（耕したということだ）。すたれば（耕すということをしたところ）大きな岩が服の先にあったと。力まかせにぶん投げたれば、四日市場（柴田町大字槻木字四日市場）までふっ飛んでいったと。この石のことば「鬼石」というんだと。

130 仮又坂の由来

伝説
語り手○男性 宮城県柴田郡柴田町 明治四十二年生 六十七歳

むかし、上野山（現在、「太陽の村」のある山）あたりに蝦夷（古代・東北地方に居住した人々）ち（というのが）がいたんだど。八幡太郎義家が蝦夷を征伐しようとしたそうな。蝦夷は上野山から〔里へ〕逃げてきたんだど。それを八幡太郎義家が上野山から矢をもって征伐した。

そんどき、その狩股の矢が日光さん（柴田町船迫日光）の杉の木の根っこに、ぶっ刺さったんだど。その前まではそのあたりを「坂の下」といってたんだけど、狩股の矢（鏃が二股の矢）が落ちたために「仮又坂」とつけろとなって、それから仮又坂（柴田町船迫）となったんだど。

〈語る・聞く〉
128・129・130は、地元の郷土史家（もと中学校の教員）が語ってくれた伝説。

131

屁ったれ嫁

昔話　屁ひり嫁
語り手○母　宮城県伊具郡丸森町　昭和三年生　四十八歳

むがす、むがす、あっとごろで（あるところで）、すこすたんね（少したりない）嫁ご（嫁御）もらったんだどさ。ある日、嫁ごがあおぅい（青い）顔してっから、すうどがが（姑母）さん、嫁ごさ（に）、聞いだんだどさ。そすたれば、

「へ、たれでんだい（屁をたれたいんですが）」

て、（嫁が）ゆ（言）ったんだど。そすたら、すうどががさん、

「へなんか、なんぼでもたれろ」

て、ゆ（言）ったんだど。そすたら、嫁ごが、

「おどっつぁん、おっがさん、ろんぶぢさ（炉ばたのふちに）、ぎっすり（ぎっちり）、つかまってでくない（ください）」

て、ゆ（言）ったんだど。そすたら、すうどががさん、

「なんぼでも、たれろ。ぎっすり（ぎっちり）、つかまってから」

とずった（言った）んだど。ほすたれば（そうしたところ）、嫁ご、けづぐらり（尻を勢いよく）、すったぐって（裾を引き上げて）、

「ボンボン」（何発も、音の形容でもある）

たっちゃんだ（屁をたれた）どさ。ほすたれば、すうどおやんつぁん（舅親父）と、ががさん（姑母）が、けむだす（炉ばたの上の煙出し穴）まで、ふっとばさっちゃんだ（吹っ飛ばされた）どさ。おどろった（驚いた）ががさんが、

「へのくぢ（屁の口）とめろ」

て、ゆ（言）ったんだど。ほして、ようやくとまったんだどさ。

　ほだ（そんな）嫁ご、おがんねがら（置いておけないから）、出すごどにすて（追い出すことにして）、すうどおやんつぁんが、送っていったんだどさ。ほすたら、とちゅうで、なす（梨）の木の下さ、反物売りが、上見で（上を見て）、休んでだんだどさ。そごで、すうどおやんつぁんが、

「なに、見ったんだい（見ているんだい）」

て、ゆったら、

「なす（梨）食いでげんど（食べたいけれど）、もがんなくて（もがれなくて）、見ったんだ」

て、ゆったんだど。そすたら、嫁ごが、

「ほだもの（そんなもの）、へで、なんぼでも、もがいる（もぐことができる）」

て、ずった（言った）んだど。ほすたれば、反物売り、

「ほんとぬ（に）もいだら、この反物、みなやっから、もいでみろ」

て、ゆったんだど。ほすたれば、嫁ご、まだ、けづふったぐって（尻をたぐって、まくりあげて）、

「ボンボン」

へたったんだ（屁をたれた）どさ。ほすたら嫁ごが、

「ほれ、おぢだべ（落ちたろう）」

て、ゆったんだど。反物、全部もらって、宝嫁ごだがらって（宝のような嫁だからというわけで）、家さ、もどってきたんだどさ。

132 食わない嫁

昔話 食わず女房―蛇女房型
語り手○母 宮城県伊具郡丸森町 昭和三年生 四十四歳

あるどごろさ、よがこい（欲が深い）男が、いだんだど。まんま（ごはん）、かしんの（食わせるのを）、いだますくて（もったいなくて）、嫁ご、もらわねがったんだど（もらわなかったとさ）。ある日、

「ごはんかね（食わない）嫁ご、世話すっから、もらわねが（もらわないか）」

て、ゆわった（言われた）んだど。そすたれば、男、

「ごはん、かねんだったら（食わないなら）、もらったっていい」

て、ゆったんだど。ほすて（そして）、見さ行ったんだっど。行って見だれば、なるほど、口、ねぇんだど。ほすて（それで）よろごんで、もらったんだど。ほすて、まいにち、まいにち、山さ行ってかしいだ（働いた）んだど。ほして、

「おれ一人なんだげんと、米、ずいぶんへるなぁ」

て、思っていだんだど。

　ほすたれば、ある日、となりの家の人によばらっちぇ（呼ばれて）、となりの家に、行ったんだど。ほすて、休みごろぬ（午前十時や午後三時ごろの休憩時間に）なったれば、

「おまんじゅうぺろぺろ、おまんじゅうぺろぺろ」

という声が、聞こえでくるんだど。

「はやぐ、行って見ろ」

と、ゆわって（言われて）、かきねのとっから（ところから）、見だれば、頭の毛、みなさげで（下げて）、おおきな、やぎめす（焼き握り飯）、頭の上から、ぺろりぺろり、食っていだんだど。ほすて、男、おどろって（驚いて）声、あげてすまったんだど。そすたれば、嫁ご、おどろって、

「おれのすがた見だがら、ころすど」

て、おっかげだんだど。男、にげながら、ふりかえって見だら、鬼だったんだど。ほすて、しょうぶ（菖蒲）のかげさ、かぐれだら、鬼、だいきれ（大嫌い）なんで、〔鬼が〕にげで行ったんだど。

†　類話35・63・71・73・79・102・132

133 「お」抜きの嫁

昔話 「お」の字の禁
語り手○母 宮城県伊具郡丸森町 昭和三年生 四十八歳

あるどごろさ、ばがな娘が、あったんだど。ががさま（嫁ぎ先の姑が）、娘ぬ（に）、

「話すっどぎ、なんさでも『お』つけるんだがんな（「お」をつけるのですよ）」

て、おせだ（教えた）んだど。

ある日、風のふく日、ばが娘が、

「おはすり（お走り、台所）まえの、おすりこぎ（擂粉木）が、おがったり、おがったり（ガッタリ、ガッタリと音をたてる）」（すりこ木は男根の意で、「おがったり」は大きくなったという意味になる）

て、ゆった（言った）んだど。ほすたれば、ががさま、

「ほだに、『お』ばがり、つけねだって（つけなくたって）、ええんだ」

て、ゆったんだど。

ほすて、ある日（ひ）、また、【舅親父（しゅうとおやじ）のあご（おとがい）にご飯（はん）つぶがついているのを見（み）て】
「とっつゃ、とげさ、どけ、どけ（お父（とう）さん、（ご飯（はん）つぶが）おとがいに付（つ）いていますよ、お取（と）りなさい、お取（と）りなさい）」
て、ゆったんだど。ほすて（それで）、ががさま、なんにも、ゆわんねがった（言（い）えなくなった）んだど。

† 類話30・133

※ 「とげ」は、「おとがい（あご）」から「お」を抜いて言った。

〈語る・聞く〉
131・132・133は、聞き手（学生）の母が祖母から聞いた話。母は三、四歳ころから小学校のころまで、夜、いろり端で聞いたという。「むがす、むがす、あったどころに（あるところに）ではじまり、「こんで終わり」で語りおさめた。子どもたちは話を聞きながら、「ほすて、ほすて（そして次はどうなるの）」とせがんだという。

福島県

134 子育て幽霊

昔話 子育て幽霊
語り手○祖母 福島県相馬市 明治四十四年生 六十五歳

あるところに、あめ屋があったんだと。このあめ屋に、毎晩、夜がふけると、きまって青いかおをした幽霊のような若い女が、土のついたお金を持って、あめ買いにきたんだと。きたいに(希代に、不思議に)思って、六日めの晩に、あめ屋の亭主が、あとをつけて見っと(見ると)、墓で姿が消えてしまったんだと。そんで(それで)底のほうから、赤んぼうの泣き声がしているんだと。

こわくなって帰ってきて、そのつぎの日の夜が明けて、みんなでそろって行ってみると、新しい墓があったんで、ほってみたんだと。そしたら、母親の死骸に抱かれた赤んぼうが、あめをなめていたんだと。

(※ 中国南宋の怪談集『夷堅志』の「餅を買う女」が日本に入ってきて昔話になったもの)

135 となりの寝太郎

昔話 隣の寝太郎―鳩提灯型
語り手〇祖母 福島県相馬市 明治四十四年生 六十五歳

むかし、ふくしい（裕福な）家の隣に、うんと貧乏の家があったと。どうやってこの家をふくしい家にするかと、考えたんだと。かあさんと二人で住んでいたんで、隣りから嫁をもらうことを考えついたんだと。その男は、毎日毎日、寝てばかりいたんだと。そんで（それで）寝太郎となったんだと。寝太郎は、毎日毎日、考えていたんだと。

寝太郎は、おおみそか（大晦日）にべんがら（赤い絵具）を、二銭店屋で買って、水鉄砲にいれたんだと。〔となりの家では〕二斗の餅がついてあったと。となりの納屋（物置き小屋）へあなから、〔水鉄砲で〕べんがらを吹いたと。納屋のすきまからいれたんだと。そんで、〔となりの家で〕元旦に餅を切ろうとしてあけたら、草餅も豆餅も白餅も、みんな血を吹いて〔赤く染まって〕いたんだと。〔となりの家は〕ふくしい家で、そのもちを持って来てくれたと。

「ごめんください。餅ついたんだけど、血吹いたみたいだ。おもてけっぺずれ（表面をかきけずれ）ば食べられる。おれの家では米いっぱいあっから、また餅つけるんだから（また餅がつけるので要らない）」

それで、寝太郎のかあさんはおこったんだと。

「いくら貧乏でも、ばかにすんでねぇ。あんたの家で食えねえ血の吹いた餅は、うちでも食べらんねぇ」

と言ったんだと。ところが寝太郎は、

「人の好意を大切にしろ。人の好意はうけるもんだ」

と言ったんだと。そんでもらったと。

寝太郎は、かあさんにたのんで、小さい盆提灯とさらし（白い布）を買ってきてもらったんだと。そして、餅をつかって（鳥黐を使って）烏をつかまえ、その首にさらしの布をつけたと。〔そして、正月〕十四日（小正月）の年取りの晩に、氏神さまの松の木のてっぺんにのぼって、烏をだき〔抱いて〕、〔盆提灯に〕明かりをつけていたんだと。ふくしい家では、寝太郎が木にのぼっているとは思わぬから、おやじとがが（妻）が外へ出て見たんだと。そのとき、〔寝太郎は〕烏を飛ばしたんだと。

〔隣のおやじと妻は〕ますます不思議になって、夜に語り、朝に相談したんだと。元旦には餅に血を吹いた。あとの年取りには烏あぁ（烏が）行った。それで、これはいよいよ氏神さまの中

しびらきだ（お知らせだ）。それで、

「ががや（かあさんよ）、くれっぺ（娘を嫁にやろう）」

ということになったんだと。

　それで十五日の朝、ふくしい家から、

「おらえ（私の家）の娘をもらってくれねぇか」

といって来たんだと。

「貧乏だと思って人をばかにするな。こないだは血のついたもち、こんどは娘か。ばかにするにもほどがある」

と言って、かあさんはことわったんだと。すると、寝太郎は、寝ていて、

「人がくれるというときは、『もらう』とだけ言うもんだ」

と言ったと。それでかあさんが、

「寝太郎がもらうと言うのだから、もらうべ（もらおう）。けれども袴も、羽織もないんだ」

と言ったら、

「そのおふるまいの用意は、ぜんぶすっから（するから）、いつもらうか、日どりだけ決めてもらいたい」

となったんだと。

　そして祝言の日どりを決めて、その段どりになったら、ぜんぶ出してくれ、羽織や仙台平の袴

もくれたんだと。祝言となったら、その寝太郎が、とんでもなくりっぱな男になったと。

それで（そういうわけで）、果報は寝て待て、というのだと。

昔話　あと継ぎは兄―神様と兄／難題嫁
語り手○祖母　福島県相馬市　明治四十四年生　六十五歳

136 やっぱり長男

むかし、兄弟あったんだと。兄のほうは頭がすこしわるくて、〔親たちは〕この家をくれる〔与える〕のは、もったいないと思ったんだと。ところが弟は、〔家を〕もらいたくて、もらいたくて、

「おれにまかせろ、まかせろ」

と言うので、親たちが、

「おまえら、いっしょに火をおこして、いっしょに鍋をかけて、さきにあずきの煮あがった者に、

この家をつがせることにする」

ということになったんだと。

ところが、あずきというのは、一生懸命、火を燃やしても、はやく煮えるというものではないんだと。ときどき、おどろかし（冷たい水）をいれてひやして、また煮えたら、おどろかしをいれて、ひやしたり、煮えたたせたりして、〔そうやって〕はやく煮るんだと。

それ、兄のほうは、頭がわるいもんだから、火をたくの、なまけたりなんだりしていたもんだから、自然とそうなって、あずきがはやく煮えたんだと。弟のほうは、火をどんどんもやして、こげてしまったんだと。

「やっぱり、長男は長男だ」

と言って、家をつがせたんだと。弟のほうは、ぜんぜん〔財産を〕もらわなかったんだと。

137 うぐいすになった姉

昔話　おぎん・こぎん
語り手○祖母　福島県相馬市　明治四十四年生　六十五歳

むかし、あとかあさん（後妻）と姉妹がいたんだと。姉のほうは、おじょという名で、さきのかあさん（先妻）の子で、妹のほうは、こじょという名で、あとのかあさんの子だったんだと。

とうさんは、出稼ぎに行って家にいなかったんだと。

ある日、おじょとこじょは、学校にいっしょに行ったんだと。〔後妻は〕おじょのほうには毒を入れて、こじょのほうには、うまいおかずを入れて、弁当つめたと。学校に行ってから、休み時間になって、弁当を食べようとしたとき、こじょは、

「ねえさん。かあさん、ごはんの中さ毒いれてよこしたから、食べねぇほうがいいど」

と言ったんだと。

「それ、うそだと思うんだったら、ごはんをあの犬に食べさせてみろ」

と言ったんで、おじょが食べさせてみると、犬は、どうどうめぐり三回して、ころっと死んでしまったと。そうして、家に帰っていったので、かあさんは、びっくりしたんだと。

「これ、おじょ、あのごはんは食べなかったのか」

と言ったら、おじょは、

「おらは、腹すかなかったから、食べなかった」

と言ったんだと。

　そしたらある日、かあさんは、おじょに毒を食わせて殺し、むこうのぐみの木の下にうめたんだと。そうしているうちに、とうさんが帰ってきたんだと。そして、

「おじょは、どこへ行ったんだ」

と言ったんだと。

「となりに、あそびさ行ったんだ」

とかあさんが言ったんだと。そうしているうちに、うつくしい鳥が千羽ほど、ぐみの木の下さ（に）あつまって鳴きだしたんだと。

「とどさん（とうさん）、こいしや、ホーホケキョ
　とどさん、こいしや、ホーホケキョ」

と鳴きだして、あたりをほじくらした（掘らせた）んだと。とうさんがふしぎに思って、ほってみたんだと。そしたら、娘の死骸が出てきて、ふところに書きつけがあったんだと。

「さきだつこの身は不孝か、
のこるとうさんは（には）孝行か、
いかがでございますか、
これを考えて冥土の旅となり」
こう書いてあったんだと。

† 類話19・80・137

〈語る・聞く〉

134・135・136・137は、語り手（祖母）が小さいころ祖父から聞いた話。夜、寝床で聞いたという。

137の遺言「さきだつこの身は不孝か、のこるとうさんは孝行か」は、意味がはっきりしない。

「先に死ぬ私は親不孝な娘でしょうか。後妻に殺されて私が死ぬことは、お父さんにとって都合がよいはずだから親孝行な娘ではないでしょうか。迷いながら死んでいくのです」という意味か。

138 夢（ゆめ）とはち

昔話　夢と蜂
語り手〇女性　福島県南相馬市小高区　明治二十九年生　八十歳

　むがし、むがしなぁ、仲（なか）のいい二人（ふたり）のわがいもん（若者（わかもの））が、たぎもの（薪（たぎ））取（と）りさ行ったんだと。ほうしたら、ひと仕事（しごと）してやすんでるうちに、一人（ひとり）のわがいもんが、グーグーねむっちまったんだと。ほうしたら、わがいもんの鼻（はな）の穴（あな）から、はちが一（いっ）ぴき出（で）てきたもんで、

「刺（さ）されねばえぇなぁ」

と思って見でっ（見（み）ている）と、近くの榎（えのき）さ、ぶーんと飛んでったんだと。

「やれやれ」

ど思ってだら、またぶーんと飛（と）んできて、

「鼻（はな）の穴（あな）さはいった」

ど思（おも）ったら、まだ出（で）てきて、ぶーんと飛（と）んでったんだど。

そごで（そこで）、わがいもんが目ぇさまして、

「おらあ、いい夢見たど」

って言ったんだと。ほしたら（山で薪を取っていると）、でっけぇはちの巣あったもんで、

「いっぺぇ（いっぱい）銭ある夢っていうのは、たぶんこの巣のごどだ」

と思って、そっこと（そっと）、かます（藁で作った袋）をかぶせて、ボッツリもいで（もぎ取って）、ヨッコラ、ヨッコラかついできたんだど。

家さ来て、おっかなおっかな（恐る恐る）あけで見っと、〔蜂の巣のなかに〕たんまり銭はいってたんだどよ。

139 つるは千年、かめは万年

昔話　鶴は千年、亀は万年
語り手〇女性　福島県南相馬市小高区　明治二十九年生　八十歳

むがしむがしなぁ、かめのご（亀子）が、池がら（から）あがって、甲羅ほしてだんだど。ほしたら（そうしていたら）、つるのやつが、バァッと飛んできて、

「かめさん、かめさん、おれどそって（おれと連れ添って）くんねがや（くれませんかね）」

って言ったんだど。ほうしたら、

「つるさん、ほいづは（それは）むりだべ（むりでしょう）」

って言うど、

「なんでむりだ。首の長いのが気にくわねぇのが（くわないのか）、色白なのが気にくわねぇのが」

って言ったんだど。ほしたら、

「いやいや、ほんなごとでねぇ（そんなことではない）。つるは千年、かめは万年って言うべ。おめど

そうても（お前に連れ添っても）、たったの千年しかそわれねぇべ（連れ添えないでしょう）。あどの九千年は、やもめ（独身）で暮らさねっかなんねべ（暮らさなければならないだろう）」

かめのご（亀子）は、ほんなごと（そんなこと）言うど（言うと）、こうらさ（甲羅に）首つっこんでしまったんだど。

140 きつねとたぬき

昔話　狐と狸の売りあい
語り手〇女性　福島県南相馬市小高区　明治二十九年生　八十歳

むがしなぁ、たぬきが、きつねのどこさ（ところに）行って、

「きつねどん、里さ行って、いたずらしてみっぺ」

って言ったんだど。ほしたら、

「ほいずは（それは）いい。おれ死んだふりすっから、町さしょってって（背負って行って）売んのよ」

たぬきは商人に化げで、よっこらしょときつねしょって、

「きつねの首まき（襟巻）いらねがー。上等のきつねの首まきいらねがー」

って、さわいで（大声で）歩いたんだど。ほして、もうけだ金で、たぬきはきつねの好きな油あげ買って、山で待ってんだと（山で待っていたとさ）。

ほの（その）まま、〔襟巻を買った人の家で〕縁側さ（に）おがれた（置かれた）きつねは、人のすぎ（隙）見て、サーッと逃げてきたんだど。ほして、

「やぁや（いやはや）、うまぐいったな」

て、二ひきで腹いっぺ食ったんだど。

こんで（これで）あじしめたたぬきは、それがらなん日かたって、また町さ（に）きつねしょってって、

「きつねの首まきいらねがー」

てさわいで（大声で）歩いたんだど。

ところが、ばかなたぬきは、たまたま同じ家さ売りこんだもんだから、ほの（その）家では、きつねに逃げらんねように（られないように）、いぎなり（突然）きつねの手足をいわえつけで（結わえつけて）、軒下さつるしたんだど。

狸はまだ、油あげ買って待ってたんだと。あんまりおそいんで家さ行ったら、きつねが、

「なんでおればっかり、つるされねげねぇ（つるされなければならないのか）」

ほしたら、たぬきが、

「〈きつねだって〉おつけの実にでも（お汁の具くらいには）なるもんだ」

て言ったんだどよ。

† 類話127・140

〈語る・聞く〉

138・139・140は、語り手が小さいころ祖母から聞いた話という。これも例によって、母から娘へ、そしてその娘が母となって娘へと語り伝えた話と思われる。ただし、語り手と聞き手の関係が明確でない。地元の雑誌などから転写したものか。

秋田県

141 こぶとりじいさま

昔話　こぶ取り爺
語り手○女性　秋田県湯沢市（旧・稲川町）明治三十九年生　七十歳

むかし、むかし、ある村さ、上のこぶつぎ（こぶの付いた）孫三郎と、下のこぶつぎ孫三郎ていう二人のじいさまが、住んでいだっけど。上のこぶつぎのほうは、信心ぶかく、やさしくて、いいじいさまだけど（良いじいさまだけど）。下のこぶつぎのほうは、いじわるで、わるいじいさまだけど。

上のこぶつき孫三郎は、杉宮（秋田県雄勝郡羽後町）のあぐりこさま（元稲田稲荷神社）さ（に）、こぶっこ取ってもらいだくて、三、七、二十一日の願かげだけど。なんぼおまいりしても、願いごがかなわなくって、おれの信心がたりないんだなと、なげきかなしんで、二十一日めの夜は、夜どおしお宮さいだら（にいたら）、ずっと遠く西馬音内（羽後町）の方から、みょうな音が聞こえできたっけど。

「トローロ、ヘレトロ、ジャンケンケン、
　デンツクバッタ、シッカッカ、
　シマカラ、シマカラ、ソッソッソ」

その音が、だんだん近くなって、孫三郎のいるあぐりこさまさ（に）、近づいできだけど（近づいて来たとき）。

「あや（あれ）、おっかねなぁ」

ど思ってだら、あぐりこさまさ、はいって来たけど。だれかが、

「いたぢ（鼬）は、いだっこ、ふげばえし（吹けば良いし）、
きちね（狐）は、木のふり、ふればえし（すれば良いし）、
ちゃっこ（猫）は、笛こ、ふげばえし（吹けば良いし）」

そう言ったば（言ったところ）、

「あや、ちゃっこ（猫）いね（いない）」

「ちゃっこは、となり村のむんじん（無尽講＝お金を貸したり借りたりして助け合う組合）さ行って、きょうは来られねど」

そしたら誰かが、

「なんだが人くさい。人くさい。お宮の中さ（に）だれかいる」

そう言って、中さかくれでいだ孫三郎どご、ひっぱって来たけど。

「じいさま、じいさま、笛こふげだが（吹けるか）」

ぶるぶるふるえながら、

「少しなば（少しならば）、ふげだんし（吹けますが）」

そうこたえだば（答えたところ）、

「んだら、ふいでみれ」

孫三郎は笛こふいだげど。なんと、そしたば、じいさまのふいだ笛この、じょうずなごど。

「天とぶ鳥は、はねをやすめで（休めて）聞くごどぐ（如く）、
地をはう虫は、足をよどめで（止めて）聞くごどく。
トローロ、ヘレトロ、ジャンケンケン、
デンツクバッタ、シッカッカ、
シマカラ、シマカラ、ソッソッソ」

なんかいも、なんかいもおどったけど。

　そのうちに、

「コケコノヨー」

ど、にわとりの声がし、夜が明けるどごだけど（明けるところであったとさ）。

「あっ、夜明げる。夜明げる。こただに（これほど）、おもしれがったことながった（おもしろかったことなかった）。まだ（また）あしたの晩も来てけれな。じいさま、もし来ねば（来なければ）、たいへん

だがら（困るから）、その右のほっぺさ下がっている大事そうなもの、おいでってけれ」

そう言って、右のほっぺのこぶをもぎとってしまったけど。

　そして、ばげものたちは帰ってしまい、じいさま一人がのこされてしまったど。じいさまが、ほっぺさ手やったば、つるつる、つるつるとして、こぶのあとかたもなく、

「そのおもしれごど（なんといいこと）。あぁ、神さまありがど。よかった、よかった」

なんども、なんどもお礼を言って、家さ帰ったけど。

　その話が、村じゅうさ聞こえで、下のこぶつき孫三郎が、

「おれもこれなば（こういうことなら）、こぶとってもらわねば」

そう言って、たのみもしないのに、暗ぐならないうちから、あぐりこさまさ行ぎ、夜中を待ちかねで（て）、ばげものたちをむがえに行き、やっと来だ（た）。

「トローロ、ヘレトロ、ジャンケンケン」

を（と聞こえてきたので）、

「おお、ここだ、ここだ。さっきがら待ってだど」

そう言って、笛こふいでみだっけど。そしたば、笛こは、ゆうべとちがって、

「フェレ、フェレ、フョー」

どしかならねがったけど。ばげものたちは、おどろいで、

「さては、ゆうべのじいさまとちがうな。んだば（それなら）、ゆうべのこぶも、もどさねば」

そう言って、下のこぶつきの右ほっぺさも、こぶをつけで（て）しまったけど。なんぼひっぱってもこぶはとれねっけど。下のこぶつきは、両方のほっぺさこぶつけで、なくなく家さ帰ったけど。

んだから、うそついだり、ずるいことなのされねんだど（ずるいことなどしてはいけないんだって）。

142 小僧と山んば——三枚の札

昔話　三枚のお札
語り手〇女性　秋田県湯沢市（旧・稲川町）　明治三十九年生　七十歳

むかし、むかし、あるところさ、やさしい和尚さんと、めんこい（かわいい）小僧が住んでいだっけど。

あるとき、小僧が栗っこ食いだくて、山さひろいに行ったけど。そしたらば、やさしそうな女

が出てきて、

「小僧、小僧、おれはおめの（私はお前の）おばさまだ。ばんげ（夜に）、栗っこ煮で食わせるがら、あそびに来い」

と言ったけど。小僧はよろこんで、お寺に帰ってきて、おっ（和尚）さまさ（に）、

「おっ（和尚）さま、おっ（和尚）さま、山さ行ったば、おばさまさ会って、『ばんげ、栗っこ煮でくわせるがら、あそびに来い』って言われだ。行ったっていいべ」

って、小僧が言ったば（言ったところ）、おっ（和尚）さまは、

「それはな小僧、おばさまでなのなくて（おばさまなんていうものでなくて）、山んばなんだ。おめどご食いだくて（食いたくて）、（そう言ったの）だがら、行がないんだ（行ってはいけないんだ）」

「んだて行きで（でも行きたい）、おっ（和尚）さま」

「んだら（それなら）、行ってみれ。そのかわりな、こまったことできだら（起きたら）、とうだい（尊い）お札っこ三枚けで（くれて）やるから、これにたすけでもらえ」

と言ったけど。

山さ行ってみだば、おばさまがたいしたよろこんで、栗っこを大きいなべさいっぱい煮で待ってだけど。

「えぐ（よく）来たな、小僧、栗っこえっぺゃ（いっぱい）食ってねれよ（寝なさいよ）」

て言ったけど。小僧は栗っこいっぺゃ食ってねだっけど。そしたばおばさまは、いろりのそばで

かね（鉄漿）つけをはじめ、ニコカコ、ニコカコ（にこにこして）、

「ねだが、小僧」

と、小僧のねでる（寝ている）ほうさ顔をむけだけど。

　その顔は、目はつり上がり、まっかな口が耳までわれで（割れて）、鬼ばばの顔になってだけど。

小僧は、あまりおっかなくて、

「にげねば」

と思って、

「おばさま、おばさま、便所さ行きだくなった」

て言ったば（言ったら）、

「いろりのしまっこさ（隅っこに）でも、しておげ」

て言ったけど。それで小僧は、

「いろりのしまっこさ、なのせば（そんなことすれば）、ばぢあだる（罰あたる）」

て言ったけど。そしたば、

「んだば、しかだね。ひもでつないでやる」

そう言って、こしをひもでつなぎ、便所さやったけど。

　小僧は便所の柱さひもをつないで、おっ（和尚）さまからもらったお札をはって、にげだっけど。

ばんばはそれ知らないで、

「出だが（用便は済んだか）、小僧」

柱にはったお札が、

「まだ、まだ」

「出だが、小僧」

「まだ、まだ」

「早ぐ食いだぐなったべた（早く食いたくなっただろう）。早ぐ出れ（出ておいで）、小僧」

と、ひもをひっぱったば（ひっぱったら）、便所の柱が、デコデコと歩いて来たっけど。ばんばはおごって（怒って）、

「どごまで行ったて、にがさねど、小僧」

と、お（追）って行ったど。小僧は、テタテタ、テタテタと、にげだのも（逃げたけれど）、ばんばにつかまりそうになったげど。

そのとき、おっ（和尚）さまからもらったお札をとって、

「こごさ、大きな砂山ではれ（出てこい）」

と言って、お札なげだば（投げたら）、大きな砂山でぎだっけど。ばんばが砂山をこえようとすれば、ゾロゾロ、ゾロゾロと砂山がくずれて、なかなかこえきれながっだど。やっとこえで、まだ（また）、デンデン、デンデンとお（追）っかけで、まだ（た）小僧は、つかまりそうになったけど。そのとき小僧は、さいごのお札をとって、

「ここさ、大きな川ではれ」

となげだら、大きな川がゴウゴウ、ゴウゴウと、うずまいででげだけど（うず巻いて出てきたとさ）。

ばんばが川をこえようとすれば、アップアップ、アップアップと、なかなかこえ〔ら〕れなかったけど。そのうちに小僧は、テコテコ、テコテコと、はしってにげて、やっとお寺が見えだげど。

　お寺について、ドンドン、ドンドン、

「おっ（和尚）さま、おっ（和尚）さま、たすけでけれ。ばんばにおわれで、食われるどごだ」

おっ（和尚）さまはおちついて、

「まずまず、あがりこ（明かり）でもつけで（つけて）」

「おっ（和尚）さま、はやぐってば」

「まずまず、ふんどしでもしめで（しめて）」

「おっ（和尚）さま、はやぐ」

「まずまず、着物でも着て、帯でもしめで、下駄っこはいで、杖っこついで」

カラコロ、カラコロと来て、桟棒（戸締りのため板戸にかける棒）をはずして、ガラガラと、戸をあげで（開けて）、

「んだがら、人の言うこと聞ぐもんだ。まずまずかくれろ」

と言って、いろりのそばの板間をあげで（上げて）、小僧をかくし、おっ（和尚）さまが、その上さすわり、いろりの火をほりおこして（掘り起こして）、檀家からもらったもちをあぶっていだら、ば

んばが、風のようにはいって来て、

「おっ（和尚）さま、おっ（和尚）さま、小僧来たけべ（来ただろう）。小僧どご、食ってしまうがら、出してけれ」

おっ（和尚）さまは、

「まずまず、ばんば、このもち食いだぐないが（食べたくないか）」

「食いだい（食いたい）、食わせれ（食わせろ）」

「んだのもな（だけどもな）、ばんば、ただなば（ただなら）食わせられない。おれだば（おれならば）、豆になって、いろりのふち、ころがってあるげる（歩ける）。ばんばだば（ならば）、あずき（小豆）になって、あるげるべな」

「ああ、あるげるとも」

「んだら、あるいてみれ」

ばんばが、いい気になって、コロコロと、あずきになって、いろりのふちをころげあるいているのを、おっ（和尚）さまは、ちょうどふくれたもちにくるんで、ぺろりとひとくちで、のんでしまったけど。

小僧は、板間の下から出してもらって、

「んだがらな小僧、人の言うことを聞ぐもんだ」

とおっ（和尚）さまにさどされだ（諭された）っけど。

† 類話6・59・92・121・124・142

〈語る・聞く〉

141・142は、七十歳の女性が語ってくれたというが、聞き手（学生）との関係は不明。語り手が何かを見て語ってくれたか、あるいは聞き手が何かから転写したものかもしれない。

おもしろいのは、141の孫三郎の耳に聞こえた「みょうな音」、孫三郎の踊るときのお囃子と、絵本『めっきらもっきら どおんどん』（長谷川摂子・作 ふりや なな・文 福音館書店 一九八五年八月）の主人公の「かんた」が偶然に称えた「ちんぷく まんぷく あっぺらこの きんぴらこ じょんがら ぴこたこ めっきらもっきら どおんどん」という呪文が、どこか似ていることだ。

山形県

143 さるの嫁

昔話　猿婿入り―里帰り型
語り手○祖母　山形県鶴岡市羽黒町　明治四十年生　六十九歳

むがし、むがし、あったけど。山の中の村さ、おばあさんがら（に）死なれで、三人娘どなかよぐくらしていたおじいさんがいだけど。一番上の娘は、きりょう（器量）だば（ならば）いいが（顔だちはきれいだが）、てんば（おてんば）で落ちつぎ（着き）のねぇ娘だけど。二番目の娘は、きりょうは人なみ以上いいんでも（いいのだが）、なだて自分いいばよぐで（何だって自分がよければよくて）、人なにしていでも（人が何をしていても）、知らねふりだけど（だったとさ）。三番目の娘は、きりょうは姉妹のうぢ、一番にいいぐで（良くて）、やさしぐで（優しくて）、親孝行で、おじいさんどご（のことを）、一番だいじするさげ（大事にするから）、村一番のひょうばんの娘だげど。

ある時、おじいさん一人して粟の草取りしさ（に）、山の畑まで行ってみだど。したば（そうしたら）、その日は、朝まがら（朝のうちから）、あぢぐであぢぐで（暑くて暑くて）、昼ま（昼ごろに）なっても、なんぼもむしねで（いくらも草をむしらないで）しまったけど。

「これだば（これなら）、晩げ（夕方に）なってもできねし、この粟の草（雑草の粟）取ってける（くれる）ものいだば（いるなら）、おらえ（私の家）さ、三人の娘いるがら、その中一人くれでもいい」

ってひとりごと言ったど。

　したば、やぶの中がら、さるでできて、

「おじいさん、おじいさん、今、なに言った」

「やや、なにも言わね」

「たしがに、『娘三人いださげ（いるから）、粟の草取っければ（取ってくれるなら）、その中一人くれるさげ（から）』って言ったんでねが（ないか）」

「んだ、朝まがらあづぐで（暑くて）このぶんだど、晩げまでできねさげ（草むしりができなくて、終らないから）、一人ごと言ったなだ（のだ）」

「したら、粟の草、おれ一人で取ったら娘、おれさくれっが（くれるか）」

って言ったけど（言ったとさ）。そして、ガサガサと草むしって、いっとき（少しの時間に、たちまち）取ってしまったけど。

「おじいさん、おじいさん、やっとできだぞ。あしたの昼すぎ、娘どご、もらい行ぐさげ（貰いに行くから）、あしたの（明日ね）」

って、さる、山のほう、むがって行ったけど。

晩がたなっても「草取り(くさとり)は進(すす)まなかったが」、あまりあぢぐねぇさげ(暑くなくなったから)、家(いえ)さかえってきたど。したば(そうしたところ)、娘(むすめ)たちででて、

「おじいさん、おじいさん、きょうはあぢがったろ。はやぐ家(いえ)さあがって、ふろさはいれ」って娘(むすめ)たち言うけど。して、おじいさんふろさはいって、夜のごはん食べで、早ぐ寝だけど。したども、さるさ嫁(よめ)けるごと(猿に娘をくれることが)心配(しんぱい)で寝(ね)らいねけど(寝つかれなかったとさ)。朝ま(朝に)なって、一番上(いちばんうえ)の娘(むすめ)来て、

「おじいさん、おじいさん、ごはんできだだげ(できたから)、おぎれ(起きて)」って言ったけど。

「おれ、心配(しんぱい)で、おぎらんね(起きられない)」

「なにそげ(どうしてそんなに)、心配(しんぱい)だや(なのですか)」

「きのうな、粟(あわ)の草取(くさと)り行って、あんまりあぢぐで(暑くて)、晩(ばん)げまでできねもんださげ(から)、『三人(さんにん)娘(むすめ)の一人(ひとり)くれっさげ(くれるから)、さる、その草(くさ)、いっとき(少しの時間に)取(と)ってしまって、昼ま(昼時)ごろ嫁(よめ)もらいに来んなだきげ(来るから)、おめ(おまえ)、おれの言うこときいで、さるの嫁(よめ)なってけねが(嫁になってくれないか)」

「あんだ(あんな)、しわだらけの赤づらのさるさ、だれ、嫁(よめ)など行ぐが(行くものか)、このばがじい足(あし)でまくらとばして、行ってしまったけど。

二番目(にばんめ)の娘(むすめ)がおごしさ(起こしに)来(き)て、

「おじいさん、おじいさん、ごはんでぎだ、おぎれ（起きてください）」

「心配で心配で、おぎらんね」

「なに、心配だ」

「おめ（おまえ）、おれの言うごどきいで、さるさ嫁行がねが（猿の所に嫁に行かないか）」

「なにそげ、ほろけだ（ばかな）ごと言って、あげだ（あんな）さるさ嫁行ぐが」

枕どごけとばして、台所さ行ってしまったけど。

　こんど、三番めの娘おごし来て（起こしに来て）、

「おじいさん、おじいさん、ごはんさめで（冷めて）しまうさげ、はやぐおぎれ」

「心配で心配で、おぎらいね（起きられない）」

「なにそげ、心配だで（なのですか）」

「一番上も二番めの娘さも話したが、きのう粟の草取り行ったば、おれ一人して、取らんねさげ（取られないから）、さるがら（猿に）てづだってもらて（もらって）、んださげ（そうだから）、三人娘の一人どご、くれっごどしたなだ（くれることにしたのだ）。んださげ、心配で心配で、おぎらいねなだ（起きられないのだ）」

「おじいさん、心配しんな。おじいさんのたのみだば、おれ（私）、さるの嫁なっさげ（猿の嫁になるから）、おぎれ」

おじいさん、そのこと聞いで、ごはん食べだけど。

昼まごろなったば、さる、

「おじいさん、嫁もらい来た」

「まずあがれ」

って言って、茶の間さあがったけど。三番めの娘、ふろしきさ自分のものいれで（入れて）、したぐ（仕度）したけど。したば（そうしたら）さる、

「おれ、しょっていぐさげ、おめ、あどがら（後ろからついて）来い」

三番めの娘、おじいさんがら（に）おくられで（送られて）、さるど仲よぐ山奥さ（に）もらわれで行ったけど。

つぎの年、雪もとげで（溶けて）、山桜満開なったけど。それ見だ娘、おじいさんどご、こいしぐで（恋しくて）、

「あした、里さ帰りで（帰りたい）」

って、さるさ言ったば、

「あしただば（あしたなら）、天気もいいし、桜のながめもいいだろし、行ってみるが（行ってみるか）」

「そうしたらば、おじいさんさ、なに、みやげもって行ぐで（どんなおみやげを持って行きたいかい）」

「おれのおじいさんだば、餅すぎ（好き）で、餅持って行ったらば、よろこぶぜ（よろこぶよ）」

「そしたら、餅米、うるがせ（ひたせ）」

嫁はよろこんで、餅米うるがしたけど。

つぎの朝ま（間）、はやぐ起ぎで、餅つぐしたぐ（搗く支度）して、さる、餅ついだど。

「おじいさん、あんこ餅ど、くるみ餅、どっちすぎだ（好きかな）」

と嫁さ聞いでけど（聞いたとさ）。そしたら嫁は、

「おじいさんだば、あずぎだど『あずぎくせ』（小豆臭い）って言うし、くるみだど『くるみくせ』って、食べねし（食べないし）、そのままでいい」

「そうしたら、この餅、なにさいで（入れて）、行ぐでぇ（行くというのか）」

「おじいさんだば、重箱さいれれば『重箱くせ（臭い）』、なべさ入れれば『なべくせ（鍋の臭いがする）』って言って食べね。としよりだば（年寄りなので）、わがままでこまったもんだ」

「ええ、めんどうくせ。おれ、臼がらみ（臼のまま）しょって行ぐさげ、はやぐ荷縄もって来い」

そして臼の中さ、餅入れで、ながよぐ山からおりだど。したば（そうしたら）、臼、あんまりおもぐで（重くて）、

「ここらで、いっぷくするがぁ（一休みするか）」

って言って、さるは臼、おろそうど思ったば、嫁が、

「おれのおじいさんだば、臼ごと土さおろすど『土くせ』って言って、食べねでば（食べないんだってば）」

って言ったがら、

「しょったままやすむ」

って言って、木さ、たどって（寄りかかって）やすんだど。

「いっぷくしたさげ、はやぐ家さ（に）いごでぇ（行こうぜ）」

まだ歩いだど。

しばらぐ行ぐど、川ばたのがけに、うんときれいだ（な）桜の花、さいでいだけど。それ見だ娘、

「あの桜、家さもって行ったら、なんぼがよろごぶだろ。一枝とらいねがぁ（取られないか）」

って言ったけど。それ聞いたさる、

「よし、おれのぼって折ってくる」

って言って、臼ごとおろしかげだど。したば、

「おれの（私の）おじいさん、「土におろすと」土くさぐで（臭くて）もち食わねぇ」

って言ったば、さるは臼しょったまま、木さのぼっていったど。そして、下見だば、雪どけの大水で、淵はあおあおどして（青々として）、うすきもちわるいども（けれども）、だいぶのぼったさげ、

「この枝がぁ」

って聞いだど。したば、

「もっと上」

「これだば、いいがぁ」

「そこのひと枝むごう（向こう）」

そしてその枝、取ろうど思って、手のばしたば（伸ばしたところ）、臼のおもみで、桜の枝さげて（割けて）、さるはまっさがさまなて（真っ逆さまになって）、深い淵さ、ドボンと落ちでしまったけど。さるは臼しょっているもんださげ（ものだから）、およぐごとでぎなぐで、

「ああ無念、さるさわに落ちで死ぬる、わが身はおしぐねども（惜しくないけれども）、妻とさだめし（定めた）、姫こいし（恋し）」

と言い、およぎながら、川さ（に）ながれで行ったけど。そして、さるが川さながれで行ぐのを見ながら、自分の家さ帰ってきたど。

　したば、おじいさんも娘だぢも、よろごんで、

「よぐ帰ってきた、よぐ帰ってきた。まずあがれ、まずあがれ」

って家さあがったけど。そして、さるが川さながれで行ったごどを、おじいさんさだけ（にだけ）聞がせだど。それ聞いだおじいさんは、なみだながしてよろこぶっけど（よろこんだとさ）。その娘は、ごはんよりも、おじいさんどごだいじして（おじいさんのことを大事にして）、ながよぐくらしてあったけど（いたのだって）。

†　類話5・10・15・25・49・70・143・149

144 さるときじの寄合田

昔話　寄り合い田―雉狡猾型
語り手○祖母　山形県鶴岡市羽黒町　明治四十年生　六十九歳

むがしむがし、あったけど。さると、きじといて、田つぐって（作って）いだけど。春［に］もなって雪もけださげ（消えたから）、

「田ぶぢしねまね（田打ちしなければならない）」

と思って、さるの家さ行ったど。

「さる、さる、雪もけだ（消えた）、田ぶちでもいがねが（田打ちにでも行かないか）」

「おれ、今日はうでいだぐで（腕が痛くて）、なにもできねさげ（できないから）、おめ（おまえ）ひとりして、田ぶちしてこい」

って言ったけど、しがだねぐで（しかたがなくて）、ひとりして田やっとぶったど（田をやっと打ったとさ）。

こんど、

「田植えしねまね（しなければならない）」

ど思って、

「さる、田植えしねが」

って家さ行ってみだば（みたら）、

「おれ、この前、木がら落ぢで、こしいだぐで（腰が痛くて）、うごがねさげ（動けないから）、おめひとりして、田植えしてくれねが（くれないか）」

て、言うもんださげ（言うものだから）、しかだなぐで、ひとりしてたど。

田さ（に）草いっぺあったもんださげ（いっぱいあったので）、

「さる、さる、草取りそうで（しようよ）」

「おれ、きょう足いだぐで、田さはいられねさげ、おめひとりしてさいねが（おまえ一人でできないか）。

「きじは」いままでひとりでしたもの（したのだから）、でぎねごどねぇろ（ないだろう）」

しかだなぐで、きじひとりして、草取りしたど。

秋になるど、きじひとりして、植えだ稲も実ってきて、そんま（それをすべて）、刈らねまね（刈らねばならない）時期（に）なったけど。

「さるや、あした稲刈りしねがぁ（しないか）」

って言ったら、さるは、

「おめひとりで、よぐ田んぼ作ったなぁ。あとからわげるどぎ（分けるとき）、おめさ、よげいやるさげ（余計にやるから）」

と言って、きじは、

「そしたら、あしたまだ（また）来る」

って言って、家さ行ったけど。つぎの朝、

「さる、さる、稲刈り、行ぐぞ」

って言ったら、さるは、

「きじや、きのうおめ帰ったあど、きゅうに頭いだぐなって、目まいして歩がいねぐなったなや（歩けなくなったのよ）。田んぼさな、はいってきゅうに目まいして、頭くらくらっとなって、歳なの切ったら（歳なのに切ってけがしたら）たいへんださげ、おめひとりで稲、刈ってけねが（くれないか）」

「目まいするなだば（ならば）、しかたね。おれひとり稲刈ってくる」

って、山の田んぼさ行ったけど。

それがら十五日もたったら、きじが猿の家さ行ったけど。

「さる、さる、稲あげ（稲揚、干し上った稲の束を田から家に運ぶこと）しねが」

そしたら、さる、

「きょうは、どごもいだぐねさげ（どこも痛くないので）、稲あげする」

って言って、荷縄とばんどり（背負いの背当てを）持って、きじより先に、山の田んぼさ、行ってしまったけど。そしたら、稲刈りするどき、

「おれだば（おれは）、はだらがねさげ（働かないから）、おめさ、よげいやる」

って言ったけども、今［に］なったば、いっぷくもしねで、どんどん家さ運ぶけど。きじが一束はごぶうぢ（運ぶうち）に、さるは、十束もしょって、いっとぎ（すぐに）五束しかなぐなったけど。

さるはそれ（残りの五束）を見で（て）、

「きじがら持っていがれるが（きじに持っていかれるのか）」

ど思って、ヤンヤど、背中さしょってしまったけど。


とちゅうまで来たば、川があったけど。その川は丸太が一本かがってるだけだけど（だけだったとさ）。その丸太をわだって（渡って）とちゅうまで来たば、ポキンと折れでしまって、さるは川さ落ぢて、流れでいったけど。

だがら、ずるがしこいごどするど（ずるがしこいことをすると）、かならず天罰でものあるさげ（というものがあるから）、ずるごど（ずるいこと）などするもんでね。


〈語る・聞く〉

143・144は、聞き手（学生）の祖母が語ってくれた話。

145 きつねに化かされた麹屋

昔話　馬の尻のぞき
語り手○男性　山形県天童市小路　明治三十六年生　七十三歳

　むがし、山形の印役（山形市印役町）のこうず（麹）屋が、こうず（麹）しょって、夜明け前のまだ暗いうづ（うち）、寒河江（山形県寒河江市）さ行ぐどて（行くといって）、途中に、わかい嫁さんが、あがこ（赤子）ば、んぶて（おんぶして）、あやしながらあるいでんぐなど（歩いて行く人と）、ぶつかたど（出会ったと）。

「ないだべ（どうしたのだろう）、こりゃぁ。実家さでもかえて（帰って）、おそくなて（遅くなって）ハ、今ころの朝はやく、もどてきたなだ（戻ってきたのだな）」

ど思て、あるいで行ったど。

　そしたら〔その嫁さんが〕ある一軒のうちさはいていった（家に入って行った）。〔それで〕こうず（麹）屋が、障子の穴から〔その嫁さんを〕のぞいて見でいたど（見ていたとさ）。

ほのうづ（そのうち）、夜が明けて、まわりみな明るくなて（なって）、通りかかた（かかった）人が、こうず（麹）屋にことばかけたど。

「なにしてた（何をしているのか）」

と思たら、〔きつねに化かされて〕障子の穴でなく、木の枝の間さ（に）、かおひっかけていだんだけど。はっと気がついて、〔背負っていたはずの〕こうず（麹）ば見だら、ツルッと（すっかり）ないけどハ。

146　田の神さま

世間話
語り手○男性　山形県天童市小路　明治三十六年生　七十三歳

むがし、商人がたき木ひろいに、山さはいたけど（山に入ったとさ）。むごうのほうがら（向こうの方(ほう)から)、白(しろ)い着物(きもの)さ(に)赤(あか)いはがま(袴)はいで、扇子(せんす)を持(も)った巫女(みこ)が来(き)たんなだけど。ちょっとこっちのほうば向(む)いだどき、ちょうど目(め)があって、〔巫女(みこ)が〕扇子(せんす)ば、ぱっとなげだんだど。それがまだ(また)、ちょうど眉間(みけん)さ(に)あだて(あたって)、ほの(その)人(ひと)が、

「あっ」

と思(おも)って、眉間(みけん)さ手(て)をやったら、きずついっだけど(傷(きず)がついていたとき)。ほしたら、ほの(その)巫女(みこ)のすがたは、どごさもめえねけどハ(どこにも見(み)えなくなっていたが)、ほのきず(その傷(きず))はいづまでたっても、のこて(残(のこ)って)いだけど。

旧(きゅう)で十月(じゅうがつ)一日(ついたち)で、ほの(その)日(ひ)は、山(やま)の神(かみ)さまが田(た)さ行(い)って、田(た)の神(かみ)さまが山(やま)さ行(い)く日(ひ)で、田(た)の神(かみ)さまが山(やま)さ行(い)って、木(き)ばかぞえっだなど(木(き)を数(かぞ)えていたのと)、出(で)あったなだべ(出会(であ)ったのだろう)、ていうなだな(ということだ)。

147 天童城の家中

世間話
語り手〇父　山形県天童市天童中　大正六年生　五十九歳

むがし、天童城のあるけころ（があったころ）、侍たちの屋敷があるところだったがら（から）、今でもまだこのへんば、家中ていうのだな。なかでも、城主北畠天童丸の家臣であった太田伝蔵の屋敷は、とくに威厳のあったものだったらしくて、戦いのどぎも（時も）、白ぎつねのおかげで、その屋敷だげ（だけ）が焼けのこた（残った）ていうことだ。

まだ（また）表門と裏門があって、表門の定紋が三つ柏、裏門の定紋が「うめぼとき」（梅擬。モチノキ科の落葉低木。小さな赤い実がつき、庭木にされる）だっけそうだ。ほのころ定紋があっけ（あった）のは天童でただ一軒だっけど（だったということだ）。

〈語る・聞く〉

147は、父が語ってくれた伝説。145・146は、同じ市内の男性が語ってくれた話だが、どういう人か詳細は不明。

新潟県

148　二人のおじいさん——地蔵の浄土

昔話　地蔵浄土
語り手○女性　新潟県柏崎市女谷　明治三十四年生　七十五歳

　じいさんとばあさんとあったそうだ。じいさんが、

「きょうは、しば刈りに行くすけに（行くから）、だんごしてくれ（だんごを作ってくれ）」

って言うたそうだ。そうすると、じいさんは、そのだんご、ひるめしにもろてまぁ、山へ行ったそうだ。

　そうして、仕事していて、はらもへったし、まぁ、ひるまになったし、だんごでも出してこい（出してみよう）と思って、こしかけて、そのだんごを出したそうだ。そうしっと、手っぱずれ（手からはなれて）、落っちまったそうだ。

「こりゃ、おおごとだ、このだんごを食わんけりゃ、おらはらへって仕事にならん。だんご、だんご、待ってくれ。だんご、だんご、待ってくれ」

てて（と言って）、おっかけたそうだ。だんごは、コロコロ、コロコロと、ころんで（ころがって）、穴へストンと、はいったそうだ。

「やぁ、こらぁ、おおごとだが。まあ、これ食わんけら（食べなければ）、おれ昼から、仕事ができないがんだが。まあ、穴に入ってみよう」

と思って、じいさんも、その穴へはいったそうだ。

　そうすっとせにや（そうすると）、お地蔵さんがいらったて（おられて）、

「お地蔵さん、お地蔵さん。ここへだんごがこねかったかいね（来なかったかね）」

「だんごは来たども（来たけれど）、おらはらがへって、食っちまた」

「そらぁ、こまった。」

「そうせや（そうすれば）、これから家へも帰らんないし、おらどこで（私のところで）ひと晩とまらっしゃい」

「とめてくれっかい」

「だどもね（でもね）、夜さり（夜分）はおらどごへ鬼が来るがんだい（来るんだよ）。おまえまぁ、庭のすみに、みの（蓑）かぶって、ねてらっしゃい」

こうまあ、お地蔵さんが、言うたそうだ。そして、

「おらどこへ毎晩鬼が来て、ばくちをするんで、ぜんがます（銭叺、藁で編んだ袋）かついでくるすけ（来るから）、おまえ、庭のすみにかくれていて、その鬼がきて、ぜん（銭）出しあげた（袋を開け

て銭を全部出したころ）ころ、耳をポーンポーンとたたいて、『コケコッコー』って、なかっしゃい（鳴きなさい）」

こう、まぁ、お地蔵さんが言うたそうだ。

じいさんは、庭のすみに、みのかぶって、うずくまっていたそうだ。そうして、夜さり（夜分）になるとせにゃ（夜になると）、青鬼、赤鬼が、ぜんがます（銭叺）を、

「うんとこさ、うんとこさ」

と、かづいてきたそうだ。ほいで、ザラザラ、ザラザラとあけて、出しあげたと思うころ、耳を、ポーンポーンと、たたいて、

「コケコッコー」

と鳴いたそうだ。

「そうら、夜があけてきたぞ」

鬼どもは、ぜんがます（銭叺）持たんで（持たないで）、みんな逃げたそうだ。

そうしたら、お地蔵さんが

「おまえ、そのぜん（銭）持ってがっしゃい」

「じゃあ、もらて行こう」

ぜん（銭）をみんなさらげて（かきあつめて）、かますにつめて、

「うんとこさ、うんとこさ」

とかづいて行ったてがんだ（家に帰ったとさ）。

ほいでまあ、家へ来たら、

「じいさん、じいさん、どうしてたんだい（何をしていたの）」

「やぁ、まぁ　こういうわけで、ぜん（銭）もうけしてきた」

ほうして、家ん中じゅうひろげて、ぜん（銭）勘定したと。

そうしたとせにや（そうしているところに）、となりのちゃんがら（ろくでもない）ばあさんがきて、

「こっちのしょ（人）は、ぜん（銭）もうけ、金もうけするがい（するのかい）。おらじいさん（うちのじいさん）、へんぐりがえっている（びっくりしている）。おまえだけ、どうしてこんがに（こんなに）、金もうけした」

「うん、いや、これこれ、こういうわけだ」

「へえ、そっか。じゃあ、おらじいさんも」

ばあさん、さっそく帰って、だんごして（だんごを作って）、じいさんを山へやったそうだ。

じいさん、仕事してたら、ちょうど昼ま（昼飯時）んなったし、はらもへってきたすけ（きたので）、だんご食おうと思って出したそうだ。だども、だんご、手っぱずれして（手からはなれて）落としもしねがんね（落としもしないのに）、わざと落として、ほいで（それで）、コロコロ、ころげて行ったそうだ。いいかげんにころげて行くと、パタッと、止まるがんだそうだ（止まるのだそうだ）。そうすっと、じいさん、足でヒョイとけっとばすそうだ。そうして、また少し行くと、だんごが、パタッ

と止まると、足でけっとばすと、コロコロと、ころげたそうだ。そうしてまぁ、その穴の中へ、コロンと、落ちたそうだ。

　ほしたら、またその穴ん中にはいって行くと、お地蔵さんがいたすけ（いたので）、

「お地蔵さん、お地蔵さん、ここへだんごが、こねかったかいね（来なかったかね）」

「だんごは、ころげて来たども、おら食っちもうた。ほいさ（それだから）、おまえも、とまっていって、みのかぶっていて、鬼が来るすけ、こうしていがっしゃい（泊まっていきなさい）」

「まあ、そうでもあるか（そうでもするか）」

と思って、じいさん楽しみに待って、庭のすみにかくれていたそうだ。

　ほうしっとせにや（そうしていたところ）、夜なかになると、まぁた（また）、鬼がかますでもって、一つずつかづいできて（担いで来て）、庭へザーンザーンとあけたそうだ。いいかげんに（大体）あけたころになると、じいさん、耳ポーンポーンとたたいて、

「コケコッコー」

いうて鳴いたそうだ。

　そうしっと、鬼どもが、

「ゆうべもこんがんこと（こんなこと）言って、おらたらかした（おらをだました）が、またきょうもだか、なにものがいようたてがんだ（何者がいるのだろうか）」

て、すみからすみへ、みんなして、ひっくりかえした（よくよくさがした）そうだ。ほしたら、庭の

すみにじいさんが、みのかぶって小さくなっていたそうだ。あぁ、じいさんは、ぜん（銭）どころじゃねぇ。いじめられて（いためつけられて）、家へにげてきたそうだ。
それで、いきはひっさけた。

† 類話62・78・118・148

149 へびの嫁

昔話 蛇婿入り―嫁入り型
語り手○女性 新潟県柏崎市市野 明治二十七年生 八十二歳

じいさんが、馬の草刈り〔に〕行ったてがんだ（ということだ）。ほいて（そして）、広い原なかで、馬の草〔を〕刈っているとせに（ところに）、へんび（蛇）が、かえるくわえていたてがんだ（いたということだ)。

「へんび、へんび、そのかえるはなせ(放せ)。はなせ」

と、言うども(言っても)、はなさんで、くわえていたてがんだ(いたということだ)。

「こらまぁ、かわいそうに困ったもんだ。ぎゃろ(かえる)、はなせいや(放せよ)。なぁ、そのかえるはなせば、おら娘三人もったすけ(持っているから)、すきなのひとりくれら(くれてやる)」

こう言うたてがん。ほしたら、わかったこんでら(わかったからだろうか)、そのかえる、はなしたてがん。


　そうして、一年も二年もたったがんだのぉ(経ったかなぁ)、知らんとき(あるとき)、えらくりっぱな男が来たてがんだ。

「じいさん、じいさん、おら、おまえと約束した男だが、おまえ娘の子三人もったてがんだが、ひとり、おらもらい来たで」

こう言って、来たでがんだ。

　ほうすっと、じいさんたまげちまって、

「おら、なにげなしに言うたてがんだが、たしかに三人ある。言うこときいて〔嫁に〕行ってくれればいいが、それがどうだかわからんし」

それで、じいさんあんばい(体のぐあいが)わるくしちまったでがん。そうすっと、朝げ、

「湯やろかい、茶やろかい」

って、一番でっけい（年上の）子が言うたてがん、

「湯も茶もいらんわい。おれの言うこときいてくんねか。なん年か前に山へ行ったら、こういうことがあって、『娘の子三人もったすけ、ひとりくれらぁ』と言うたら、その男が、きんの（きのう）来て〔娘をもらいたいという〕。その男んとこへ嫁に行ってくんねぇかい」

「じいさん、やだで。男いうたって、へんび（蛇）だがんね。おら（私）、そんがんどこやだで（そんなところ、いやだよ）」

って、言うたてがん。

二番の娘が、

「湯やろかい、茶やろかい」

「湯も茶もいらんわい。言うこときいてくんねぇかい。なん年か前、山へ行ったら、こうこうこういうことがあって、その男がきんの（きのう）来て、その男んとこへ嫁に行ってくんねぇかい。」

「ばかじいさん、へびだがんね。そんがんとこへ、おら行かんない。」

「そらまあ、困ったもんだ」

と思っていると、三番目が、

「湯やろかい、茶やろかい」

「湯も茶もいらんわい。おれの言うこときいて、嫁に行ってくんねぇかい」

「おらもやだども（私もいやだよ）。だども、親の言うこんだから、どうしょうね。ほうせや（そうい

うわけなら）、聞くこてね（聞くことにしますわ）」

って、言うたてがんだ。

「ようしてくれた。おれはそんで、病気がようなる」

「だが、じいさん、おれが（私の）言うこともきいてください。嫁に行くにつけちゃ、なにもいらんが（何も要らないけれど）、ひょうたん［を］馬で一台、針を馬で一台、それをつけて嫁にやってください」

「それくらいは、おれが心配しるこて（私が何とかするよ）」

そう言うがんで（そう言うので）、ひょうたん一台、黒針一台を馬でもって（馬車に積んで）、その娘の子が、いとまごいして行ったてがんだ。

　男のとこに大きい池があったてがんだ。そうしたら、男は、

「おら、ここにはいるがんだすけ（入るから）、なあ（おまえ）も、はいってくれ」

おやじの言うこんだ（父親の頼みでもあるし）、娘もはいるので、じいさんに、

「じいさん、これが（で）わかれだが、おれ（私）がはいったら、ひょうたんを一台、この池の中になげてください。そして、ちぃとたったら、この針もなげいれてください」

こう言うて、二人は中へはいったてがんだ。

　そうして、ひょうたんをなげたてがんだ（投げ入れたということだ）。娘はその男に、

「このひょうたんは、おれ（私）のしんしょう（財産）だすけ（だから）、まぁいやでも、この中にし

ずめてください」

こういうがんで、そのひょうたんを、しずめようとしたがんだども（したけれども）、ひょうたんだもん、しずんだもんじゃないこて。八つ頭をふりあげて、ひょうたんをしずめるとて、あっちこっちしんでも（沈めようとしても）、ひょうたんだが（だから）、しずまんこてね。

そうしているうちに、針をなげこんだてがんね。そうしていると、見る見るうちに、そのへびがくされて（針に刺されて血が出て）、真赤んなって死んだてがんだ。

そうして、へびは死んだすけに、その娘は［ひょうたんにつかまって］あがってきた。おじいさんが、

「ようしてくれた。親孝行してくれて、ありがたかったが（ありがたいことだよ）」

言うて、二人でもどってきたでがんだ。

そいでまぁ、あと〔話をつけ加えると〕、池が血の池地獄で（というもので）、水の色が〔赤く〕かわって、〔それから〕池の水はね、いまもかわってないがんだ。

それで、いきはひっさけだ。

† 類話5・25・125（「さるの嫁」も参照）

150 人魚の肉を食べたおばあさん

昔話　人魚の肉
語り手○女性　新潟県柏崎市女谷　明治三十四年生　七十五歳

むかしがひとつ、あったそうだ。

ある村に、ばあさんどもが五、六人、きょうはこの番、きょうはこの番っていうては、お茶飲みあるいてたそうだ。そうするとまぁ、どこからこられるか、きれいなおばあさんがひとり、

「なかまにしてくれ」

と言うので（というわけで）こらった（来られた、おいでになった）そうだ。

「まぁ、なっちょ（あなた）もならっしゃい」

言うて、そのばあさんも、いっしょにお茶飲みにはいったそうだ。

そうすると、いいかげんにたつと（しばらく時間がたつと）、

「あしたは、おらどこ（私の家）へ来てくれ」

そう言ったそうだ。そうしると（そうすると）、みんなのばあさんがたが、

「まぁ、どこから来られるかわからんが、あのおばあさんの家に、みんなして行ってみよさ（みようよ）」

というんで、相談したそうだ。

「それじゃ、あしたは来てくれ。どこそこに、出てくれ。むかえにいくすけ」

という約束で帰ったそうだ。

そうすると、つぐ日（つぎの日）は、約束のとこへ行ってっと（行っていると）、そのばあさんが出てきたそうだ。

「さあ、じゃあ、いんでくんでなせ（いっしょについて来てください）」

と言って、行ったそうだ。

そうすると、いいかげんに（しばらくの間）行くとせにゃ（行ったところ）、きれいな川のそばに出たそうだ。そうすると、そのばあさんが、

「おまえさんがた、ここでもって、いっとき、めくらんなってくれ（目をつぶってくれ）」

っていうんで、そのばあさんがたが、めくらんなった（目をつぶった）そうだ。そうしっと、ふわふわふわぁーと、あったけい（あたたかい）風がふいてきたと思うとさいな、

「目、あけてくれ」

言うたそうだ。

そうしたら、おまえさん（〈聞き手に向かって〉ねぇ、あなた）、きれいな二階づくりの御殿へ行って、二階へあがっていったそうだ。ばあさんがたはたまげて（びっくりして）、そこで待ってたそうだ。

そうしっと、いいかげん（しばらくの間）待っていると、一人のばあさんが、小便が出とうなって、二階からおりてきたそうだ。そうしっと、そのきれいなばあさんが、たすきがけでもって、腰から上は人間で、腰から下は魚のかっこうしていたそうだ。まぁ、その小便しにおりたばあさんは、たまげちまって、さっそく二階へあがって、

「まぁ、おまえた（あなたたち）、おまえた、見たことのねぇもん作ってるが、あれ、おらに（私に）かせんがんだ（食べさせるということだ）。くわんしょうで（食べないことにしようよ）」

こう言ったそうだ。さあ、どのばあさんも、どのばあさんも、見たいもんだすけに、

「あぁ、じゃぁ、おれも小便してくる」

と言って、おりて行ったそうだ。そうして、みんなしてあがって、

「くわんしょうで」

と約束していたそうだ。

そうしっと、いいかげんたつとせにや（しばらく経ったころ）、ばあさんが、でっけい皿ん中に〔ごちそうを〕入れて、あがってきたそうだ。

「さぁ、おまえさんがた、食ってくれ」

「やぁ、まぁ、きょうはねぇ、先祖のしんだい（死んだ日）で、かんね（食えない）」

「そっか、そんじゃおめさん、食べてくれ」

「きょうは、とっつぁんの日（命日）で、食べらんないね」

「そりゃ、こまった、じゃあ、つぎのおばあさん、食べてくれ」

「おら、きょうは、かわいい子の日（命日）で、食べらんね」

まぁ、それぞれに、それを食べね（な）かったそうだ。そうしたら、一番最後のばあさんが、

「まぁ、こうして、ごっつぉうしてくれんがんね（ごちそうしてくれたのだから）、あのいっそ食べねぇじゃわりいし（悪いし）、おれ（私）も、きょうはかわいい子の日（命日）で、食べらんねがんども（食べられないけれど）、せっかくだすけ（せっかくだから）、もろうて食べよ」

まあ、もろて食べたそうだ。そうしたら、うんめ（うまい）たって、うんめたって、まぁんで（まるで）、それくっさ（それこそ）、頭の毛が抜けるほど、うんめかったそうだ。

　そしたら、それが人魚という魚で、

「まあ、おごっつぉさんでございます」

て、食べれば千年生きるんだて。それが、もんく言って、「食べたくないと言ったけれども」食べたばっかに、まぁ、そのおばあさんは、八百年も生きたそうだ。

　それで、いきはひっさけた。

〈語る・聞く〉

148と149・150は、語り手が小さいころ、おばあさんの膝に抱かれて聞いた話。二人の語り手はこの地域で著名な語り手で、昔話採集に訪ねて来る人も多いところ。そのため聞き手である学生の筆記はおのずと語り慣れた書き方になったようだ。

この地域では、お年寄りがお正月に、いろりを囲んで昔話を語ることが多く、聞き手は「さーすー」と言って相づちを打った。語り出しは「むかしがひとつあったそうだ」、語り収めは「それでいきがひっさけた」と言った。昼は「ねずみに小便かけられる」といって語らなかったという。

山梨県

151　吉蔵のてがら

世間話
語り手○男性　山梨県大月市大月町　明治三十年生　七十九歳

おじいさんのおかあさんのおじいさんの話を、ちょっとするから。おじいさんのおかあさんのおじいさんという人は、吉蔵といって、やのえ（梁川）村の立野（大月市梁川町）ってとこに、むこにはいった。ところが、むかしゃぁ、婿というものをばかにして、なかなか人が、人と思わなかった。むかしゃぁ、お盆という時には、えらい荒れたぁだ。とくに、ひつじ（未）年のある夏には、ほんとうに大荒れで、たいへん、どこもここも、橋（桂川の橋）が流され、なかなか向こう岸へわたることもできない。

そういうときに、立野に谷村（谷村代官所　都留市谷村にあった）から差紙（奉行所が出した命令書）が、来ただ。立野の向こうに、綱の上（大月市梁川町）っていう村があって、そこへその差紙が、とどくだけぇど（届けるわけだが）、立野へ来たところが、おお荒れにあって、水が出て、じき向こうに見えてる村だけど、差紙をわたすことができない。差紙っていうのは、役所で言いつけ（命令・指示書）があるだぁ。江戸に将軍がいるから、将軍のところまでとどく手紙を、だんだんと送りとどけるやつがあるだぁ。それを向こう岸の綱の上へってとこに、わたすだぁわ（送り届けるのだよ）。それが、出すことができない。

　それで、村寄り合いをして、村じゅう出て、相談したんだけど、相談したからったって、どうすることもできない。向こう岸へわたすにゃぁ、川〈の水〉がえらい出てて、どうすることもできない。どうやったらいいのやら。みんなかおを見あわせた。と、その中の一人が、

「おい、つじ向こうの、吉蔵のかおが見えにゃぁ（見えない）。どういうわけだ」

「あいつ、むこのくせに、かお出さないなんて、不実なやろうだ。こんなばかな話があるか」

と、言いでやたら（言い出したら）、みんなじゅうが、

「その通りだ」

とおこりだして、

「それじゃむかえに行ってくる」

ってことになった。

　むこの吉蔵の言うことにゃぁ、

「おれが行ったからって、その差紙が、到着するわけじゃなし。だから、行かなかったぁだわ」

これを聞いて、むかえの人は、

「みんな出てったぁだ。それがなまいきに、家に引きこもってるたぁ、なにごとだ。こんだぁ、村八分にしちもぅぞ」

って、えりゃぁ（えらく）おこってるだぁ。

「村八分にされたじゃ、どうもこまる。それじゃ、これからおれも行きますから。とにかくまぁ、ひるめし前じゃぁし、おひるを食べて行くから」

と、お香煎といって、大麦を粉にしたものを、食べて行こうとした。

「気の長いやつだ。ひと足さきに行くから、あとから来るがいい。」

と、むかえの男は、さきに帰って村の人にその話をしたら、

「ずいぶんのんきなやろうだぁ。お香煎を食ってくるからたぁ、ずいぶんひでぇやつだ」

と、みんなじゅう不服だ。吉蔵が、村寄り合いに、ぼつぼつでかけて行ったら、みんな村の人がかおをそろえて、口々に、

「おい、なにしてたぁ。村八分にしてくれるぞ。こうして村じゅうよっちゃってるに（集まっているのに）。むこのくせになまいきな」

なんて言ってるだぁ。

　これにゃあ吉蔵も頭に来た。ばかにしすぎた言葉でな。おこって、

「それなら、その差紙が、向こうへ着きゃぁいいずら。それじゃ、おれが、ひとっぱしり行って来ます。まぁ、おれの言うことを、聞いてくりょお。のぼりざおを一本、かつぎ出して、ちょっ

と川ばたへ行ってくりょぉ」

　それでみんな、一本ばっか（ばかり）のさおを、村じゅうが持って行ったぁだ。どしゃぶりのところを、吉蔵が、ずぶぬれだからって、みんなも蓑笠かぶらにゃあで、行った。

　吉蔵は、川岸に着いてから、

「それじゃ、第一に、差紙をよく油紙で、目ばりをして、川にはいっても水にぬれないようにしてくりょぉ。じゃ、のぼりざおを、川ばたにおっ立ててくりょぉ」

　みんなが立てると、まるでさるみたいに、チョロチョロと、六、七間（約十二メートル）もあるのぼりざおに、のぼっていった。上の方で、ひとふり、ふたふりとゆすり、川のほうへゆすった、と思ったら、そのはずみで、ダッと、川の中に飛びこんだ。川はばもずいぶん広いけど、川の半分も飛ぶか、と思うほど、すっ飛んでいって、川の底のほうへもぐっていっちゃった。こっちのほうで見てても、なんぼ川にしたがっておよいでいったところで、ま向かいより、下のほうに上がった。そして、その差紙を、綱の上の役人に、わたして、こんどは、そこの人たちにたのんで、また、のぼりざおを持って来てもらって、綱の上の川っぷちから、今言ったみたいに、ダッと飛び落ちると、立野の川っぷちに帰ってきた。

　さぁ、村のし（衆）らは、たまげちまってなぁ、最初は、むこだ、ぐらいでばかのつらにしてたけんど、こんどは、まるで手の上の玉みたいにとうとばれて（尊ばれて）、村じゅうで、「吉蔵さま、吉蔵さま」って、言われるようになった。

152　無欲な吉蔵

世間話
語り手〇男性　山梨県大月市大月町　明治三十年生　七十九歳

ある時、谷村の役所（代官所）の会計係をやってた重役が、仕事のことで、滝つぼの中に、身投げしちまっただと。その死体を引き上げるのに、およぎのじょうずな人はいないかと捜しているときに、差し紙を届けて、近辺の村々に名前の知れわたっていた吉蔵さんのことが〔さがして〕、見つかった。

それで、役所からのよびだしがあっただけど、立野の村の人たちは、そんなわけを知らにゃぁから、なにか、むかし吉蔵さまが悪さをして役所からよびだされたんだと思いこんじまって、えらい心配して、大さわぎをしただぁわ。

でもまぁ、そんな心配は無用だぁわ。吉蔵は、川の水が巻いて、おかま（釜のような穴）になっているところで、やっと死体を見つけて、引き上げたぁだ。役所の人は、吉蔵の人がらに引かれ

て、いろいろ引き止めたぁだけども、

「村のし（衆）が心配してるから」

って、立野に帰ることにしただぁ。

いよいよ帰るっていう日にゃあ、たくさんの人が、遠くまで見送りに来ただぁけど、そのとき、役人がお礼にって、鉄砲と三両をくれただと。むかしの三両っていやぁ、すごいもんだ。ところが、吉蔵つぅのは、欲がにゃぁ（欲がない）男で、見送りに来たし（衆）に、

「帰りに一杯飲んでくりょぉ」

って、一両やったぁだと。ほうびにもらったからったって、自分のものにしにゃぁで（しないで）、人にほどこしたりして、残りの二両も、村のし（衆）と分けたぁだと。

153 吉蔵の教え

世間話
語り手○男性　山梨県大月市大月町　明治三十年生　七十九歳

吉蔵ちゅうのは、まったく身の軽い人でな、からかさ（唐傘）一本持てばな、桑の木の上を、とんでとんで、とびあるいただぁと。そういうふうに身の軽い人で、八十一歳まで生きたぁと。むかしは、八十一歳なんていう人は、ほとんどいなかったっちゅうぞ。そんなに生きる人は、いなかっただ。

身の軽い人だけど、盆の十三日か十四日に、馬の草を刈りに、明けて五歳の馬に乗って行っただけど、馬から、はね落ちちゃって、そのときに、はじめて落っこって、打ちどころがわるかったのか、そのときには、助かったけど、それが原因で、死ぬだぁ。それで、若い人たちに教えてくれたぁと。

「なんでも、かんでも、上手になってから、まちがいが起きるから、気をつけろよ」

って。そう言って、死んだぁだと。いろいろ話しゃぁ、話せるけど、これだけ。

〈語る・聞く〉

151・152・153は、語り手（祖父）と聞き手（孫）の先祖の話。語り手は小さいころ母から聞いたという。孫から数えて五代前の話である。

付録
題名による昔話索引

※数字は本書収録の昔話の番号。

●あ行

●か行

●さ行

●た行

話型による昔話索引

※『日本昔話通観』第28巻「昔話タイプ・インデックス」にもとづいて話型・関連話型をあげ、『日本昔話大成』第11巻「昔話の型」も参照した。数字は本書収録の昔話の番号。

昔話をもっと知りたい人のために
関連話型一覧表

※A『大成』話型は、『日本昔話大成』第11巻「昔話の話型」、B『通観』話型は、『日本昔話通観』第28巻 「昔話タイプ・インデックス」を示し、数字はその話型番号を示しています。
※C『通観』資料編　掲載巻／目次番号は、『日本昔話通観』資料編の各県巻に、その昔話と似た話の本文がある場所を示しています。
※個々の昔話の話型を厳密に確定するのはむずかしいことですが、話型を考えることにより昔話相互の比較や内容分析が可能になります。この表を駆使することで、豊かな昔話の世界に入っていくことが出来ます。参考にしてください。また、さらに広く見わたして話型の検証をしてくださることをねがいます。

タイトル	話型	A『大成』話型	B『通観』話型	C『通観』資料編 掲載巻／目次番号	
岩手県					
◉盛岡市向中野					
1　とんぼ長者	だんぶり長者	159	362	3巻岩手	363
2　岩手山と姫神山	—	—	—	—	—
3　むじな堂	山寺の怪	259	296	3巻岩手	143
◉盛岡市永井					
4　かっぱのおわび	河童の魚	—	378	3巻岩手	255
5　大蛇の沼	蛇婿入り—針糸型	101A	205A	3巻岩手	3
6　小坊主と鬼ばば—三枚の札	三枚のお札	240	347	3巻岩手	57
7　うば捨て山	姥捨て山—難題型	523A	410A	3巻岩手	78
8　南面の桜	—	—	—	—	—
◉北上市更木					
9　大蛇がズルズル	果てなし話—出てくる蛇	642D	1182	3巻岩手	691
10　さるの嫁	猿婿入り—里帰り型	103	210B	3巻岩手	13
◉遠野市綾織町					
11　笛吹き峠	—	—	—	—	—
12　かっぱ淵	河童の魚	—	378	3巻岩手	255
13　おしらさま	蚕と娘	108A	472	3巻岩手	722
◉大船渡市三陸町					
14　ねことねずみ	鼠と鷲の歌かわし	—	571	—	—
15　さるの嫁	猿婿入り—里帰り型	103	210B	3巻岩手	13
16　きつねのしっぺがえし—かちかち山	かちかち山	32C	531	3巻岩手	713
◉一関市					
17　身がわりの犬	猿神退治—犬援助型	256	275A	3巻岩手	120
18　天のあおり傘	天人女房	118	221	3巻岩手	187
19　星は姉、月は妹	おぎん・こぎん	207	188	3巻岩手	23
◉岩手県					
20　ほととぎすになった兄	ほととぎすと兄弟	46	442	3巻岩手	711
21　うば捨て山	姥捨て山—難題型	523A	410A	3巻岩手	78

タイトル	話型	A	B	C	
宮城県					
◉登米市					
22　みょうがの力	みょうが宿	392	989	4巻宮城	377
23　よっこいしょ	物の名忘れ―団子婿型	362A	1047A	4巻宮城	307
24　歯なしの話	はなし話―歯なし	637B	1195	4巻宮城	524
◉気仙沼市					
25　蛇体石の由来	蛇婿入り―針糸型	101A	205A	4巻宮城	1
26　門兵衛のばけもの退治	―	―	―	―	―
27　門兵衛の腕前	―	―	―	―	―
28　門兵衛の大蛇退治	―	―	―	―	―
◉栗原市花山					
29　片目が違う	片目違い	281	785	4巻宮城	314
◉栗原市一迫					
30　「お」抜きの嫁	「お」の字の禁	368	1063	4巻宮城	310
31　半金沢の大蛇	―	―	―	―	―
32　ご天王さま	―	―	―	―	―
33　お産のしきたり	―	―	―	―	―
◉栗原市					
34　どっこいしょ	物の名忘れ―団子婿型	362A	1047A	4巻宮城	307
◉登米市豊里町					
35　食わない嫁	食わず女房―蛇女房型	244	356A	4巻宮城	10・11
36　泥水の風呂	風呂は野壺	271A	1005	4巻宮城	297
37　亡魂を見る老人	―	―	―	―	―
◉登米市迫町					
38　姉取沼の由来	―	―	―	―	―
39　姉取沼の挽き臼	塩ひき臼	167	110	4巻宮城	83
40　太陽をよび戻した長者	長者の日招き	―	63	―	―
◉大崎市古川					
41　化女沼のへび婿	蛇婿入り―針糸型（省略）	101A	205A	4巻宮城	1
42　緒絶川のきつね	―	―	―	―	―
43　酒呑童子	酒呑童子	本格新21	―	―	―
◉大崎市鳴子温泉					
44　せきれいになった夫	夫鳥／親捜し鳥／子捜し鳥	59・60	450・451・452	4巻宮城	579
45　鳴子温泉の由来1	―	―	―	―	―
46　鳴子温泉の由来2	―	―	―	―	―
47　潟沼と雄沼	―	―	―	―	―
◉大崎市鹿島台					
48　片目が違う	片目違い	281	785	4巻宮城	314
49　さるの嫁	猿婿入り―里帰り型	103	210B	4巻宮城	23
50　竜の嫁	蛇婿入り―姥皮型	104A	205E	4巻宮城	5
51　きつねの恩返し	[狐報恩]	―	―	―	―
52　ふしぎな黄粉	[竹切り爺／鳥飲み爺]	188・189	90・91	4巻宮城	164・165・223
53　きつねの嫁	狐女房	116	225	4巻宮城	145
◉遠田郡美里町〈旧・小牛田町〉					
54　ほととぎすになった弟	ほととぎすと兄弟	46	442	4巻宮城	539

タイトル	話型	A	B	C	
55　みょうがの力	みょうが宿	392	989	4巻宮城	377
56　雪山のばけもの	—	—	—	—	—
◉大崎市松山					
57　笠地蔵	笠地蔵—来訪型	203	42A	4巻宮城	26
58　やまなし採り—三人の兄弟	なら梨取り	176	169	4巻宮城	116
59　小僧と鬼ばば—四枚の札	三枚のお札	240	347	4巻宮城	13
60　古屋のもり	古屋の漏り	33B	583	4巻宮城	537
61　和尚と小僧—たこは金仏が	和尚と小僧—餅は本尊	535	598	4巻宮城	249
62　二人のおじいさん—地蔵の浄土	地蔵浄土	184	81	4巻宮城	45
◉遠田郡涌谷町					
63　食わない嫁	食わず女房—蛇女房型	244	356A	4巻宮城	11
64　鬼は内	—	—	—	—	—
65　きつねの嫁入り	［狐報恩］	—	—	—	—
66　寝太郎の夢	小ぶなの夢見	—	597	—	—
67　地蔵の恩返し—笠地蔵	笠地蔵—来訪型	203	42A	4巻宮城	26
◉加美郡加美町					
68　おその仏	—	—	—	—	—
69　白ぎつねの神社	—	—	—	—	—
◉加美郡加美町					
70　さるの嫁	猿婿入り—里帰り型	103	210B	4巻宮城	23
71　食わない嫁	食わず女房—蛇女房型	244	356A	4巻宮城	11
72　あずき粥とばけもの	—	—	—	—	—
◉石巻市東福田					
73　食わない嫁	食わず女房—蛇女房型	244	356A	4巻宮城	11
74　和尚と小僧—フーフー、パタパタ	和尚と小僧—小僧改名	534	610	4巻宮城	248・255
◉石巻市〈旧・桃生郡〉					
75　眉の役目	目と口の喧嘩	笑話新24	—	—	—
76　雨もりぽつり—古屋のもり	古屋の漏り	33A	583	4巻宮城	537
◉石巻市相野谷					
77　カチカチ山	かちかち山	32C	531	4巻宮城	545
78　二人のおじいさん—地蔵の浄土	地蔵浄土	184	81	4巻宮城	45
79　食わない嫁	食わず女房—蛇女房型	244	356A	4巻宮城	11
80　月は姉、星は妹	おぎん・こぎん	207	188	4巻宮城	57
81　鉦たたきと屁ったれ	［くらべ話］	—	—	—	—
82　どっこいしょ	物の名忘れ—団子婿型	362A	1047A	4巻宮城	307
83　漬け物の風呂	たくあん風呂	349B	1053	—	—
84　豆の綱引き	物の名忘れ	362	1047	4巻宮城	307・308
◉石巻市吉野町					
85　一皇子宮	—	—	—	—	—
◉石巻市雲雀野町					
86　ぬれ仏さま	—	—	—	—	—
◉石巻市住吉町					
87　大島神社のかっぱ神	—	—	—	—	—
◉石巻市北村					
88　鬼ばばのような継母	継母の化け物	—	202	4巻宮城	166
89　北村の桃太郎	桃太郎	143	127	4巻宮城	242

タイトル	話型	A	B	C	
◉石巻市湊町					
90　山男にさらわれた少女	—	—	—	—	—
91　ねこの踊り	猫の秘密	255	360	4巻宮城	59
◉東松島市大曲					
92　小僧と山ばんば—三枚の札	三枚のお札	240	347	4巻宮城	13
93　うば捨て山	姥捨て山—難題型	523A	410A	4巻宮城	38
◉東松島市牛網					
94　牛網の由来	—	—	—	—	—
95　白萩・根古の由来	—	—	—	—	—
◉宮城郡松島町小松					
96　きつねのしっぺがえし	法印と狐—一つ屋型	276	1007B	4巻宮城	296
◉宮城郡松島町根廻					
97　満開さまの由来	—	—	—	—	—
98　満開さまのきつね	馬の糞団子	271B	998	—	—
◉黒川郡大郷町山崎					
99　お天道さまとお月さま	女神の降下	—	1	—	—
100　さんしょう太夫	山椒太夫	—	—	—	—
101　酒呑童子になった男	酒呑童子	本格新21	—	—	—
102　食わない嫁	食わず女房—蛇女房型	244	356A	4巻宮城	11
103　山の神が見せる夢	—	—	—	—	—
104　品井沼のきつね	—	—	—	—	—
105　無欲に生きる	—	—	—	—	—
◉宮城郡利府町					
106　おさんぎつねの玉	—	—	—	—	—
107　ごちそうは馬のくそ	馬の糞団子	271B	998	—	—
◉仙台市宮城野区					
108　宮千代の墓—宮城野1	—	—	—	—	—
109　乳銀杏—宮城野2	—	—	—	—	—
110　古峰が原神社—宮城野3	—	—	—	—	—
111　毛虫焼きから火事—原町	—	—	—	—	—
112　うなり坂—八幡町	—	—	—	—	—
113　広瀬川のかしこ淵	—	—	—	—	—
◉仙台市					
114　五つのひょうたん	無筆の手紙	421	773	4巻宮城	361
115　きつねの復讐	狐女房	116	225	—	—
116　欲深な婆	馬の糞団子	271B	998	—	—
◉仙台市若林区					
117　かっぱの薬	河童の薬	—	379	4巻宮城	189
118　正直じいさんと欲深ばあさん—地蔵の浄土	地蔵浄土	184	81	4巻宮城	45
◉仙台市太白区〈旧・秋保町〉					
119　お茶っ葉になった虚無僧	—	—	—	—	—
◉仙台市					
120　きつねの失敗	狐の立ち聴き	278	—	—	—
◉仙台市宮城野区					
121　栗ひろい—三枚の札	三枚のお札	240	347	4巻宮城	14
122　和尚と小僧—あんこは仏が	和尚と小僧—餅は本尊	535	598	4巻宮城	249
123　和尚と小僧—ブーブ、バタバタ、グツグツ	和尚と小僧—小僧改名	534	610	4巻宮城	248・255

タイトル	話型	A	B	C	
124　栗ひろい—三枚の札	三枚のお札	240	347	4巻宮城	14
125　和尚と小僧—いろりのあんころもち	和尚と小僧—焼き餅和尚	533	599	4巻宮城	255
126　三人の癖—むずむず、こすり目、鼻すすり	三人の癖	431B	759	4巻宮城	354
◉仙台市宮城野区〈旧・岩切村〉					
127　二匹のきつね	狐と狸の売りあい	—	586	4巻宮城	567
◉柴田郡柴田町					
128　ぬれ薬師	—	—	—	—	—
129　八幡太郎義家	—	—	—	—	—
130　仮又坂の由来	—	—	—	—	—
◉伊具郡丸森町					
131　屁ったれ嫁	屁ひり嫁	377	1118	4巻宮城	294
132　食わない嫁	食わず女房—蛇女房型	244	356A	4巻宮城	11
133　「お」抜きの嫁	「お」の字の禁	368	1063	4巻宮城	310
福島県					
◉相馬市					
134　子育て幽霊	子育て幽霊	147A	256	7巻福島	87
135　となりの寝太郎	隣の寝太郎—鳩提灯型	126	236A	7巻福島	214
136　やっぱり長男	あと継ぎは兄—神様と兄／難題嫁	175	156・157・253	7巻福島	137
137　うぐいすになった姉	おぎん・こぎん	207	188	7巻福島	128
◉南相馬市小高区					
138　夢とはち	夢と蜂	158	254	7巻福島	135
139　つるは千年、かめは万年	鶴は千年、亀は万年	—	1160	7巻福島	696
140　きつねとたぬき	狐と狸の売りあい	—	586	7巻福島	687
秋田県					
◉湯沢市〈旧・稲川町〉					
141　こぶとりじいさま	こぶ取り爺	194	47	5巻秋田	178
142　小僧と山んば—三枚の札	三枚のお札	240	347	5巻秋田	4
山形県					
◉鶴岡市羽黒町					
143　さるの嫁	猿婿入り—里帰り型	103	210B	6巻山形	1
144　さるときじの寄合田	寄り合い田—雉狡猾型	22・26	528	6巻山形	859
◉天童市小路					
145　きつねに化かされた麹屋	馬の尻のぞき	270	996	6巻山形	455
146　田の神さま	—	—	—	—	—
◉天童市天童中					
147　天童城の家中	—	—	—	—	—
新潟県					
◉柏崎市女谷					
148　二人のおじいさん—地蔵の浄土	地蔵浄土	184	81	10巻新潟	61
149　へびの嫁	蛇婿入り—嫁入り型	101B	205D	10巻新潟	24
150　人魚の肉を食べたおばあさん	人魚の肉	—	36	10巻新潟	270
山梨県					
◉大月市大月町					
151　吉蔵のてがら	—	—	—	—	—
152　無欲な吉蔵	—	—	—	—	—
153　吉蔵の教え	—	—	—	—	—

あとがき――学生たちへの手紙

昭和五十一年（一九七六）七月、そろそろ夏休みという頃に、私は学生たちに「お家に帰ったら、おじいさん、おばあさんに昔話（民話）を語ってもらい、方言そのままに原稿用紙に書いて提出してください」と言いました。

もちろん両親に語ってもらう、昔話の得意な人を見つける、町の郷土史家を尋ねて地元の伝説を聞いてもいい、とも言いました。そして、松谷みよ子『民話の世界』（講談社現代新書）の「民話採訪のしおり」をガリ版印刷して配布し、「昔話は、どんな時に、お家のどんな場所で、だれから聞かせてもらったのか、そういうこともくわしく書き留めてください。」と付け加えました。

その年は二年生の国文学演習で御伽草子を読んでいました。学生たちと「一寸法師」「山椒大夫」の読解に励み、「桃太郎」「金太郎」などの古い話も紹介していたので、郷里に伝わる昔話（民話）や伝説にも関心をもってもらおうと考えたのです。

新学期になりレポートが提出されました。読んでみると、一人三話と言ったのに、五話も六話も採集してきた学生がいます。その昔、いろり端や寝床で子どもや孫たちに語った本物の昔話がたくさん集まりました。学生たちの有志はガリ版印刷して冊子を作り、学園祭のとき展示し、来訪者に配りました。写真の『むかしばなし』三冊がそれです。私はそのとき、「いつかこれを活字印刷して出版しようね」といいました。しかし残念なことに、地元の雑誌などから転写した話も少なからず入っているようでした。

今回、本書を刊行するにあたり、すべてのレポートをあらためて点検しました。その結果、身内の人などから聴いて書いたとみなしうる一五三話を選び出しました。もしかしたら、まだ地元の本や雑誌などから転写した話が紛れ込んでいるかもしれません。見つけた方がありましたらお知らせください。発見・削除できなかったことをお詫びし、お許しをお願い申しあげます。

あの頃、昔話の本などを見ながら語ってくれる人がいたようです。親切をしてくださったにちがいないのですが、昔話のそういう語り方に接したので、もとの本などから転写してしまったのかもしれません。昔話は公共のものだから、転写してもかまわないという安易な気持ちがはたらいたのかもしれません。

それでも刊行に踏み切ったのは次のような理由からです。収録した一五三話の分布は、岩手県二一話（学生七名）、宮城県一一二話（三七名）、福島県七話（二名）であり、秋田県二話（一名）、山形県五名（二名）、新潟県三話（一名）、山梨県三話（一名）

です。東日本大震災の大きな被害を被った東北三県のうち岩手と宮城がとりわけ多い。学生の郷里がそこに集中しています。

私事を申せば、震災が発生したとき、私は京都駅前のホテルで会議中でした。姉家族の住む福島にすぐ行こうとしましたが、翌日、ハノイ大学・大学院で集中講義をするために関西空港から旅立たなければなりませんでした。ハノイの宿舎に着いて古ぼけた映りの悪いテレビで見た石巻市・宮古市・南三陸町などを襲う津波の映像が忘れられません。映し出されていたのは、かつての学生たちの郷里です。

帰国後すぐ、年賀状などで今も連絡のある教え子たちの安否をネットや電話で調べました。秋田大学・新潟大学での教え子も多く、消息を尋ねてみると、被害を受けたが無事であった人、言葉にできないほど甚大な被害を受けた人、さまざまでした。

震災は、昔話にも大きな変動を与えたにちがいありません。昔話を書き留めた本や雑誌の破損・流出が考えられます。それならば、大事にしてきた昔話のレポートを多くの人に読んでもらえるようにできないものか、と考えました。友人の久野俊彦さん（民俗学）に相談し、力を合わせて刊行しようということになったのです。実は久野さんのほかにもレポートを見せた方があるのですが、その価値に鋭く反応したのは久野さんひとりでした。

本書の著者は、昔話を書き留めた学生たちとしました。久野さんと私は、それを読者に届ける案内人です。本書の巻頭に久野さんの解説がありますが、私は感想を述べてみようと思います。

本書のいちばんの特徴は、一九七六年（昭和五十一年）当時、岩手・宮城を中心とする東北地方において、どんな地域で、どんな人によって、どんな人に、どのように語られていたかを示す、いわば昔話の横断地図になっていることだと思います。

しかも、明治二十年代、三十年代に生まれた語り手がたくさんいて、その父母や祖父母から語り伝えられてきた貴重な昔話がたくさんあります。大正・昭和生まれはいうまでもなく、新しい世代では戦後生まれの若い語り手も交じっています。

よって本書は、明治から戦後にいたる時間の縦軸と、岩手・宮城を中心とする東北および新潟・山梨にいたる広範な地域の横軸でもって存立しています。一九七六年当時における昔話の立体空間を形成しているようなところがあります。

全体の話数はそれほど多くはないけれど、大体の傾向として、そう言ってよいのではないかと思います。そこで、どんな話が実際に語られていたか、久野さんの「話型による昔話索引」で示してみます。

「食わず女房―蛇女房型」（35・63・71・73・79・102・132）
「三枚のお札」（6・59・92・121・124・142）
「猿婿入り―里帰り型」（10・15・49・70・143）
「地蔵浄土」（62・78・118・148）
「姥（うば）捨て山」（7・21・93）
「おぎん・こぎん」（19・80・137）

などと続いていきます。こうした昔話が各地で愛好されていたといえるでしょう。

これらをざっと見わたすと、語りやすさを指摘することができると思います。前の四話は急に恐ろしい場面に変わったり、知恵を働かし呪法の力で窮地を切り抜けるおもしろさがあります。昔話によくみられる三つの場面転換と三つの呪法が使われていることも特徴的です。おぼえやすく、語りやすい。スリルに富んでいるので聞く人を引き込みます。

一方、後の二話は、悲しい状況におかれた人物が苦しみながら乗り越えて、生き抜いていく話です。しかし、じっくり耳を澄ますと、状況はたしかに改善されたけれども、人物たちの心のなかに悲しみがいつまでも消えずに残るのではないか、と思われます。

くわしいことは久野さんの解説にゆずって、語り手に注目してみます。聞き手である学生(女性)に語ってくれた人は、主に父・母、祖父・祖母です。おばさんやおじさん、近所の方、町役場に勤める人、家に出入りする行商人という場合もあります。

父・母は、その父・母、あるいは祖父・祖母から聞いたわけで、そうしてさかのぼっていくと、四、五代前からその家で語り継がれてきた昔話であることを確認できる例がいくつもあります。4〜8、22〜24、70・71、121・124・127、151〜153などはそうです。

村々の家々において、血筋をたどるように、江戸時代の頃からずっと語り継がれてき昔話なのです。これは昔話を集めた学生たちの功績、本書の大きな収穫といってよいでしょう。

こんなにすばらしい語り手がいたのか、という発見も、学生たちの功績であり本書の大きな収穫です。お名前をあげることはできませんが、11〜13(岩手県遠野市)は、この方が注目される前に語ってくれた昔話です。目で読んでいても、間合いの取り方がうまくて、一息ついては話が力強く進み、ストーリーがしなやかに展開していくのがわかります。57〜62（宮城県大崎市）は、地元の雑誌に自分の語っている昔話を書いて載せている方です。尋ねて行った学生に、あらためて語り直してくれました。東北を離れますが、150〜153（山梨県大月市）は、学生の家に伝わる勇敢な先祖の逸話です。情景がありありと浮かんでくる躍動的な語りです。じつにおもしろい。あとはあげませんが、すぐれた語り手が各地にたくさんいたことがわかります。

108〜113（宮城県仙台市）は伝説・世間話の類です。読んでいると、自分の生い立ちのなかで知り得た出来事や伝説を、孫の目を見ながら静かな口調で語っているのが感じられます。語り手として知られてはいませんが、心にひびく語りです。

そういう方々のなかで、私はとりわけ99〜105（宮城県黒川郡大郷町）の語り手、千葉ちやのさんという七十四歳の女性に惹（ひ）きつけられます。ご遺族の許可を得てお名前を記しました。方言がつよくて、聞き手の書いたレポートを活字にするのがたいへんでした。じっくり聞いてレポートに書き留めたお孫さん（学生）はどんなにかたいへんだったことでしょう。そのレポートを久野さんが吟味してさらに上手に活字にしてくださいました。まずは99の「お天道（てんとう）さまとお月（つき）さま」、105の「無欲（むよく）に生（い）きる」を読んでみてください。わかりにくいところをふつうの言葉に直してあります。

前者は昔話、後者は世間話です。くらべて読んでみると、ジャンルはちがうけれども、わたしはこのような思いをもって生きてきた、ということが語られています。

前者の「お天道さまとお月さま」は、北海道からきたおばあさんから聞いたという話です。

昔、天から太陽と月が降りてきて、やがて結婚して、野の草で小屋を葺いて、その中で子どもを産んだ。やがて人間が増え、この世ができた。それで昼はお天道さまが、夜はお月さまが出てきて、わたしらを見守ってくれているんだよ。だからわたしは、昼はお天道さま、夜はお月さまを見て、なにごともなく無事に過ごさせていただいて、ありがとうございます、と拝むんだよ。お礼の気持ちがあれば、お互い、なんの苦しいこともなく生きていける。けんかをしないで、仲良く暮らしていれば、病気にもならない。この気持ちがいちばん大切なんだ。なんぼ偉い人でも、悪い心をおこして罪をつくることだってあるのだからね…。

こういう話です。小さい頃に聞いたのでしょうか。話型をいえば「女神の降下」に分類される昔話ですが、ちやのさんは、自分はこのように生きてゆかねばならない、と心に深く受け止めて日々を生きてきた。昔話の領域を超えて、なんの飾り気もない、無言の哲学となって結晶しているように思われます。

昔話は世間話へ変じ、涸(か)れることのない泉のごとく、ちやのさんの心身に静かな力を注ぎつづけてきたのです。

後者は、学生（お孫さん）のレポートでは無題ですが「無欲に生きる」と名づけて掲載しました。昔、ちやのさんの住む地域は沼地で米が穫れず、人々は苦労した。そういう話が伝わっているんだが、今は米が穫れるし、なんとしあわせなことか。だから人を助けて、欲をださないで、みんな仲良く、自分の心を丸くして生きてゆくんだよ。それがいちばん大切なことだとわたしは思っているんだよ。昔の人の伝えた話は尊いもんだ、ほんとに。

ちやのさんの語った七つの話は、どれもこのような思いをたたえています。訥々と、言葉を選び、だれに語るわけでもなく、しかし、たしかに語りかけている、というおもむきです。なにかを語ってやろうという思いの沈みきったところに、語りの地平があらわれています。こういうのが世間話の一つの典型、語りの実態であったのでしょう。それは昔話の語りにも通じているのでした。

私はちやのさんの側で聞いているようなつもりで読みました。ふと思い出すのは、数年前、偶然に見かけた老女の姿です。コスモスの咲く畑の片隅に立ち、夕日に手を合わせ、一心に拝んでいます。頭をあげては夕日を見、頭を垂れては何度も拝んでいます。神々しくも謙虚な姿でした。昔は太陽を拝む人がよくいましたが、今は見かけません。あの老女も、ちやのさんのような人だったのではないでしょうか。無言の人生哲学を生きている人ではなかったか。

75の「眉の役目」は、聞き手の学生が、おばあさんが語ってくれた昔話を思い出して書いたものです。

小さい頃、顔を剃っているうちに、あやまって片方の眉をずいぶん剃ってしまった。ついおもしろくなって、すっかり剃り落とした。するとおばあちゃんが、「昔、顔がけんかしたんだとさ」と語り始めます。目は、見えなくなったらこれほど不自由なことはない、だから自分がいちばん大事だ、と声高に言う。耳も鼻も口もみんな同じように言い出す。眉はなんにも言えなくて小さくなっていた。眉がなくても困らないからね。しばらく言い合っているうちに顔が気づいた。眉がないとなにかおかしい。顔が顔でなくなる。みんなそれに気づいて、そうだ、そうだ、ということになって、また仲良くなったんだとさ。

これからわかるのは、昔話を語り出すときの状況です。〈語る〉と〈聞く〉が出会うとき、といってもいい。学生のレポートに記された「民話採訪のしおり」によれば、昔話の多くは、いろり端で、あるいは寝床で、子どもたちの求めに応えて語られたのですが、右の話はかなりちがいます。子どもの体験をとらえて、チャンスを見逃さないで、静かに語り出しています。教訓なのだけれど、教訓臭さがまったく感じられません。

こうした静かな語り方は、千葉ちやのさんの語り方に通じます。先にあげた108〜113(宮城県仙台市)の伝説・世間話を語ってくれた八十歳のおばあさんの姿勢にも似たものが感じられます。孫たちや聞く人に、なにかたいそうなものを語ってやろうというのではなくて、語っているうちに話の底からおのずとたちあがってくるものがあって、それを語り手と聞き手が共有し、ともに心深く納得しあう、という語りです。

私は本書を読みながら、このような語りがあることに強く惹きつけられました。それを東北特有のものだというつもりはありませんが、東北の人々が昔から育んできた心性であり、生き方ではなかったかと思うのです。あるときは激しく言挙げをするが、それと裏腹に、物言わぬ生き方をそっと貫き通して生きつづけてきた。そういう東北人の生き方がどことなくあらわれているように思うのです。

もちろん、子どもがよろこぶ痛快な話がたくさんあります。そのひとつ「猿婿入り――里帰り型」の昔話は、本書に五話も入っている人気の昔話です。10の「さるの嫁(よめ)」(山形県)をあげてみましょう。

昔、おじいさんが山の畑で草取りをしていた。いくら取っても終わらない。「きれいに取ってくれたら三人の娘のうち一人くれてやってもいい」とつぶやいた。それを聞いた猿はおじいさんと約束を交わし、一夜のうちに草をむしり取ってしまった。おじいさんは約束を果たさなければならない。三人の娘に事情を話したが上の二人は拒絶し、末の娘がみずから猿の嫁になって一緒に山奥へ入って行った。やがて一年がたち、里帰りをする。途中、娘は重い臼を猿に背負わせ、おじいさんへのおみやげに、桜の枝を折り取らせようとした。猿はまんまとだまされて木に登り、枝が折れて真っ逆さまに川に落ちて死んでしまった。家に帰った娘は、おじいさんと仲良く暮らしたとさ。

痛快ですね。しかし、今の読者はどう思うでしょうか。猿はなにも悪いことをしていない。おじいさんの言葉を信じて懸命に草をむしってあげた。感謝されることはあっても、殺されることはないはずです。娘の言うこともちゃんと聞いてあげた。なのに、だまされて命を落としてしまった。ずるいのは人間であって猿ではない。そう読み取る読者もあるのではないでしょうか。理不尽なものを感じさせないわけではありません。

しかし、こんなふうに読んだら、昔話の専門家はまちがいだというでしょう。猿に嫁に行く勇気をもち、困難を知恵で克服し、山奥から帰還して父親をしあわせにした娘を讃えるべきでしょう。

もちろん、そのとおりです。しかし、この話の背後に、人間の隣人ともいうべき猿たちとの絶えざる戦いが隠されていたのかもしれません。これも先年のことですが、山里を歩いていると、農家の方々が情けなさそうにしょんぼりしています。今朝方、ネギ畑が猿の軍団にすっかり食べ荒らされてしまったというのです。これではまったく売り物にならない、損失重大だ。というわけで、ネギの栽培を止めて、唐辛子とコンニャクを植えるようになったという地域があります。これなら猿たちにやられることはないそうです。

「猿婿入り─里帰り型」のような昔話の背後に、山里の現実問題があったのかもしれません。昔話を語り、聞く、読むというおもしろさとともに、当時の社会と結びつけて考えることができそうです。

学生たちは還暦を迎えました。そして私は古希に近づきました。彼女たちの「昔話採集レポート」を捨てることなく手許に大切に保管していたことを、しみじみよかったと思います。鉛筆で書かれたレポートを読んでいるうちに、幾人も、顔を思い出しました。本書の刊行を機会に、どこかでみなさんとお会いできたら、うれしく思います。

また、本書が多くの読者の目にふれて、東北の人々がどんな昔話を語っていたのか、聞いて育ったのか、知りうる機会にしていただけたなら、いっそううれしく思います。

平成二十七年（二〇一五）四月二十九日

錦　仁

本書に昔話を掲載するにあたり、聞き手（もとの学生）と語り手の方々、あるいはご遺族の方々の許諾をいただくための努力をできる限りいたしましたが、すでに三十九年も前の「昔話採集レポート」でもあり、一部の方々については思うように進みませんでした。ここに、謹んでお詫びするとともに、あらためて掲載のお許しをお願い申し上げるしだいです。

なお、本書にご自分のレポートが掲載されていると思われる方（もとの学生）がおられましたら、笠間書院までご一報ください。判明している方と同様に、一冊進呈いたします。

（錦仁・笠間書院編集部）

1976年夏　東北の昔ばなし

聖和学園短大生のレポートから

著者
聖和学園短期大学国文科学生

案内人
久野俊彦・錦　仁

久野俊彦
東洋大学文学部非常勤講師。民俗学。博士（文学）。
『絵解きと縁起のフォークロア』（森話社、2009年）
『偽文書学入門』（柏書房、2004年、共編著）
『日本の霊山読み解き事典』（柏書房、2014年、共編著）など。

錦　仁
新潟大学名誉教授。中古・中世文学。博士（文学）。
『小町伝説の誕生』（角川選書、2004年）
『なぜ和歌を詠むのか 菅江真澄の旅と地誌』（笠間書院、2011年）
『宣教使堀秀成 だれも書かなかった明治』（三弥井書店、2012年）など。

2015（平成27）年8月30日　初版第一刷発行

発行者　池田圭子

装　丁　笠間書院装丁室

発行所　笠間書院

〒101-0064　東京都千代田区猿楽町2-2-3
電話03-3295-1331　Fax 03-3294-0996　振替00110-1-56002
ISBN978-4-305-70782-6 C0095

モリモト印刷・製本

http://kasamashoin.jp/